老科学家学术成长资料采集工程

中国工程院院士传记丛书

碧海青山

董海山传

李 明 黄亨建 张 赟等 ◎著

中国科学技术出版社

图书在版编目（CIP）数据

碧海青山：董海山传/李明，黄亨建，张赟，曾俊玮，李翠影，黄明著 .—北京：中国科学技术出版社，2020.7（2024.7 重印）

（老科学家学术成长资料采集工程丛书. 中国工程院院士传记丛书）

ISBN 978-7-5046-8457-8

I.①碧… II.①李…②黄…③张…④曾…⑤李…⑥黄… III.①董海山—传记 IV.① K826.16

中国版本图书馆 CIP 数据核字 (2019) 第 249687 号

责任编辑	余　君
责任校对	邓雪梅
责任印制	李晓霖
版式设计	中文天地

出　　版	中国科学技术出版社
发　　行	中国科学技术出版社有限公司
地　　址	北京市海淀区中关村南大街 16 号
邮　　编	100081
发行电话	010-62173865
传　　真	010-62173081
网　　址	http://www.cspbooks.com.cn

开　　本	787mm×1092mm　1/16
字　　数	250 千字
印　　张	16.75
彩　　插	2
版　　次	2020 年 7 月第 1 版
印　　次	2024 年 7 月第 2 次印刷
印　　刷	德富泰（唐山）印务有限公司
书　　号	ISBN 978-7-5046-8457-8 / K·273
定　　价	88.00 元

老科学家学术成长资料采集工程简介

❦❦

老科学家学术成长资料采集工程（以下简称"采集工程"）是根据国务院领导同志的指示精神，由国家科教领导小组于 2010 年正式启动，中国科协牵头，联合中组部、教育部、科技部、工信部、财政部、文化部、国资委、解放军总政治部、中国科学院、中国工程院、国家自然科学基金委员会等 11 部委共同实施的一项抢救性工程，旨在通过实物采集、口述访谈、录音录像等方法，把反映老科学家学术成长历程的关键事件、重要节点、师承关系等各方面的资料保存下来，为深入研究科技人才成长规律，宣传优秀科技人物提供第一手资料和原始素材。

采集工程是一项开创性工作。为确保采集工作规范科学，启动之初即成立了由中国科协主要领导任组长、12 个部委分管领导任成员的领导小组，负责采集工程的宏观指导和重要政策措施制定，同时成立领导小组专家委员会负责采集原则确定、采集名单审定和学术咨询，委托科学史学者承担学术指导与组织工作，建立专门的馆藏基地确保采集资料的永久性收藏和提供使用，并研究制定了《采集工作流程》《采集工作规范》等一系列基础文件，作为采集人员的工作指南。截至 2016 年 6 月，已启动 400 多位老科学家的学术成长资料采集工作，获得手稿、书信等实物原件资料 73968 件，数字化资料 178326 件，视频资料 4037 小时，音频资料 4963 小时，具有重要的史料价值。

　　采集工程的成果目前主要有三种体现形式，一是建设"中国科学家博物馆网络版"，提供学术研究和弘扬科学精神、宣传科学家之用；二是编辑制作科学家专题资料片系列，以视频形式播出；三是研究撰写客观反映老科学家学术成长经历的研究报告，以学术传记的形式，与中国科学院、中国工程院联合出版。随着采集工程的不断拓展和深入，将有更多形式的采集成果问世，为社会公众了解老科学家的感人事迹，探索科技人才成长规律，研究中国科技事业的发展历程提供客观翔实的史料支撑。

总序一

中国科学技术协会主席　韩启德

　　老科学家是共和国建设的重要参与者，也是新中国科技发展历史的亲历者和见证者，他们的学术成长历程生动反映了近现代中国科技事业与科技教育的进展，本身就是新中国科技发展历史的重要组成部分。针对近年来老科学家相继辞世、学术成长资料大量散失的突出问题，中国科协于2009年向国务院提出抢救老科学家学术成长资料的建议，受到国务院领导同志的高度重视和充分肯定，并明确责成中国科协牵头，联合相关部门共同组织实施。根据国务院批复的《老科学家学术成长资料采集工程实施方案》，中国科协联合中组部、教育部、科技部、工业和信息化部、财政部、文化部、国资委、解放军总政治部、中国科学院、中国工程院、国家自然科学基金委员会等11部委共同组成领导小组，从2010年开始组织实施老科学家学术成长资料采集工程。

　　老科学家学术成长资料采集是一项系统工程，通过文献与口述资料的搜集和整理、录音录像、实物采集等形式，把反映老科学家求学历程、师承关系、科研活动、学术成就等学术成长中关键节点和重要事件的口述资料、实物资料和音像资料完整系统地保存下来，对于充实新中国科技发展的历史文献，理清我国科技界学术传承脉络，探索我国科技发展规律和科技人才成长规律，弘扬我国科技工作者求真务实、无私奉献的精神，在全社会营造爱科学、学科学、用科学的良好氛围，是一件很有意义的事情。采集工程把重点放在年龄在 80 岁以上、学术成长经历丰富的两院院士，以及虽然不是两院院士、但在我国科技事业发展中作出突出贡献的老科技工作者，充分体现了党和国家对老科学家的关心和爱护。

自 2010 年启动实施以来，采集工程以对历史负责、对国家负责、对科技事业负责的精神，开展了一系列工作，获得大量反映老科学家学术成长历程的文字资料、实物资料和音视频资料，其中有一些资料具有很高的史料价值和学术价值，弥足珍贵。

以传记丛书的形式把采集工程的成果展现给社会公众，是采集工程的目标之一，也是社会各界的共同期待。在我看来，这些传记丛书大都是在充分挖掘档案和书信等各种文献资料、与口述访谈相互印证校核、严密考证的基础之上形成的，内中还有许多很有价值的照片、手稿影印件等珍贵图片，基本做到了图文并茂，语言生动，既体现了历史的鲜活，又立体化地刻画了人物，较好地实现了真实性、专业性、可读性的有机统一。通过这套传记丛书，学者能够获得更加丰富扎实的文献依据，公众能够更加系统深入地了解老一辈科学家的成就、贡献、经历和品格，青少年可以更真实地了解科学家、了解科技活动，进而充分激发对科学家职业的浓厚兴趣。

借此机会，向所有接受采集的老科学家及其亲属朋友，向参与采集工程的工作人员和单位，表示衷心感谢。真诚希望这套丛书能够得到学术界的认可和读者的喜爱，希望采集工程能够得到更广泛的关注和支持。我期待并相信，随着时间的流逝，采集工程的成果将以更加丰富多样的形式呈现给社会公众，采集工程的意义也将越来越彰显于天下。

是为序。

总序二

中国科学院院长　白春礼

    由国家科教领导小组直接启动，中国科学技术协会和中国科学院等12个部门和单位共同组织实施的老科学家学术成长资料采集工程，是国务院交办的一项重要任务，也是中国科技界的一件大事。值此采集工程传记丛书出版之际，我向采集工程的顺利实施表示热烈祝贺，向参与采集工程的老科学家和工作人员表示衷心感谢！

    按照国务院批准实施的《老科学家学术成长资料采集工程实施方案》，开展这一工作的主要目的就是要通过录音录像、实物采集等多种方式，把反映老科学家学术成长历史的重要资料保存下来，丰富新中国科技发展的历史资料，推动形成新中国的学术传统，激发科技工作者的创新热情和创造活力，在全社会营造爱科学、学科学、用科学的良好氛围。通过实施采集工程，系统搜集、整理反映这些老科学家学术成长历程的关键事件、重要节点、学术传承关系等的各类文献、实物和音视频资料，并结合不同时期的社会发展和国际相关学科领域的发展背景加以梳理和研究，不仅有利于深入了解新中国科学发展的进程特别是老科学家所在学科的发展脉络，而且有利于发现老科学家成长成才中的关键人物、关键事件、关键因素，探索和把握高层次人才培养规律和创新人才成长规律，更有利于理清我国科技界学术传承脉络，深入了解我国科学传统的形成过程，在全社会范围内宣传弘扬老科学家的科学思想、卓越贡献和高尚品质，推动社会主义科学文化和创新文化建设。从这个意义上说，采集工程不仅是一项文化工程，更是一项严肃认真的学术建设工作。

中国科学院是科技事业的国家队，也是凝聚和团结广大院士的大家庭。早在1955年，中国科学院选举产生了第一批学部委员，1993年国务院决定中国科学院学部委员改称中国科学院院士。半个多世纪以来，从学部委员到院士，经历了一个艰难的制度化进程，在我国科学事业发展史上书写了浓墨重彩的一笔。在目前已接受采集的老科学家中，有很大一部分即是上个世纪80、90年代当选的中国科学院学部委员、院士，其中既有学科领域的奠基人和开拓者，也有作出过重大科学成就的著名科学家，更有毕生在专门学科领域默默耕耘的一流学者。作为声誉卓著的学术带头人，他们以发展科技、服务国家、造福人民为己任，求真务实、开拓创新，为我国经济建设、社会发展、科技进步和国家安全作出了重要贡献；作为杰出的科学教育家，他们着力培养、大力提携青年人才，在弘扬科学精神、倡树科学理念方面书写了可歌可泣的光辉篇章。他们的学术成就和成长经历既是新中国科技发展的一个缩影，也是国家和社会的宝贵财富。通过采集工程为老科学家树碑立传，不仅对老科学家们的成就和贡献是一份肯定和安慰，也使我们多年的夙愿得偿！

鲁迅说过，"跨过那站着的前人"。过去的辉煌历史是老一辈科学家铸就的，新的历史篇章需要我们来谱写。衷心希望广大科技工作者能够通过"采集工程"的这套老科学家传记丛书和院士丛书等类似著作，深入具体地了解和学习老一辈科学家学术成长历程中的感人事迹和优秀品质；继承和弘扬老一辈科学家求真务实、勇于创新的科学精神，不畏艰险、勇攀高峰的探索精神，团结协作、淡泊名利的团队精神，报效祖国、服务社会的奉献精神，在推动科技发展和创新型国家建设的广阔道路上取得更辉煌的成绩。

总序三

中国工程院院长　周　济

　　由中国科协联合相关部门共同组织实施的老科学家学术成长资料采集工程，是一项经国务院批准开展的弘扬老一辈科技专家崇高精神、加强科学道德建设的重要工作，也是我国科技界的共同责任。中国工程院作为采集工程领导小组的成员单位，能够直接参与此项工作，深感责任重大、意义非凡。

　　在新的历史时期，科学技术作为第一生产力，已经日益成为经济社会发展的主要驱动力。科技工作者作为先进生产力的开拓者和先进文化的传播者，在推动科学技术进步和科技事业发展方面发挥着关键的决定的作用。

　　新中国成立以来，特别是改革开放30多年来，我们国家的工程科技取得了伟大的历史性成就，为祖国的现代化事业作出了巨大的历史性贡献。两弹一星、三峡工程、高速铁路、载人航天、杂交水稻、载人深潜、超级计算机……一项项重大工程为社会主义事业的蓬勃发展和祖国富强书写了浓墨重彩的篇章。

　　这些伟大的重大工程成就，凝聚和倾注了以钱学森、朱光亚、周光召、侯祥麟、袁隆平等为代表的一代又一代科技专家们的心血和智慧。他们克服重重困难，攻克无数技术难关，潜心开展科技研究，致力推动创新发展，为实现我国工程科技水平大幅提升和国家综合实力显著增强作出了杰出贡献。他们热爱祖国，忠于人民，自觉把个人事业融入到国家建设大局之中，为实现国家富强而不断奋斗；他们求真务实，勇于创新，用科技为中华民族的伟大复兴铸就了辉煌；他们治学严谨，鞠躬尽瘁，具有崇高的科学精神和科学道德，是我们后代学习的楷模。科学家们的一生是一本珍贵的教科书，他们坚定的理想信念和淡泊名利的崇高品格是中华民族自强不息精神的宝贵财富，永远值得后人铭记和敬仰。

通过实施采集工程，把反映老科学家学术成长经历的重要文字资料、实物资料和音像资料保存下来，把他们卓越的技术成就和可贵的精神品质记录下来，并编辑出版他们的学术传记，对于进一步宣传他们为我国科技发展和民族进步作出的不朽功勋，引导青年科技工作者学习继承他们的可贵精神和优秀品质，不断攀登世界科技高峰，推动在全社会弘扬科学精神，营造爱科学、讲科学、学科学、用科学的良好氛围，无疑有着十分重要的意义。

中国工程院是我国工程科技界的最高荣誉性、咨询性学术机构，集中了一大批成就卓著、德高望重的老科技专家。以各种形式把他们的学术成长经历留存下来，为后人提供启迪，为社会提供借鉴，为共和国的科技发展留下一份珍贵资料。这是我们的愿望和责任，也是科技界和全社会的共同期待。

周济

董海山

（1932—2011）

采集小组合影

采集小组在研究文献

目 录

图片目录

导 言

　　董海山（1932—2011）是我国著名的含能材料专家，我国核武器用高能炸药的开拓者和领军人物，中国工程院院士。他为我国高能炸药研制和含能材料的发展作出了卓越贡献。

　　董海山，1932 年 10 月 18 日出生于河北滦县，高中就读于北京八中和滦县中学。他 1951 年高中毕业后考入北京工业学院，就读于新中国设立的第一个炸药专业本科班。大学毕业后，董海山被选派到苏联列宁格勒化工学院留学，获得炸药合成专业的副博士学位。

　　1961 年，董海山毕业回国，被分配到北京九所（九院前身）从事核武器用高能炸药的研制工作。他向朱光亚等九所领导汇报了苏联高能炸药研制与应用情况，直接促成了新中国第一次全国性的高能炸药协作攻关，即"一四二任务"（也称"一四二会战"）。董海山于 1962 年至 1966 年期间在原兵器部西安三所（兵器二〇四所和西安近代化学研究所的前身）参加"一四二任务"攻关。"一四二任务"对我国氢弹用高能炸药作出了重大贡献并推动了我国高能炸药领域的跨越式发展。1966 年 3 月，董海山回到青海二二一厂第二生产部继续从事高能炸药研究工作，但他和家人不久即遭受了"文化大革命"的巨大冲击。"文化大革命"后期，由于核武器研制基地的战略调整，他从青海辗转到川北深山所在的核武器研制基地。二十世纪九十年代初，核武器研制基地再次进行了大调整，董海山随核武器研究院转移到四川绵阳地区。董海山院士在位于绵阳的中国工程物理研究院（简称中物院或九院）化工材料研究所（简称九院三所）走完了他科研生涯和人生的最后一程，2011年2月3日，董海山院士因病在绵阳去世。

董海山是"一四二任务"的技术领军人物，他主持研制成功了二号炸药，建立了十号炸药（奥克托今）的合成工艺，研制出中国第一个核武器用塑料粘结炸药。他阐明了以硝仿为酸组分的曼尼希反应机理，提出和构建了炸药能量准则和判据。他指导研制出核武器用多种新型单质炸药、低感高能塑料粘结炸药、新型传爆药、钝感高能炸药和多型高性能常规武器用炸药。董海山获得全国科学大会奖四项，国家发明奖一项，国家科学进步奖一项和部委级科学技术进步奖十多项。他先后获得核工业部劳动模范、全国优秀科技工作者和五一劳动奖章等荣誉。他发起创办了知名学术期刊《含能材料》，编撰了《高能炸药及相关物性能》《含能材料热谱集》等专著。董海山院士曾担任中国工程物理研究院化工材料研究所副所长、所科技委主任等职务。董海山的一生，尽管曾遭受磨难，但他始终钟情于国家的核武器科技事业。他学识渊博、勇于挑战、胸怀坦荡、谦逊仁厚，为国家的核武器和高能炸药科技事业奋斗和奉献到生命最后一刻。

采集过程与采集思路

董海山院士是一位百科全书式的火炸药专家，在含能材料领域拥有崇高的声望，深受领域同行的赞誉和敬佩。当董海山院士学术成长资料采集工程项目于2015年正式实施时，项目组全体成员既欣慰又担忧。欣慰的是，我们终于有机会能为受人尊敬、令人景仰的董院士做一件有纪念意义的事了；担忧的是，董院士已于2011年离开我们，我们如何才能完成这项光荣而艰巨的采集任务。如何在研究报告中很好地还原他历经曲折、贡献卓著又颇具传奇色彩的一生呢？

2015年7月，项目正式启动后，中物院化工材料研究所高度重视这项工作，成立了由所领导牵头、相关管理人员、科研人员和退休老同志组成的采集小组，并迅速开始了采集与研究工作。

在学习了其他小组的优秀经验基础上，采集小组从董院士的人事档案入手，通过仔细研读其人事档案资料，梳理出他的主要人生经历和重要事件，特别是通过人事档案中留存的评选核工业部劳动模范的事迹材料，再参考他后期留下的较为丰富的技术档案资料，我们梳理出董院士的主要学术和技术贡献。在此基础上，我们制订了初步的采访和工作计划。采集小组组织了四川绵阳地区老同志座谈会，就初步拟订的采访和工作计划听取了他们的意见和建议。通过上述前期准备，我们初步掌握了董院士的人生时空轨迹和重要事件，确定出需要重点走访的地点和重点采访对象，拟订了访谈提纲，开始了艰巨的采访与收集工作。

我们先后走访了董院士的出生故地河北滦县，访问了他就读过的偏凉汀小学、滦县中学和北京八中，采访了他的亲友、中小学校友和学校领导。在北京、南京、无锡、上海和绵阳等地先后采访了他的后人、大学同学、留苏校友、学术界的同行、共事多年的同事和领导。我们走访了"一四二任务"的故地西安三所，采访了曾参加过"一四二任务"的老同志。同时，我们利用征集启事、函告、邮件等形式尽可能采集相关实物资料，并约请一些知情老同志提供书面回忆录。在采集和采访过程中，董海山的家人、亲友、同学、在各个工作阶段的同事、含能材料学界的同行、他生前的秘书等贡献了许多有价值的访谈实录、回忆录和实物资料。在采集过程中，我们还得到了北京九所档案室、中物院档案馆、三所档案室、西安近代化学研究所情报部、兰州化学物理研究所档案室、中核集团档案馆、河北滦县档案馆、北京理工大学档案馆、北京市档案馆、军委装备发展部档案部门、中国第二历史档案馆等单位的热情支持，获得了许多有价值的历史资料。

采集成果

在采集过程中，我们搜集了目前已有的资料，对重建传主生平经历有较大价值的成果有如下三类。

一是手稿。因董海山工作地点变化、单位保密检查以及"文化大革命"的影响，手稿类的资料散失较为严重，我们只收集到二十四件资料，含学习笔记、会议记录、调研笔记、技术收获、总结报告、课题评估意见等。但令我们欣慰的是，手稿的内容价值比较高，可以一定程度地反映出董海山对自己科研工作的思考（如《关于如何做好科研工作的一些经验和体会》），以及他对党和国家的热爱、对人生和工作的态度（如《为党的国防科技事业而拼搏》）。这些资料对今天的青年科技工作者具有重要的教育意义。

二是口述资料。因董海山从事的是我国武器用高能炸药研究，很多工作内容都是涉密的，在开展访谈时，我们请访谈对象根据提纲尽可能多地回忆事件，不受保密限制，结题时我们只上交了经过保密审查为非密公开的部分。目的就是利用采集工程尽可能还原历史细节。因此，通过口述访谈，我们获取了董海山在人生各阶段的学习和工作情况，包括学术成长过程中的重要贡献。同时，我们也能从中感受到我国高能炸药发展的历史。

三是档案资料和照片。档案资料大部分来自董海山人事档案中摘取的反映其生活和工作经历的文字资料和证书（数字化），小部分来自北京理工大学档案馆等其他地方。照片资料覆盖董海山一生的各个阶段（除"文化大革命"时期），照片最大特点是反映董海山学术活动的居多，照片中出现的国内外同行对我们的采集工作也产生了一定的帮助。照片中最珍贵的是董海山参加"一四二任务"和在苏联留学的几组照片，这些可以说是董海山的黄金时代，是他学术积累和发力的见证。

写作思路

在研究过程中，我们发现，关于董海山院士本人的传记性文字非常少。2015 年科学出版社出版的《20 世纪中国知名科学家学术成就概览》的"化工、冶金与材料工程卷"中，有关于他的一万二千字左右的个人传略，该传略是他和秘书共同完成并在他生前经本人亲自审定过，具有较高的参考价值。1985 年 11 月，董海山被评为核工业部劳动模范后，《中国青年报》刊载了他的劳模事迹。董海山在九院的同事李常青和郑峻岭分别于 1985 年和 1989 年在九院的内部刊物上撰写了关于他本人的早期事迹报道。2003 年 12 月，董海山当选为工程院院士后，九院内部刊物也对他的事迹做了报道。上述材料对于撰写传记具有一定参考价值。但总体上，可供参考的文字不多。

在采集工程进入到中期阶段，我们获得了较多的实物资料和访谈实录；我们研读了董院士留下的手稿、关于他本人的传记和事迹报道，参考了中物院以及化工材料研究所的发展史，结合前期梳理的他本人的主要学术技术贡献，逐渐形成了传记的写作思路和整体框架。我们在研究报告中力图用两条线索来贯穿：一条是董海山院士的人生时空轨迹，另一条是他阶段性的学术技术贡献。

第一条线索是依据他的成长、求学和在主要工作地点的经历。以出生地河北滦县、中小学教育、大学教育和留学经历作为他的"求学经历"。这个阶段是董海山成长为专家之前的知识储备阶段，特别是他在北京工业学院和列宁格勒化工学院接受火炸药专业知识的教育学习经历，为他的科研工作奠定了基础。董海山院士人生时空轨迹中的"工作经历"地点，则包括了他曾短暂停留的北京九所、参加高能炸药协作攻关的西安三所、直接投身核武器研制的青海二二一基地第二生产部、战略转移并度过了后半生的四川剑阁县和位于四川绵阳的核武器研究院。特定历史环境下他人生时空轨迹的大转移、大迁徙，是从事新中国核武器科研事业的科技人员的典型写照，大转移和大迁徙也造就了他丰富的人生历练。传记主要篇章的题目名称基本是董海山人生时空轨迹的体现。在传记中可以看到，这一条条线索中的一个个"地理节点"又与董海山做出的并且代表我国高能炸药领域的一个个令人激动的技术突破——传记的第二条线索相互耦合。

在第二条线索中，传记在可以公开的范围内，重点挖掘了体现董海山里程碑式的杰出贡献和技术突破，这些技术突破本身也代表了新中国火炸药科技事业发展的重要脉络，是董海山学术成长经历的重要内容。传记主要篇章的小节题目名称则具体浓缩概括了这些主要贡献。技术贡献按照时间顺序和工作地点一一呈现，包括了他作为技术领军人物在"一四二任务"期间为新型高能单质炸药合成和第一代塑料粘结炸药研制所作出的重要贡献，为新型常规武器炸药研制作出的系列贡献，为我国核武器用主炸药研制等作出的杰出贡献等。考虑到一般读者对于核武器与炸药的关系、火炸药基本知识的了解程度，我们在报告撰写中给出了一些必要的背景介绍和火炸药科普知识。

本传记共分十章。

第一章介绍了董海山的出生地和家庭背景情况。

第二章讲述他的中小学求学经历。

第三章讲述他在北京工业学院的大学学习经历，介绍了北京工业学院化工系火炸药专业的课程设置特点，以及影响他大学求学经历的几位任课老师的特点以及留苏生选拔的情况。

第四章讲述了董海山前往苏联留学的背景情况以及在列宁格勒化工学院的留学经历，特别记述了他在特殊环境下记忆和记录最新炸药知识的故事。

第五章讲述董海山在西安参加全国高能炸药协作攻关，即"一四二任务"的重要经历。在这一章，我们介绍了原子弹与炸药的科普知识和一些历史背景，这有助于了解董海山一生主要技术贡献的重要历史背景和火炸药技术发展的历史背景。本章重点记述了董海山在新型高能炸药合成攻关中的主要技术贡献、我国第一个塑料粘结炸药研制历程，以及他在"一四二任务"如何发挥技术领军作用等事迹。

第六章讲述董海山从西安回到青海二二一厂第二生产部的事迹。鉴于有关我国核武器用炸药研制群体的事迹报道非常少，我们在这一章简要回顾了青海二二一厂第二生产部在我国第一颗原子弹用炸药研制中的重要贡献和历程。本章重点讲述董海山对我国核武器用的第一个塑料粘结炸药改性所作的重要贡献、二号高能炸药的首次运用以及他在动乱中的痛苦遭遇和人生抉择等故事。

第七章讲述了"文化大革命"结束后，董海山重获新生，来到四川的核武器研究基地之后作出的贡献和主要事迹，重点是讲述他在高能炸药谋划和常规高能炸药方面作出的几个杰出贡献。

第八章再次回到了核武器用高能炸药研制经历。本章讲述了董海山倾注后半生的心血，推动我国核武器用高能主炸药研究，突破一个个技术难题，并取得辉煌成就的事迹，在相关小节中评述了他关于炸药研制的主要学术思想。

第九章和第十章是专题性质的章节。第九章讲述董海山在二十世纪八九十年代我国军转民大背景下，响应国家号召，在民品领域作出的两项重要贡献。而第十章专题介绍了他在国际学术交流、创办刊物、著书立说和培养人才方面的贡献。

结语部分，我们对董海山的学术成长经历、学术思想特点和内在原因进行了总结和探讨。

本书的第一章和第四章由曾俊玮撰写，第二章和第三章由张赟撰写，第五章、第六章和第十章由李明撰写，第七章由黄亨建撰写，第八章由黄亨建、黄明和李明共同撰写，第九章由李翠影撰写，结构和全文由李明统筹。本书的撰写得到了中国科协专家、四川省科协专家、中物院陈能宽院士小组、张兴钤院士小组、傅依备院士小组、经福谦小组的指导和帮助。董海山院士的生前好友李海文同志阅读了全文并提出了宝贵意见。在此一并致谢。

董海山院士博学睿智、慈爱仁厚，他的一生经历曲折、贡献卓著，颇具传奇色彩。我们能参与他的学术成长资料采集工程，为他的人生经历留下一部可供后人研究评说的传记，深感万分荣幸。但由于执笔人水平有限，必存诸多不足，恐不能全面反映董院士的一生，实乃遗憾和惭愧。我们热切期望有更多的读者、学者能做出进一步的挖掘、研究和考证，书写出更好的研究成果，以告慰逝去的前辈。

第一章
滦河水寒

　　滦县，古称滦州，民国初年改为滦县，位于河北省北部，滦河西岸，地处燕山山脉南麓，华北平原东部边缘，滦河冲积平原中上部。滦县东与昌黎、卢龙隔河相望，西邻丰润、唐山，南与滦南接壤，北界迁安、迁西。滦河为境内最大河流，河北省第二大河，发源于河北省小梁山南麓，流经坝上草原，往南穿过长城后入唐山境，流经滦县后注入渤海。

　　滦县现为唐山市下辖县。1988 年 3 月，经国务院批准，滦县被列为沿海地区开放县。全县下辖滦河街道、古城街道、滦城街道、响堂街道、东安各庄镇、雷庄镇、茨榆坨镇、榛子镇、杨柳庄镇、油榨镇、古马镇、小马庄镇、九百户镇、王店子镇，共两个街道、十二个镇，是河北省唯一一家集国家卫生县城、国家园林县城和全国文明县城于一身的县级城市，被评为"中国滦河文化之乡""中国最具投资价值旅游城市"。

　　董海山于 1932 年 10 月 18 日出生于此地。

中 农 家 庭

  滦县历史悠久，重要的地理位置、多发的战争历史和风云变化的时局造就了滦县人民百折不挠的斗争精神。1911年11月，为了推翻帝制，有识之士发动了著名的滦州起义。起义受到全国各地的有力支援，也得到各国驻华使团的承认。"辛亥革命发轫于武昌，而滦州起义实促其成。"[1]1912年，滦县群众纷起组党，如国民党、共和党、进步党、民主党、自由党等，一时革命和斗争的情绪纷涌于滦州大地。1918年，因不满民国地方县署统治，滦县人民暴动，攻打县署，释放狱囚。1919年，滦县学生会发出通启，号召本县学生参加反帝爱国运动，"罢课讲演，唤醒同胞，联络各界"。同年12月20日，滦县县立中学学生救国会发表宣言书，揭露日本帝国主义抢占山东主权，凌辱中国爱国学生的罪行。25日，滦县万余人召开公民大会，并举行游行示威。1922年5月12日，张作霖在滦县宣布东北独立。

图1-1　滦县旧县衙（采集小组摄于2015年[2]）

---

① 1936年《国民政府令》。
② 滦县县衙因杨三姐告状出名。

1925年2月，滦师、滦中学生发起组织"青年同盟"，创办刊物，发表宣言，提出"反对列强、反对军阀混战、反对豪绅当道，团结互助"等主张。9月，滦中学生秦芝加入中国共产主义青年团，不久转为中国共产党党员，并组织滦县党支部，为滦县第一个中国共产党党支部。

　　1926年，奉系部队进驻滦县，与北伐军在山海关激战。1928年，政府改直隶省为河北省，唐山改镇为市，属滦县第八区。1931年9月27日，滦县万人集会东门外，揭露"九一八事变"日寇侵占我国东北的罪行，号召全县各界团结抗日。

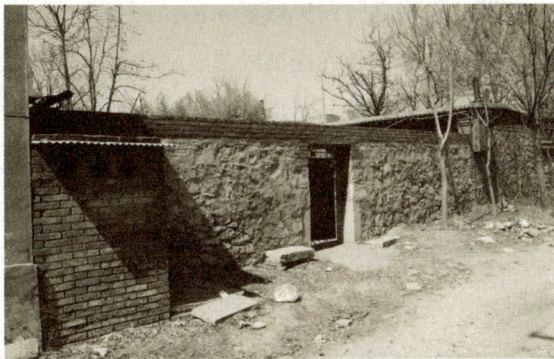

图1-2　董海山祖屋旧址（采集小组摄于2015年）

　　1932年，滦县成立了反帝同盟支部，隶属河北省反帝大同盟，中华大地反帝抗日情绪高涨。

　　这一年10月18日，董海山出生在滦县偏凉汀[①]南后街老站村6号一个中农家庭。

　　董氏家族在河北有据可靠的历史可以追溯到明清，始祖董士冕列于谱系之首[②]。当时董氏家族分为南北二家庙，共七门人。董海山所传系的这一支

────────────

　　① 滦县城东北数里有一座正东西向的山梁，当地称为横山。在横山东侧就是滦河，滦河贯穿南北，是早年辽西一带漕运交通的主要河流。滦河本是顺着山势由北流向东南，至此却突转正南。在陡峭之处，形成一个正对面北的风口。即使在窒闷的炎夏，这里也是凉风习习，前人有"征途若热此偏凉"之句，故称此处沙洲为"偏凉汀"。乾隆十九年（1754），清高宗边巡至此，更写诗赞叹说："偏凉汀畔水，待我再凭留。"从此，名气愈广。这里曾是辽金时代帝王行宫，明清历代皇帝曾多次重修。清乾隆十九年东巡驻跸，再筑行宫，更加壮丽。在滦河上，詹天佑设计修建的"偏凉汀"大桥。大桥两端都有车站，滦县最早的老站就建在了"偏凉汀"。因此，偏凉汀现在也叫"老站村"。

　　② 据董氏族人传，始祖董士冕之先祖为汉朝著名哲学家董仲舒之兄。又传始祖弟兄四人，始祖行三，其长兄居山东，三弟居南方，即原国家代主席董必武先生之先祖，四弟兄东北。民国早年，董氏族人曾修《董氏家谱》一部，共四卷，由两广总督张人骏题写族谱名。

属于南家庙，以始祖董士冕为第一世，以先祖清为第二世，以先祖郁为第三世，以廷玺先祖之兄弟为第四世。始祖董士冕系由外省迁居河北省丰润县董各庄村，时为明朝中末年，迄今已四百余年。后直系先祖（约五到七世）迁至杨家泊村，到十一世又迁至清庄湖村，十至十二世祖三代单传，九世及以上各世旁系祖之后裔仍居杨家泊及董各庄、宣庄、黄各庄等丰南南部，以董各庄最多，部分族人迁至外县，以丰润、韩城、滦县为多。

董海山的祖上由丰润县董各庄迁来滦县并在滦县扎下根来，当时在老站村算得上一个大家族。董海山所在的这一支家族关系比较简单，属于没落的家族旁支。[1]董海山的祖父原是一个贫农，没有田地，只有三间破房，给人当雇工过活，后来到滦县城里一家商店当伙夫。董海山的父亲董世兰小时候上过两年私塾，长大后在铁路上当工人，二十五岁后辞工，开始做起小买卖，在滦河车站上卖小吃。在有了一些积蓄之后，董世兰回到家乡，买了几亩地，开始了半农半商的生活。

> 我父亲起初在铁路上做工，后来就做小买卖了，卖开水、烧饼、花生糖……我父母经常说土地是根，有了地就不愁吃，因此有了剩余就买地。到我十来岁的时候，我们家就有了十四亩地、十二间房，变成中农成分了。一直到日本进关，我们家的生活是一天比一天好的。但从那时起一直到现在我们家还是那几亩地，那几间房。[2]

在家乡老站村，董世兰是一个务实肯干又头脑活络的人，除了不断地攒钱买地，他养了一头驴，买了一辆套驴的车，用驴拉石磨，替人磨玉米棒子面挣钱，家中还开了一个小卖部，经常拉着车走街串巷做小买卖，在今天也可算得上是多种经营。董世兰在中华人民共和国成立前还担任过甲长、副保长。甲长类似于现在的村干部，当时并没有什么具体工作，一般是通知开会等跑腿的事。

---

① 董海山档案，政历类。存于中国工程物理研究院人事档案馆，5-1-3。
② 董海山档案，政历类。存于中国工程物理研究院人事档案馆，5-1-1。

我爸上过几年学，特爱看小说，我妈一天学也没上过……我爸妈他们特别会过日子，省吃俭用，起早贪黑地干活。从我记事，就没有闲过。[①]

父亲董世兰开朗外向，脾气略显暴躁，对孩子的管教很严，教育方式主要以打骂为主。母亲鲜瑞贤是个文盲，她心地善良，性情温和，一生都勤俭持家，省吃俭用，每天就是拼命地干活，家里有什么吃的，总是让孩子们先吃。[②]鲜瑞贤共育有八个子女，长大成人的有四子二女。董海山排行老二，出生时上头有一个三岁的长姐董秀珍。

作为一个贫寒农家的长子，董海山从小就被教育要懂得节俭、勤劳，干活才有饭吃。他从小就帮着父母做家务、干农活，每天清晨去给

图1-3　全家福（1964年。图片由董海英提供[③]）

---

① 董海英访谈，2015年11月29日，河北滦县。资料存于采集工程数据库。董海英，董海山小妹。

② 董海清访谈，2015年11月29日，河北滦县。资料存于采集工程数据库。董海清，董海山的四弟。

③ 这是董海山家中唯一一张有父母在内的全家福，1964年拍摄。前排左起：父亲董世兰、小妹董海英、母亲鲜瑞贤、三弟董海天；后排左起：二弟董海清、大弟董海泉、董海山长子董志伟、董海山。当时已经出嫁的大姐董秀珍不在合影中。

父亲买小货品，作为父亲当天做小买卖的货源。

在家的时候父亲管我很严，每天早晨我要给他去买他要卖的东西（除种地外还做小生意），放学后还要被留在家中做活。有时我偷偷到外面去玩了，等到回来或被抓来的时候，就要挨骂了。"给你赚吃穿多么不容易呀！以后再偷着去玩就不给你饭吃了。"他总这样生气地对我说。①

在董海山的记忆里，童年几乎没有游戏的踪影，偶然偷着到滦河中戏水，也会被父亲抓回来，轻则叱骂，重则挨打。父亲对董海山的教育几近严苛，简单而略显粗暴。作为家中长子，他从小就担负着沉重的责任和命运，没有品尝过童年的天真和无忧，这也造就了他长大后沉稳、坚韧的个性和吃苦耐劳、富有责任感的品格。

经过董海山一家十几年的劳作和积累，家中攒下的钱陆续买的田地最多的时候有十五亩，盖起十几间房屋，按照当时的划分标准，这样的经济情况属于中农。但弟妹们的陆续出生，家中生活一直是拮据和简朴的。

父母日复一日地辛劳和家境的贫寒，让年幼的董海山萌发出自己人生最初的理想，那就是将来要挣大钱，让父母过上富裕的生活。在1952年大学阶段，二十岁的董海山这样回忆道：

由于我们是中农家庭，因而父亲一面羡慕地主有那样多的土地，自己也想当个大财主，而另一面又受着社会的压迫与折磨，总也不如意，而时常消极。

在这样的环境下，就培养了我"光宗耀祖"的思想，想将来要做个大财主，让我父母亲过着好日子，这样别人更会说"这孩子多好"了。当然还并不是很明确，只是虚无的空想罢了。②

---

① 董海山档案，自传类。存于中国工程物理研究院人事档案馆，2-1-1。
② 董海山档案，自传类。存于中国工程物理研究院人事档案馆，2-1-1。

但是，随着时间的推移，这样幼稚的想法很快就遭到了董海山的否定，他将逐步建立起更明确、更坚定的人生目标。

战 争 阴 云

伴随着董海山童年的成长，战争的阴云逐渐开始笼罩在河北这片不安宁的土地。董海山出生的次年，即 1933 年，侵华日军就开进了滦县，这一年冬天，随同日军进关的李际春部被编为战区保安队一、二总队，一总队就驻扎在滦县。

1935 年 11 月，日本侵略者唆使汉奸殷汝耕，成立"伪冀东防共自治政府"，辖冀东二十二县，滦县沦为日伪统治区。抗日战争开始后，冀东地区第一个抗日民主政权——丰滦迁联合县在丰润、滦县、迁安三县交界处诞生，中心在丰润县潘家峪一带，隶属于晋察冀边区行政委员会第十三督察专员公署（简称冀东专署），辖境包括榛子镇、杨柳庄地区。

1941 年 1 月 25 日，日军制造了震惊全国的潘家峪惨案，残害一千二百余人，潘家峪距离滦县不过几十里地。1 月 25 日，日本侵略军在冀东地区进行扫荡时，包围了河北省丰润县潘家峪村，集中屠杀村民，焚毁全村房屋，被杀害者一千二百三十七人，烧毁房屋千余间。惨案发生前全村有二百二十户人家，是丰润县联合抗日民主政权的常驻地。1941 年 1 月 25 日拂晓，驻唐山、滦县、迁安、丰润等地的日伪军联合出动，突然包围了潘家峪村。日伪军先是逐户搜查，强迫群众到村西的大坑，然后开始屠杀。当时站在墙上的日军用步枪、机枪对准人群猛烈扫射，并同时放火焚烧老百姓的房屋。宅院中的群众除少数死里逃生外，其余的人全都惨遭杀害。日伪军射击后，仍不死心，又向尸体堆扔手榴弹，炸得尸骨横飞。日伪军还在村内四处搜索，将抓到的群众三十二人在南崖集中杀害，点火焚尸。有三十多名妇女在白薯窖中被日军奸污后，也惨遭杀害。

这个时期的董海山还是个懵懂幼童，因为家乡滦县处在日伪敌占区，日军在此横行霸道，烧杀抢掠，无恶不作。幼小的他亲耳听闻了家乡不远处潘家峪发生的惨案，亲眼目睹同胞们一批一批被抓进日本宪兵队，一车一车的同胞尸首被胡乱堆叠着，从宪兵队里用板车推了出来。看到父老乡亲被当作牛马一样任人宰割，这个惨绝人寰的场景深深印在了董海山的心里，也对他产生了强烈的心理冲击。虽然年幼的他还不懂什么大道理，但落后就要挨打受欺负、国弱则民不聊生这个简单粗浅的认识，在他幼小的心里深深地扎下了根，并随着他的成长逐渐强大起来。

> 我少年时，家乡就被日寇占领，耳闻目睹了日本鬼子对我同胞的烧杀抢掠和八路军英勇抗战的光荣事迹，这使我从小就产生了强烈的爱国心和对共产党的崇敬。[①]

1939 年 9 月，七岁的董海山进入河北省滦县偏凉汀小学，开始了漫漫求学之路。同年，大弟董海泉出生。

---

① 董海山档案，自传。存于中国工程物理研究院档案馆，2-1-3。

第二章
崎岖乡路

　　董海山的青少年时代，大部分时光是在河北滦县和北平度过的。此时的中国，可谓伤痕累累，地方割据、军阀混战刚作罢，日本帝国主义又入侵，国家内忧外患。董海山就生在这样的时代。他目睹了兵荒马乱，民不聊生。然而在滦县、北平，他仍然坚持接受了比较完整的基础教育，培养了对自然科学的浓厚兴趣。这些都为他今后的学习和成长打下了良好基础。不过，更为重要的是，他的人格慢慢开始形成，国家意识开始萌芽，虽然这种意识在这个时期还非常模糊，但他还是希望自己成长为一个对国家有用的人。

沦陷区的小学生

　　外面兵荒马乱，家里生计问题堪忧，董海山在七岁前都在家中帮助父亲干活。1939 年，董海山就近上了偏凉汀小学①，从家走路大约十几分钟

---

　　① 现学校名称为滦县古城街道办老站小学。

路程。

教育，历来是统治者们在思想领域的一块重要阵地。如果没有日本帝国主义入侵，河北省可能会完全依照三民主义的教育要求进行：阐明民族之真谛、训练民权主义之应用、培养实行民生主义之基础。然而，日本帝国主义入侵后，国民政府迁都，对河北的教育基本上鞭长莫及。1939年4月，国民党临时全国代表大会通过了《战时各级教育实施方案纲要》，该份文件明确了今后教育的方

图 2-1　偏凉汀小学现址校门
（采集小组摄于 2016 年）

图 2-2　偏凉汀小学现教学楼
（采集小组摄于 2016 年）

针，其中包括教育目的与政治目的的一贯、农村需要与工业需要并重、自然科学要迎头赶上以应国防与生产之急需等内容①。但河北省的教育仍不乐观。这一时期最强的，则是日本帝国主义的奴化教育。

日语成为滦县各小学高年级的必修课，强令推行《日语读本》挂图。日语读本卷教材挂图和算术教材挂图，也在强制推行之例。偏凉汀小学也不例外。在董海山四年级的时候，学校改名为扶轮小学。

除此之外，日本侵略者还强制学校订阅亲日报刊。据 1987 年版《滦

——————
① 战时各级教育实施方案纲要。存于中国第二历史档案馆，全宗号五（2），67 卷。

县教育志》载：1940年10月11日，伪滦县公署训令："为谋日满华亲善提携及发扬东方文化，共国协力新民运动，更使华人儿童彻底认识日满华三国一体，达成东亚新秩序建设大业起见，《唐山新民小学报》于9月1日发行创刊号。通令订阅。"

日伪政权对当地的文化侵略非常明显，这当然是与军事、政治、经济侵略密切相关的。不过，董海山那时非常年幼，这种侵略对他来说是一种恐惧，是一种对侵略者的憎恨，是一次对民族自强心理的激发。"落后就要挨打"是董海山发自内心的感触，他一生都在鞭策着自己。①

现实是残酷的，对于幼小的董海山来说，更让他担心的，是来自生活的压力和能否继续上学的问题。

天灾阻挡不了求知

1945年中秋佳节，明月当空，万里无云。滦县的百姓们都沉浸在节日的气氛中。大家所庆祝的是日本帝国主义无条件投降，人民终于可以过上安静的生活。节日刚过，欢乐未尽，突然一声巨响，天昏地转。

据天津《大公报》报道："1945年9月23日夜11点30分，河北滦县发生6.2级地震，约有一分钟之久，房屋摇摆，人都站立不住；房屋多数倒塌，未倒塌的都震出裂缝。井水浑浊，人不能吃。地震剧烈，受灾惨重。"

这次地震震中就在滦县，极震区面积为六百余平方公里，遭破坏的房屋最多达五成。滦县受灾近五十万人，死亡者逾六百人，房屋倒塌四十万间。

董海山在1945年7月从小学毕业考入了滦县县立初级中学（以下简称"滦中"）。9月的地震，滦中的房屋几乎全部倒塌，半年多未能上课。②

滦中是滦县第一所公立中学。这所学校有着三所学校的身影，分别是

---

① 直到2004年的学术报告会上，面对和平年代的年轻学者们，他仍然用这句话激励大家。

② 刘玉东：《河北滦县一中校志》。内部刊物，2013年7月。

海阳书院、汇文中学和万慈小学。学校前身是始建于乾隆十七年（1752）的海阳书院①。光绪三十年（1904），知州章燊在海阳书院建立了一所高等小学堂，招生一班，名为滦州高等小学堂。1913 年 6 月，滦县教育会提议，将海阳书院校址内的县立高等小学校改为中学校，校名改为滦县县立中学校，这就是滦中东校。

学校的西校在万慈小学的旧址。万慈小学由滦县当地商会会长薛兆霖创办。②可惜的是，薛兆霖在 1939 年被日本宪兵队逮捕抄家，并惨遭杀害。学校失去经费来源，遂停办。后校址被伪治安军所占。直至 1945 年抗战胜利，校院一直荒置。1945 年 9 月，滦县地震，滦中校舍倒塌，无法上课。1946 年春，滦中学生搬入该校舍，恢复上课，称滦中西校。③

除了东校、西校，滦中有一段时间加入了汇文中学的力量。1944 年，滦中与美国牧师创办的汇文中学合并，不过时间不长，1946 年，汇文中学又恢复独立。因此，董海山和汇文中学并没有什么交集，而主要在滦中西校度过了初中的时光。

经过几个月的震后恢复，1946 年春天，董海山进入了滦中西校开始学习。当届滦中招了三个班的学生，其中一个为女生班，按照报名先后顺序分班，董海山在甲班，学生有四十三人。

董海山学习刻苦勤奋，他的大弟弟董海泉回忆道：

> 那时他常常每天起五更，爬半夜地套驴碾玉米面，还帮助父母卖面。由于起得早，看书时容易犯困，他就大声背诵英语单词来振奋精神。平时也常带着我一起背诵英语单词："早上好，你姓什么？读书、

---

① 明清以来，滦县先后有过三处书院，"横渠书院""育贤书院"早废，只有"海阳书院"一直延续到光绪三十二年（1906）。海阳书院章程所定，每年于三月至十月的每月初六举行童生录取考试，一共八次。考试内容为诗文、经解、策论、算学。

② 1926 年，薛兆霖担任了世界红万慈会滦县分会会长，主办慈善与教育事业。他筹集慈善捐款购买了城内西北角的一块地基兴建校舍，于 1931 年落成，耗银一万二千元，他个人捐助了五千元。校舍占地十八亩，聘请专任教师六人，不收学费，课本也由校方供给。当时很多贫家子女因此得到上学的机会。

③ 刘玉东：《河北滦县一中校志》。内部刊物，2013 年 7 月。

黑板……"①

董海山的勤奋大家有目共睹，他很好学，喜欢与别的同学讨论问题，碰到不懂的就问。同级同学、乙班的郑士武回忆当年的学习情况：

> 在滦县中学，他是甲班，我是乙班，我们同年级不同班。我们早晨起来就一起上学，一起走路。海山那个人啊，在我的印象中，吃苦耐劳。打个比方，那个时候他磨棒子面。年轻人一般起得晚，可是他呢，早晨起得早，把驴套上就开始磨棒子面，我吃完饭找他的时候，他一边磨棒子面，一边看书，学习相当认真，非常刻苦。我得等他一会儿……有的时候走道的时候他就说，数学哪个哪个题搞不清楚，我们就一边走他一边问。他就是不耻下问，不明白就问。他相当好学。②

因为家庭的缘故，董海山格外懂事。上初中的那一年，二弟董海清出生了。家里多了一张嘴吃饭。作为十几岁的小小少年，家庭给他的负担是沉重的。他在自传中回忆道：

> 在小学与初中，父母亲经常让我请假帮家做活，每天早晨也因为做活而经常迟到。下课就回家，因此在学校中没有很接近的同学，也没有接近的老师。③

曾经有好几次，父亲不让董海山上学了，还经常说："不只花钱，就连搭工④都搭不起。"但在董海山的要求及同学的说情下才能够继续读书。他当时只有一个愿望，就是勤奋学习、光宗耀祖。因为他看到父亲一面羡慕地主有那么多的土地，而另一面全家又受旧社会的压迫与折磨，总也不如

---

① 董海泉：刻苦读书，生活勤奋节俭。见：吕欣、黄辉、李波涛主编：《董海山院士诞辰八十周年纪念文集》，内部刊物，2012年。
② 郑士武访谈，2016年3月29日，河北。资料存于采集工程数据库。
③ 董海山档案，董海山自传。存于中物院人事教育部档案室，D6-01-1-5。
④ 搭工就是少一个劳动力。

意。所以董海山想学更多的知识，以后能挣大钱，过上好日子。

父亲当然是一时的气话，繁重的家庭生计压力面前，任何人都可能放弃。不过，滦中给予的教育让董海山的坚持有了价值。

滦中的课程应该说是比较健全的，除了在日伪统治时期，取消历史课改设经训课，增设日语课，把公民课改为修身课，其他的课程是相对固定的。日本投降后学校的课程有：公民、国文、算术、数学、英语、物理、化学、历史、地理、博物、体育、童子军、劳作、图画、音乐，共十五科。公民课即公民教育，主要培养公民意识。因河北受国民政府管理较为疏远，教材更迭不快，当时董海山的公民课教材可能仍然使用的是 1917年中华书局和商务印书馆分别出版的《公民读本》与"共和国教科书"中的《公民须知》两种公民教科书。博物课就近似今天的自然课。童子军课近似今天的军训，但更为严格，而且为必修课，青少年学习基本的军事知识，增强实战能力，虽然带有鲜明的统治特色，但童子军课誓词中的"日行一善""助人""责任"等说法对青少年品格的修养也是有益的。

滦中的办学特点很鲜明。

首先，教师素质比较高。教师基本上都由学校自主聘任，校长负责学校的全面工作，下设教务、训育、总务、体育四处，各设主任一人，分别负责学校的教学、教育（含生活管理）、总务（财务、事务、师生生活等）、体育（含卫生保健、军训等）等工作。当时滦中的校长是姚洪龄，他尽职敬业，对应聘教师，不管有无关系人，均严格"审其学养，察其才干"，并且注意从社会上延揽一些有真才实学者来校任教。1946 年董海山上初中时，当时有二十三名任课教师，其中有十八人毕业于北平、天津、保定等地高等学府，占任课教师总数的 78.3%[1]。当时董海山的国文老师孙国屏[2]，传统文化功底深厚，具备多领域的知识素养且爱好广泛，特别喜好京剧，二胡也拉得好。他讲课突破习惯性灌输模式，寓启发性，多以手势与动作相助，风趣生动，深受学生欢迎与钦敬[3]。学校也很注重教师的垂

---

① 刘玉东：《河北滦县一中校志》。内部刊物，2013 年 7 月。

② 孙国屏 1945 年毕业于北京师范大学日本文学系，同年 10 月到滦中任语文教员。

③ 刘玉东：《河北滦县一中校志》。内部刊物，2013 年 7 月。

范作用，特别强调教师要有高尚的品德。当然那时所谓的"德"主要是指孔、孟所倡导的忠、孝、礼、义、仁、智、信等儒家理论。

其次，对音、体、美等特殊学科十分重视。在学校组织机构的设置中，专设体育主任一职，专司音、体等教育工作，学校还不惜重金延揽专才来校任教。当时比较有名的是美术老师张钟淼，他是滦县县志局总修、冀东著名学者、末科举人张凤翔先生的长子，1918 年毕业于河北保定高等师范图画、手工教员讲习科。张老师不苟言笑，要求严格，教学极其认真，教具多为自己制作。他不喜逢迎，又无关系，但在滦中任教数十年，受到学校的器重。在这样的环境下，培养了董海山的运动和艺术细胞。

再次，对学生管理严格。滦中对治学、修身、养性均有明确的规范要求。学校实行住宿制，当时绝大多数学生都在校住宿，十几个人一室，睡木板通铺。宿舍有严格的管理制度，按时作息，熄灯后不许说笑打闹。每天晚上有一个小时的集体自习完成作业、温习功课。自习时亦有老师监管，平日住宿生不许外出，只有周日可以上街采购些牙膏、肥皂之类的生活用品。学生请假制度亦非常严格，有事请假，回来销假，超假不归会受到严厉的批评，甚至处罚。[①] 董海山的家离学校不远，因家庭条件的缘故，因此并没有住校，但学校严格的管理制度对董海山产生了深远的影响，这些要求都提醒着董海山时时处处成为遵守规章制度的表率。

除了知识的滋养，董海山在精神上也受到了一些启蒙。比如，人格的培养。滦中在建校之初沿袭了原海阳书院的院训作为校训，全文为："毋慕浮荣，毋求速效，毋竞机巧，毋侈俗谈；毋外饰而欺师儒，毋惰慢而远正士。"可以说，董海山的一生都是按照这样的要求来做的。无论出于什么样的环境和条件，董海山都不急功近利，不投机取巧，不奢侈浪费，爱国尊师不欺负弱小，勤奋谦虚多结交君子。正如他的大学校友黄友之对他的评价：

坎坷人生炼英才，梅花香自苦寒来。

---

① 刘玉东：《河北滦县一中校志》。内部刊物，2013 年 7 月。

呕心沥血勤耕耘，初衷不改报国家。[①]

学知识、强身体，培养意志品质，初中三年可以说是董海山成长的重要阶段。他就像一棵小树苗，虽有狂风吹过、泥土压枝，但仍然在不断成长。就像涞中对他们寄予的希望：莘莘学子社会之中坚，尚诚朴，崇节俭，敏于学而慎于言；振颓风，挽狂澜，方不愧为新青年。等待董海山的是更大的世界。

黎明前的颠沛

1948 年 7 月，董海山初中毕业。他考入了北京市立第八中学，原因很简单，北京有"救济面粉"，不用在家里分口粮了。董海山这样回忆当时的情景：

图 2-3　二十世纪五十年代北平市立第八中学的校门

1948 年初中毕业了，因为北京有"救济面粉"，我就考入了北京市立第八中学，从乡村来到城市，我的眼界大开。首先使我羡慕的就是城市的繁华，这时我的理想已不是将来拥有几十亩几百亩土地，而是漂亮的楼房、花园、汽车了，因而使我的"荣宗耀祖"思想更加巩固与发展。[②]

---

① 黄友之：将星陨落耀天际。见：吕欣、黄辉、李波涛：《董海山院士诞辰八十周年纪念文集》，内部刊物，2012 年。

② 董海山档案，董海山自传。存于中物院人事教育部档案室，D6-01-1-5。

北京市立第八中学最初由 1921 年建立的私立四存中学和 1947 年建立的北平市立八中合并而来。1949 年，两校合为一校。董海山于 1948 年 9 月至 12 月在此上学。两弹元勋邓稼先 1935 年就毕业于四存中学。

学校校址在西城区按院胡同，校址今已不存在。董海山在八中读书的四个月，并没有在学校 1948 年的学生档案中查到记录，很有可能只是插班生，并没有正式学籍。学校高中的课程有三角、历史、政治、俄文、生物、地理、平面几何、英语、化学、立体几何、代数、物理、解析几何、国文等十四科。董海山在八中学习时，很少过问政治，没参加过任何政治组织与活动，报纸、杂志、小说也很少看。[①]1948 年底，北平被解放军包围，学校刚好放寒假，董海山打算和几个同学回河北老家。这次返乡，给董海山思想上带来很大的触动，因为他经历了一个旧的世界，也跨入了一个新的世界。他这样回忆这段经历：

> 1948 年，解放军包围北京，当时我恐怕北京也像长春那样受围很久，自己在北京又无亲友又无依靠，因此就和刘汉忠[②]、张兴国[③]等步行回家了。当时出朝阳门，至通县（已解放），又经辛庄、玉田县城至唐山，由唐山坐大车回到滦县，路上共经六天。因为我们的钱在出朝阳门时都被国民党军队抢光了，所以路上的吃、住都依靠了村政府与县政府的照顾。[④]

由于董海山不关心政治，他对国民党和共产党的判断还是比较模糊的。可以说这次返乡途中的所见、所闻、所感，让他对政治更迷茫了。北京到唐山直线距离一百八十公里，对于一个十几岁的初中生而言，选择步行是疯狂的。这条道路，是傅作义留作海上撤退的通道，因此在这条路上

---

① 董海山档案，董海山自传。存于中物院人事教育部档案室，D6-01-1-5。
② 因病在 1952 年去世。
③ 目前在滦县车站邮局工作。
④ 董海山档案，董海山自传。存于中物院人事教育部档案室，D6-01-1-5。

董海山毫无疑问会碰到国民党军队。国民党的兵痞抢走了他和同学们身上带的钱，但一路上长达六天的跋涉，他们又受到沿路国民党村、县政府的照顾。这一路，他们也碰到了解放军，感受到解放军并不是国民党所传的那样杀人放火。[①] 年幼的董海山只懂得好人和坏人，不懂得政治立场，没办法做判断，因此在政治上迷茫和纠结，甚至对国民党政府还保留一丝希望。

步行六百多里路，董海山终于回到老家滦县。正在担心他的家人见他安然到家都非常高兴，父亲更是热泪盈眶。[②]

回家不久，北京就和平解放了。听说有助学金，父母又允许董海山继续上学了。1949 年 3 月，董海山转学到河北省立北京高级中学，转学的目的是因为河北高中是很好的学校，比八中好得多，当时河北高中也正好招生。[③]

河北北京中学建校比北平市立第八中学还要早。[④] 河北北京中学有着光荣的革命历史，是接受与传播马克思主义最早的中学。学生们积极参加爱国民主运动。[⑤] 北平和平解放前夕，地下党员人数占全校师生总数的 5%，党的外围组织（民青、民联）的人数占全校师生总数的 15%，这一盛况在北京市中学界是绝无仅有的。曾有中华人民共和国成立前地下党校之称。

学校硬件条件还不错。二十世纪三十年代初，普通教室、专业教室、

---

① 董海山档案，董海山自传。存于中物院人事教育部档案室，D6-01-1-5。

② 董海泉：刻苦读书，生活勤奋节俭。《董海山院士诞辰八十周年纪念文集》，内部刊物，2012 年。

③ 董海山档案，《董海山自传》。存于中物院人事教育部档案室，D6-01-1-5。

④ 校址在北京地安门东大街，前身为顺天高等学堂，建于清光绪二十八年（1902），是近代中国在北京地区建立的第一批两所新型学校之一（另一所为五城学堂，现名北京师大附中）。清光绪年间，顺天府在维新运动的推动下，决定在辖区之内建立新型中等学堂，1898 年 9 月经光绪皇帝批准筹办，1901 年试办，1902 年正式建立，钦定校名为顺天中学堂，校址在地安门外兵将局（即现在的地安门东大街 127 号，北京市东城综合高中现校址）。开学典礼当天，慈禧太后派人送给学校一个御赐书柜和一些图书以示祝贺。

⑤ 1919 年，参加五四运动。九一八事变后，进行抗日救亡斗争。1931 年 12 月，参加"北平学生南下请愿示威团"及纠察队，为争取南下，在前门车站坚持卧轨斗争三昼夜。1935 年，参加一二·九运动。高二学生郭青被捕入狱，受尽酷刑，坚贞不屈，惨死狱中。1948 年 4 月 17 日，为迎接北平解放，举办师生联欢会，演出"兄妹开荒"等解放区文艺节目，致有十六名进步学生被捕入狱。

学生宿舍已相当完备。中华人民共和国成立前后，图书馆藏书已过十万册，1951年新修建了教学大楼，使学校形成了教学楼、科学馆、体育楼、艺术馆的新格局。

学校后来解体并入分司厅中学、二十三中学、地安门中学，档案资料也无从查找。虽然从档案中找不到董海山上学的情况，但是从他的自传中却能够看出，转学到拥有这样革命传统的学校后，他的认识开朗了，思想发生了较大的转变。

> 过去我感觉中国很落后，自己也看到很多不合理的现象，自己也有很多的遭遇，但是，这些都是为什么呢？我是不知道的，也没有想过，或者轻信别人的话，不知道这旧社会的一切罪恶都是由封建势力、帝国主义、官僚资本主义压迫统治的结果。看到共产党的品质与作风，新社会的气象，与新中国成立前恰是鲜明的对比，因而我对共产党与革命有了初步的认识，认识到只有共产党才能领导全中国人民走向幸福的社会，我对党爱戴了，对国民党痛恨了。[①]

这是董海山第一次比较鲜明地从思想上表明了对共产党的态度和认识，从本源上认清了旧中国的问题所在。正是有了这样的思想基础，在同学李梦醒的介绍下，1949年11月7日，董海山加入了新民主主义青年团。[②]他在自传中这样描述当时入团的心情：

> 我当时还很幼稚，对入团不是很严肃，没有体会到这是把整个生命献给了革命。而只是感觉青年团很好，并自己感觉像新中国成立前那样什么也不问，甚至也不懂是不好的。虽然宣誓"为新民主主义的彻底实现及全人类的彻底解放而奋斗"，但是因对革命远未到理性的认识，只是从表面感觉好，而对这样庄严的词句，没有什么体会。[③]

---

① 董海山档案，董海山自传。存于中物院人事教育部档案室，D6-01-1-5。
② 即共产主义青年团的前身。
③ 董海山档案，董海山自传。存于中物院人事教育部档案室，D6-01-1-5。

这种思想上的不严肃和模糊来源于董海山原来固有的小农意识、"荣宗耀祖"的封建思想和隐约幻想的剥削意识，这样一些意识成了他思想上继续前进的主要障碍，很快就体现在了具体行动中。

1950 年，抗美援朝战争爆发。随着全国兴起的抗美援朝热潮，参加"军干校"便成了青年学生报效祖国的壮举。河北北京中学的学生们更是积极响应。董海山被这种热潮夹裹着，在随大流的情况下报了两次名，都没有被选中，他心里暗暗庆幸。在第三次的军干校招生中，董海山犹豫不决，因为担心无法实现"荣宗耀祖"的目标而放弃了报名。他自己在高中毕业时也深刻剖析了自己：

> 因为入团很糊涂，所以入团后，也没有好好地学习。我的个人主义、为个人打算的缺点并没有削减，具体的表现就在参加军干校上。虽然参加志愿军第一、二次军干校都报名了，但是还不是坚决的。希望最好不被批准。结果没有批准。寒假我回家了，由于自己认识不清，革命意志不坚定，加上落后的家庭拉后腿，我的"个人主义、荣宗耀祖"更显现出来。回到学校后，就很害怕再来一次军干校报名。高中快毕业的时候，果然又有一次军干校招生了，这次我未报名。这样整个把我当时的思想情况暴露出来了，过去个人利益与革命利益尖锐的冲突机会是较少的，所以平常表现的还不坏，但在这次考验下我掉队了。我也知道一个青年应当坚决响应祖国号召，优秀的共产党青年团员的模范事迹、志愿军的英雄行为我是很钦佩的。但是我没有决心向他们学习，因为那样与我很近视看到的个人利益是完全背道而驰的。所以就产生了剥削意识，让别人上前线与敌人冲杀去，自己做舒服的工作，享受他们用血肉换来的胜利果实。但是这种行为让我感到很可耻、很卑鄙。[1]

---

[1] 董海山档案，董海山自传。存于中物院人事教育部档案室，D6-01-1-5。

高中毕业时，他曾向党组织提交过入党申请，没有被批准。他归因于自己思想上的不坚决。少年时代这些思想上的徘徊和犹豫，在董海山心里留下了很深的烙印，以至于在之后的数十年当中，他都在极力地克服个人主义和剥削思想，总是先考虑组织的利益、其他人的利益，不讲条件，不搞特殊，把自己放在了很低的一个位置上。如果说对国家的感情是天生的，那么对党的热爱，则是董海山从少年时代逐步培养出来的，并且日益加深。少年时代入党的受挫，让他心里深深地自责，而后不轻易表达入党的愿望，但在内心和行动中却始终以一名共产党员的标准要求自己。

在政治上的不顺，并没有影响董海山各方面的发展。他在学校加入了中苏友好协会，并担任文娱干事，给他的文艺才能提供了更多施展的空间。高中阶段他的理科成绩较好，尤其喜欢化学，也决心投入技术性的学习和工作中。经过高中三年，董海山形成了初步的人生观、世界观和价值观，懂得自我批判和反省，并且坚定地热爱着国家和党。这一点在多年后教育子女时也深有体现。他对去日本讲学的长子董志伟说："你是中国人，以后必须得回来。"①

爱国、爱党是董海山给子女们上的人生基础第一课。

---

① 郑士武访谈，2016 年 3 月 29 日，河北。资料存于采集工程数据库。

第三章
北工烟火

　　董海山的大学时代是他人生最美好的阶段之一。这个时候，中华人民共和国刚刚建立，国民经济建设逐步进入了正轨。因为家境比较贫寒，高中毕业时想报考实行供给制的大学，他填报的高考第一志愿为华北大学工学院（北京工业学院）化工系，第二志愿为清华大学化学系，第三志愿为大连工学院化工系，第四志愿为东北工学院冶金系，第五志愿为华北大学工学院化工专修科。二十岁的董海山，可以说对自己人生的考虑是理性的。最终他被华北大学工学院化工系录取并学习了五年。在这里，这所学校连同自身命运的嬗变，带着董海山在自然科学的世界里翱翔，引领着他步入国防科技的大门。在这里，他收获了知识，收获了爱情，也收获了继续深造的机会。

梦 想 的 摇 篮

　　1951 年 9 月，董海山如愿进入北京工业学院化工系，被分在化一甲专业 6511 班学习，学号 511205。

图 3-1 北京工业学院大门旧址（采集小组摄于 2017 年）

北京工业学院原名华北大学工学院。华北大学工学院的前身是成立于 1939 年的延安国家自然科学研究院。1940 年，延安自然科学院开学后，大学部设置了物理、化学、生物、地矿四个系。延安自然科学院的办学任务是培养既通晓革命理论，又懂得自然科学的专门人才，理论与实践统一的人才。[①]1948 年 10 月，华北大学工学院成立，学校确立的培养目标是培养具有高度革命意识的、忠于革命事业并具有马列主义修养的工业干部和技术人才。[②]1949 年 8 月，华北大学工学院迁到北京，同年 10 月招收俄文专修班，1950 年暑假招生时，建立学制为五年的七个系：机器制造工程学系、内燃机学系、航空工程学系、汽车工程学系、电机制造工程学系、化学工程学系[③]、钢铁冶金工程学系。

---

① 王民：《北京理工大学校史》。未刊稿。
② 王民：《北京理工大学校史》。未刊稿。
③ "六系"的说法由此而来。

图 3-2　中法大学旧址外景
（采集小组摄于 2017 年）

1950 年 9 月，教育部决定将中法大学①校部及数理化三个系并入华北大学工学院，同时三十几位中法大学的优秀教师加入，"中法大学大楼、各系实验室、大礼堂、图书馆、数理化系的图书、设备均归华北大学工学院使用"，解决了学校缺乏教师、校舍和实验室的多重困难，加强了基础理论教学，增强了学校的办学力量。这样，学校既有延安革命传统，又因为中法大学的加入，融入了西方科学精神，华北工学院成为当时一所新型大学。

图 3-3　中法大学大礼堂、图书馆
（采集小组摄于 2017 年）

图 3-4　中法大学教学楼（采集小组摄于
2017 年，董海山上课的教室在二楼）

从董海山填报的高考志愿来看，他比较倾向投身于新中国工业建设，这与他自身喜欢搞技术有关系，他曾经在自传中回忆他的入学动机：

———————————

① 中法大学成立于 1920 年，它是在民国初年蔡元培组织发起的留法俭学会与法文预备学校和孔德学校的基础上组建的。最初设在西山碧云寺的法文预备学校扩充为文理两科，改称中法大学西山学院，是该大学创建之始。1924 年孔德学校在阜成门外成立。1925 年将文科移至东黄城根北街，改称中法大学服尔德学院，理科改称居礼学院，生物研究所改称陆莫克学院。1929 年成立中法大学药学专修科。1931 年，成立中法大学镭学研究所。同年把服尔德学院改称中法大学文学院，居礼学院改称中法大学理学院，陆莫克学院改称中法大学社会科学院。1934 年，阜成门外的社会科学院合并入东黄城根北街的文学院。东黄城根北街同时也是中法大学校部所在地。1950 年 9 月，中法大学校本部及数理化等院系并入北京工业学院。1988 年更名为北京理工大学。

最主要的是因为这个学校是新型的大学。当然这里的政治学习比别的大学好……再加上政府的大力支持，业务方面也一定会比别的学校好……这里是公费，我的经济条件不允许我上非公费的大学。[1]

他的同班同学黄友之也这样回忆董海山的入学动机：

董海山当时可以考上清华，但是家里比较困难，都是农民，所以改报了既有革命传统又接受西方文化影响的北京理工大学。[2]

因为高考成绩比较好，董海山入学后分在了化一甲班。同班同学唐兴民回忆当时的分班：

我们化工系分了三个专业，我们那个时候叫化一甲，变成了 6511 班。为什么叫 6511，是 6 专业 51 年第一班。把这个列为化一甲，就是因为这个班的同学学习成绩好。[3]

整个六系的学生全部都在中法大学校部——东黄城根丙 53 号上课。这个学校的建筑是典型的中国式，四合院、红墙、灰瓦。黄友之回忆当时的校址：

我们学校的楼不是什么洋楼，但我记得上边有四个字："磨砖对缝"，什么叫磨砖对缝？就是把砖磨得四四方方的，垒起来后，这个砖的中间，刀片都插不进去，用黏合剂把它粘在一起。这个楼寿命很长。[4]

---

① 董海山档案，董海山自传。存于中物院人事教育部档案室，D6-01-1-5。
② 黄友之访谈，2016 年 3 月 30 日，北京。资料存于采集工程数据库。
③ 唐兴民访谈，2016 年 1 月 27 日，绵阳。资料存于采集工程数据库。
④ 黄友之访谈，2016 年 3 月 30 日，北京。资料存于采集工程数据库。

这座楼的确非常结实，在历史的长河中屹立了将近一个世纪，我们现在依然能够一睹它的风采。

董海山和同学们就在这个四合院里学习和生活，上课在化学小院。与董海山同年考入华北大学工学院并后来一起到苏联留学的松全才回忆，四合院里的大学生活简单而有趣，每天早晨同学们都争先恐后地外出沿着胡同长跑锻炼身体，晚上二十多人住在一个院子里，同学们一起洗漱、吃饭和娱乐。同学黄友之回忆说：

> 当时新中国刚成立，我们住的条件还比较艰苦，董海山的宿舍三十个人，全班男同学住在一起，每人一个铺，铺与铺之间刚够侧过身走过一个人。当时打呼、磨牙都能听见，好在当时都很年轻，睡得很香。①

在那个全面学习苏联的年代，学校里流行唱《莫斯科郊外的晚上》，看高尔基的小说，跳苏联舞蹈。学校广播里都放着苏联卫国战争时的歌曲。这样的环境给董海山的文艺特长提供了很大的施展空间。唐兴民曾经回忆：

> 他能歌善舞。我们在学校组织文艺演出，他跟我们班的王建婷同学唱《共产阶级友谊》，还唱《草原上升起不落的太阳》，二重唱获得全场的掌声。那个时候我们请的总政文工团来为我们选一个跳舞的节目，结果就选择了《草原上升起不落的太阳》，当时董海山也是男演员之一，跳得也很好，当时很轰动！②

当时，国家很重视学校的建设。学校实行五年学习制，前三年是包干制，也就是供给制，后两年生活费自理。这对于家庭条件不好的董海山来说，无疑是个好消息。据黄友之的回忆：

---

① 黄友之访谈，2016年3月30日，北京。资料存于采集工程数据库。
② 唐兴民访谈，2016年1月27日，绵阳。资料存于采集工程数据库。

国家对我们很照顾，给我们供给制学生的待遇，一入学发给十七块钱的生活费，里面十二块钱伙食费。冬天发棉衣，一个月两块钱零用钱。考试时除了平常有的有荤有素的菜，还给我们加鸡蛋，终生难忘国家对我们的培养。

党和国家对学生们这种无偿的培养，董海山跟黄友之一样，记了一辈子。在后来多次谈话和发言中，提到国家和党的恩情，提到要好好学习回报国家。

这种思想上的变化是逐步产生的。一方面是学校供给制的优越性让贫困家庭的学生感受到了党和国家的温暖，另一方面，学校重视对学生思想、政治方面的正面教育。对董海山来说，这个时期是世界观、人生观和价值观的形成期，是人生道路的奠基阶段，十分关键。可以说，由于大学的教育，热爱祖国、奉献祖国的思想深深植入他的头脑之中，政治信仰、社会担当，都是在这个时期打下的基础。当时校园里学生们中间经常传唱着学校的校歌——抗大校歌："黄河之滨，集合着一群中华民族优秀的子孙，人类解放救国的责任，全靠我们自己来担承……"学校的氛围感染着董海山，使他把个人的成长与祖国的发展融合在一起。他在刚入学时的自传中写了这段时间的思想变化：

来到本校后，由于党、团的经常教育，特别是经过"三反""五反""忠诚老实运动"，我的思想境界大大提高了，我深刻体会到党的伟大了……党使我们国家更美丽更伟大。过去到处是贫穷、灾荒、痛苦、愚昧，而今天到处呈现着富强、创造、愉快幸福，并且正在领导全国人民走向更美丽的社会。这些过去我也知道，但是今天体会得深刻，感觉很亲切了。

因为我认识了人生的意义，也体会到真正的幸福，是把自己的一切包括生命献给革命事业，而自私自利，就是生活很好像资本家那样，但是那是多么卑鄙的人生啊！看完《可爱的中国》《在人间》，我也这样想：把那样陋恶的旧社会打垮而建立一个美丽幸福的新社会，就是牺牲生命又算什么呢？

　　因而我也很痛恨过去的可耻的个人主义思想了，我决心清除它而终生跟着共产党走，做一个无产阶级战士！①

为了这一梦想，他努力锻炼着身体，努力学好各门课程，努力全面发展，准备着为国家奉献自己的一切。

红色国防工程师

如果说刚入学时，董海山的梦想是成为一名共产主义战士，那么，时代、国家和学校命运的变迁，也改变着他的人生航向。他的梦想越来越具体、越来越清晰，终于在大学三年级时步入了他为之奋斗一生的领域，成了中国第一代红色国防工程师。

1950 年，美国武装干涉朝鲜内战、进驻台湾海峡，使新中国在东南和东北两个方向同时受到严重威胁。这种形势要求，新中国实行一切战略计划与经济建设项目，其保障基础是建立起一支现代化的人民军队，要建立现代化军队又必须以强大的军事工业为后盾。

为了加强军事工业建设，1951 年年初，中央军委兵工委员会成立，制定了"兵工提前建设"的方针，提出要对老兵工厂进行全面改建和扩建，新建一批大型兵工厂，这无疑需要大批的国防兵工类工程技术人才，特别是高级工程技术人才。1952 年 1 月，华北大学工学院正式改名为北京工业学院。② 从此，学校开始由为重工业服务转变为国防建设培养人才。新中国第一所国防工业大学——北京工业学院实至名归。

---

　　① 董海山档案，董海山自传。存于中物院人事教育部档案室，D6-01-1-5。
　　② 1952 年 3 月 8 日，中央人民政府重工业部在《关于北京工业学院今后发展的方向及目前的方针任务》的文件中指出："北京工业学院逐步发展为国防工业学院或国防工业大学（但校名不冠国防字样），并使之成为我国国防工业建设中新的高级技术骨干之主要来源。其任务主要是培养兵工、弹药、汽车、坦克及航空等一般机械加工及其生产的高级专门人才。"

随后，全国高校进行院系调整。北京工业学院也按照建设国防工业学院的要求开始调整专业。借新中国第一个五年建设计划的东风，学院先后聘请四批共二十三位苏联专家到校指导兵工专业建设工作。1953 年 12 月，第一批苏联专家德洛兹多夫等三人建议学校设置十一个兵工专业，即火炮设计与制造、自动武器设计与制造、炮弹设计与制造、引信设计与制造、无烟药制造、炸药制造、装药加工、光学仪器设计与制造、雷达制造、坦克设计与制造、坦克发动机设计与制造，学校由此进入了全面建设兵工专业的阶段。[①]

董海山刚入学时的专业是燃料中间体，在这样的背景下，改为国防专业——炸药制造专业。这也是新中国设置的第一批炸药制造专业。当时，董海山已经是三年级的学生了，他的人生由此步入了另外一条道路，所有之后的喜怒哀乐都从这里开始。

炸药制造专业，在新中国刚成立时一片空白。开设什么课程、多少学时等，完全由苏联专家指导。1953 年 12 月—1954 年 8 月，苏联专家先后制定出六个正规教学计划。这些计划中，理论教学 146—150 周，考试25—27 周，寒暑假 36 周，毕业设计 18 周左右，实习 22—25 周，总学时数在 4000 左右[②]。

董海山当时的课程主要有基础课程和专业课程。基础课程主要有理论力学、材料力学、机器零件、分析化学、有机化学、物理化学、工业化学、化工原理、胶体化学、热工学、电工学、建筑工程基础、化学工业经济学及工业组织计划、机械制造、普通化学等。基础课程的师资力量强，因为有华北大学工学院的基础，加上中法大学一批留法回国的老师，很有造诣，这些课程平均水平要高一些。最受大家喜欢的是一位物理教授，名叫杨德云[③]。据唐兴民回忆，杨德云老师的学术水平很高：

---

① 王民：《北京理工大学校史》。未刊稿。

② 王民：《北京理工大学校史》。未刊稿。

③ 杨德云，1902 年出生，北京师范大学物理系毕业，曾在法国里昂大学和南锡大学读书，研究巨型粉末之磁性及逆磁理论。新中国成立前在江苏、浙江、四川等地工作。1951 年 8 月经友人介绍到北京工业学院任教。他通晓英、法文。在北京工业学院主要教授普通物理、电磁学、近代物理等课程，从事分子构造及原子核理论研究。1978 年因病去世。

我们有一位物理教授叫杨德云，他是从法国留学回来的博士，当时在中法大学讲课，后来在北京工业学院讲课。他当时讲了一个笑话：原子上带两个正电荷，当时大家都说是负电荷，他说是正电荷。我就问他水分子的氢带什么电荷，他说负电荷。他当时跟我讲，印度的科学家赞成他的观点，浙大的教授都反对他。他有独到的见解。那是他在1931年发表的文章，五几年才给我们讲这个事情。他还说我们班会出大科学家。[1]

杨德云教授是一个性情孤独、不问政治的人。有趣的是，杨教授"独到的见解"不仅体现在教学和学术方面，甚至预言了数十年后学生的桃李芬芳，当然这里面包括了后来成为中国工程院院士的董海山，这不得不令人钦佩。[2]

董海山的专业课程主要有炸药制造、炸药理论、装药加工、起爆药制造学、火药制造学、烟火技术、火药概论等七门课。当时，国内炸药制造专业水平还是比较低的，刚解放时只有民国时期留下的重庆兵工学校，可并没有现成的炸药制造教材。老师们只有现学现卖，但责任心比较强，没有现成的课本，就在工厂实习后，再参考一些苏联的资料，自己编写教材。1950年，从美国归来的吴大昌教授进入华北大学工学院。他回忆说当时的课程没有现成的教材，教师自编讲义，教师认真负责，学生情绪高涨。

董海山的同班同学唐兴民回忆上专业课的情景说：

我们的老师都是现学现卖的，在工厂实习一下，回来看一下资料就给我们上课，那个时候谈不上什么水平。炸药主要是黑索金、太安、特曲儿、TNT，其他像奥克托今只是顺便提一提。烟火剂、发射药、起爆器都是附带学习，知道有这么回事。这些专业课程讲得很长，但是我们那个时候很理解这些教授的水平都是现学现卖，我们

---

① 唐兴民访谈，2016年1月27日，绵阳。资料存于采集工程数据库。
② 化工系三个专业培养了三位院士，火药专业的崔国良、炸药专业的董海山、装药专业的徐更光，这在北京理工大学被传为一段佳话。

也理解在这种情况下给我们教课质量不是很高，我们见识一下也是好事。①

黄友之回忆说：

> 周发岐教授在新中国成立前是中央研究院化学所的所长，新中国成立以后留在北京，在中法大学，后与我们学校合并。周教授亲自编写教材，查阅很多文献，一英寸厚的讲义，有世界各国的炸药，如TNT、硝化甘油、黑索金，讲了四百多个学时。炸药理论课当时也学了。周教授花费很大精力，年纪轻轻已经全是白发，五十多岁，还是教务处长，后来成为学校副校长。②

黄友之提到的教务处处长周发岐，对北理工的炸药制造专业而言，是位奠基性的人物。③新中国成立前，周发岐教授是中央研究院化学所所长，新中国成立后留在中法大学从事有机化学，尤其是镁有机化合物的研究。1950 年到华北大学工学院后任教务处处长，全面规划组织教学工作，继承了延安自然科学院的光荣革命传统。全国院系大调整后，他决心改行从事兵工专业。一面虚心向来院工作的苏联专家学习有关知识，一面又亲自下厂，通过参加生产实践收集大量第一手资料，回来整理讲义，精心授课。因此，周发岐的讲义不仅理论联系实际，还囊括了古今中外的炸药品种。在所有专业课中，周发岐的课水平比较高。

与半路转行的周发岐不同，另外还有一位有专业背景的老师叫王殿福④。王殿福1953年到北京工业学院任教，曾担任炸药生产设备、炸药学、

---

① 唐兴民访谈，2016 年 1 月 27 日，绵阳。资料存于采集工程数据库。

② 黄友之访谈，2016 年 3 月 30 日，北京。资料存于采集工程数据库。

③ 周发岐，1901 年出生于河北，1920 年通过庚子赔款赴法国留学，1928 年在里昂格里雅德研究室获法国国家物理科学博士学位，是我国享有盛誉的有机化学家。他年轻时在法国留学时就支持和参加爱国学生运动，主张"有为的青年们学好本领，回到祖国，干一番事业，国家才能富强"。

④ 王殿福，1928 年出生，新中国成立前在东北中正大学读书，新中国成立后在东北兵工专门学校火药系学习，毕业后留校任教。

炸药的化学与工艺等课的讲课工作，指导过炸药理论、炸药的化学与工艺学课程的实验，也指导过实习、毕业设计和毕业论文。在北京工业学院期间，他主要从事芳香族化合物的选择性硝化以及环境化学的研究工作。1953 年和 1955 年编写的《炸药学》《炸药生产设备》在本校出版，成为当时炸药制造专业的教材。

从当时学习的专业课来看，董海山虽然转专业比较晚，但通过周发岐、王殿福等老师的授课，已经学习了炸药的基础知识，了解到黑索金、TNT、奥克托金等一些单质炸药，但也仅是入门，对合成方面的知识几乎没有涉及。

董海山在大学期间，在课堂上提问不多，但是对老师讲的内容消化得好。这与他的勤奋刻苦分不开。学校早晨有早自习，晚上有晚自习，他都全用在学习上。他善于思考，能够把老师讲的内容自己思考、理解、联系在一起。董海山从周发岐教授那里学到了炸药制造的基础知识，还学到了理论联系实际的方法。[1] 老师们在课堂上讲过的炸药，学生们都会在化学小院的实验室里做实验。当时实验室的条件还是不错的，有防爆等安全措施，实验室的玻璃橱窗是防爆的，地板是橡胶的，衣服要求不能产生静电。当时所有学过的每一种炸药都在实验室里做过。这仍然要感谢苏联专家。五十年代的苏联专家，在筹建专业的同时，还帮助学校建立起一批相应的实验室，帮助教师开出专业课和实验课，亲自培养研究生和骨干教师，还制订了科研计划，指导教师开展科学研究工作。[2] 这帮助董海山既加深了对炸药的认识，又锻炼了动手实验的能力。董海山的动手能力就是这个时候培养起来的，可以说，母校为他提供了一个锻炼实践能力的土壤。之后的岁月里，他不仅自己这样做，还要求自己的学生、同事都要锻炼动手实验能力，并视之为一种基本的科研能力。黄友之回忆他们做的实验：

---

① 1953 年，学校明确提出："要以理论联系实际的方法，培养具有马列主义毛泽东思想的国防工业高级科技人才、又红又专的国防工程师。"各专业的培养目标中要求学生完成工程师的基本训练。

② 王民：《北京理工大学校史》。未刊稿。

RDX 还在实验室里做过，还有 TNT、硝化甘油、起爆药叠氮化铅都做过，我印象中做硝化甘油还爆炸过。①

除了做实验，学校还要求学生参加实习，培养实践和动手能力。董海山在大学期间一共参加了四次实习，前三次是生产实习，学校安排他到大连化工厂、四七五厂、三七五厂实习。跟董海山一起参加实习的同班同学黄友之、唐兴民都曾共同回忆过实习的情况：

我们学校重视实习，当时大学规定是五年制，一个工科学校四次实习，我印象很深，当时我们大一的时候去大连化工厂，是新中国成立后一个很有名的化工厂。改了专业以后我们就到四七五火药军工厂实习一两个月，后来又到国家一个很有名的炸药厂三七五厂，我们都去 TNT 的硝化、硝化甘油的洗涤车间实习过，后来出过一个大事故，二十吨 TNT 爆炸出十五米深的坑，这些车间都炸掉了。②

当时课堂上的学习、实验室做实验、下工厂实习都是同步而紧密联系在一起的。在课堂上学习的炸药，是国内这些实习工厂里正在做的，实验室则是课堂知识的演练场。这也正符合学校的办学目的：理论学习和实践相结合。通过学习、试验和实习，董海山想以一种民用的工业炸药作为毕业选题。他的论文题目为"设计年产二万一千吨塑性代拿迈特制造车间以硝化工房为重点"，作为锻炼，他最终选择了合成一种塑性代拿迈特，这个炸药含硝化甘油、硝化棉、硝酸铵等。董海山设计了硝化甘油硝化工艺中的一个工序。这个毕业设计，是他独立完成的第一个炸药。虽然现在看起来还比较稚嫩，但在当时而言，这篇毕业论文是他走进炸药世界的第一个台阶，为他一年后开始苏联的学习埋下了伏笔。

---

① 黄友之访谈，2016 年 3 月 30 日，北京。资料存于采集工程数据库。
② 黄友之访谈，2016 年 3 月 30 日，北京。资料存于采集工程数据库。

选拔留苏

大量派遣留学生是二十世纪五十年代我国全面的、彻底的、从根本上"向苏联学习"的重要方式。北京工业学院本来就有很多来自苏联的老师，按照"注重质量、宁缺毋滥"的选拔条件，学校开始选拔学生赴苏联学习。苏联承担一半的学费，剩下的由我国承担。

留苏名额分配到 6511 班，只有两个名额。

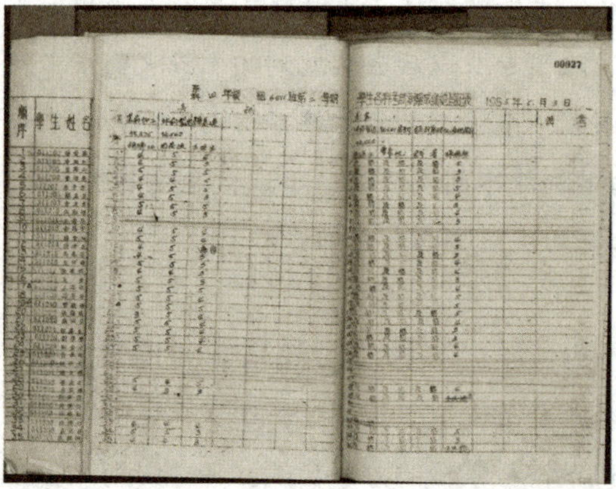

图 3-5　董海山本科阶段学习成绩表（由采集小组扫描）

根据同班同学唐兴民的回忆，选拔并没有公开，从选中的董海山和松全才来看，主要有三个条件：第一是家庭出身好，最起码要是贫下中农；第二是学习不能太差，不然去苏联跟不上；第三是身体要好，因为那边的学习肯定是很紧张的。

从董海山的出身来看，他算是中农，基本符合条件。学习成绩在班里并不算突出，总分排第一的是个女大学生，排第二的是李子君[①]，第三、第四的都不是董海山，黄友之排第四。松全才的成绩也不在前面。

董海山个头不高，但身体素质不错，因为皮肤黑，人称"小黑子"，在班里是体育、文娱干事。

出身好、学习好、身体好的学生不少，为什么这个留学苏联的名额会落在董海山头上？当年班里的团支部书记、曾参与了推荐工作、董海山的

---

① 即董海山的第一任妻子。他们同窗学习五年，彼此欣赏，1955 年建立了恋爱关系。

同学黄友之感慨地回忆说是钱晋主任①和班上的支持，综合考虑决定推荐董海山的。大家当时认为董海山理论和实际结合得好，是个好苗子。

钱晋主任应该说是董海山的伯乐。

钱晋是当时的系主任，他曾对黄友之说过："我们国家培养不出大师级的人才是种遗憾。"钱主任很早就已经开始思考这个问题，并有意识地实践。培养学生不以分数取胜，看重学生理论联系实际的能力，等等。钱主任在推荐董海山的时候，恰恰是看中了他的动手实践能力、他的学术潜力、他的宽广心胸、他的综合素养。钱晋后来和董海山有更深的交集和友情，这已经是后话。

1956 年 9 月，董海山进入北京俄语学院留苏预备部学习俄语，为留学做准备。而他的女友李子君因学习成绩优异，留在北京工业学院担任助教。

北京俄语学院留苏预备部坐落在北京鲍家街 43 号②，曾经是培养留苏学生的摇篮。

这是一个轩敞的古老庭院。北面的汉白玉石阶上，是面阔五间的大殿。金黄的琉璃瓦，大红的墙壁门窗，绚烂的檐下彩画，在阳光下炫人眼目。

准备派往苏联留学的学生都集中在这里学习俄语，原因比较简单，1951 年国家向苏联派遣的第一批留学生因语言不通，对当地生活不适应，以及对学习压力思想准备不足，个别学员在心理、身体上还是出了一些问题。国家副主席林伯渠在苏联疗养期间，得知这个问题后，给刘少奇、周恩来写信，建议派往苏联留学的学生，须先在国内进行预备教育六个月或多一些时间（或到苏联后，先集中教育一个时期）。总理很快做出批示，筹备留苏预备学校。

---

① 钱晋原是北京工业学院化学系的副教授，1963 年调入中国的原子弹研究机构北京九所，参与中国原子弹的制造。1988 年美国斯坦福大学出版社出版的 *China Builds the Bomb*（中文名《中国原子弹的制造》）一书的附录 C "中国核武器计划的关键人物"中"科学家"一栏中说"钱晋副教授，他改进了第一颗原子弹的高爆炸药、电火花引爆装置的制造技术"。钱晋后来曾经与董海山一道参与了在西安的全国高能炸药协作攻关，详见本书第五章。

② 这里曾是清朝末年醇亲王府。

1951 年 12 月初，国家决定将留苏预备学校设在北京俄文专修学校之内，由俄专校长统一领导，因此又被称为俄专二部。北京俄文专修学校①与新中国同时诞生，其目的在于为新中国培养俄语翻译人才。校长是中国著名翻译家、曾任毛泽东主席首席俄文翻译的师哲，副校长是张锡俦。

1955 年春节后，学校搬到位于海淀区魏公村的新址新校区。这是一座中西合璧风格的五层教学楼。建筑呈"凹"字形展开，如同张开的巨大臂膀拥抱来自远方的学子。教学楼两侧，是同样风格、对称排开的六幢高楼。在这当中，五幢是学生宿舍楼，还有一幢是专门的外国专家楼。师生的住宿条件大大改善。楼内长长的走廊里，对称地分布着一个个独立的房间，每个房间内平放四张床，还有一个共用的写字桌和四个小方凳。楼群中央，是一个宽敞平坦的大操场，可以做操、跑步、踢球。学生们日常体育锻炼再不用出校了。留苏预备部不论在硬件设施，还是在教学水平方面，在北京，乃至全国的所有高校中都是一流的。

学校聘请了一部分教学经验丰富的苏联语言专家，后来由于人员不足，又从当时在北京工作的苏联技术专家的家属中聘请了一部分人来讲课。

在进入这所学校之前，董海山参加了留苏学生选拔考试。按照俄语由高到低的不同水平分成小班教学，每班约三十人。董海山被分在 75 班。

董海山在这所语言学校主要学习两类课程，一类是俄语，另一类是政治。俄语对于董海山来说并不难，因为在大学期间曾经学过，而且成绩很优秀。不过整个学校的学习氛围还是很紧张的，所有学员都给自己布置了每天背诵几十个单词的任务，大家也是想尽各种各样的办法帮助记忆，为了营造俄语学习环境氛围，有的班级还规定了同学之间、师生之间生活往来上都不许说一句中文，如果要是谁犯规了，就要受罚。

留苏预备班仍然实行供给制，在国内大学里，每个学生一个月的生活费是十一元，而留苏预备班的学生每月生活费是三十三元，已经达到了三倍之多。对于大多数贫苦出身的青年学子们而言，这是国家对即将出国留

---

① 简称北京俄专。

学的这个群体的特殊照顾，很多人回忆起最初在留苏预备部里的生活，脸上还会绽放出幸福的微笑。可是，优厚的生活待遇并没有让学生们有丝毫懈怠，他们时时都在惦记着自己身上那份沉甸甸的担子。

留学生的选拔工作事关国家的未来，在当时也是一项严肃的政治任务，有关部门制订了一套几乎苛刻的选拔标准和工作程序，以确保遴选出最可靠、最优秀的未来建设者。《北京市高等学校1956年度选拔留学生政治审查工作计划》对选拔条件给出了明确要求：

> 被选拔的留学生人人有调查，重要问题有旁证。对所有被选送者不论有无问题对其家庭经济情况、家庭成员及主要社会关系的政治情况及本人政治历史等均须及时进行调查，在审查中发现重要问题须一律进行专题调查。……保证留学生的政治和业务的质量，使业务成绩优秀，政治质量好，有培养前途的人能够出国深造，以适应社会主义建设的需要。①

这种政审考核通常是不公开的，被称为小米筛子加细箩的层层的审查，这让学生们感受到学习之外巨大的压力。董海山身边的一些同学因为政治审查不过关而离开。

1957年9月，董海山终于通过语言、政治、身体等重重审查，即将被派往苏联留学，在那个年代能够国家公派留学，那是多么的荣耀。同年，董海山与李子君完婚。

董海山的世界从此走入了另外一个天地。从滦县的农村、北平的高中，到国家新型的大学，再到公派留学，董海山一步步走向了更开阔的天地，走到了更大的人生舞台，那里有更多挑战，也有更多施展的空间。

---

① 北京市高等学校1956年度选拔留学生政治审查工作计划。北京市档案馆馆藏档案，1-10-1089。

第四章
留学苏联

　　1957 年 11 月，新婚两月后的董海山奔赴苏联，在列宁格勒化工学院炸药化学与工艺学专业开启为期四年的留学生涯。他的留学经历看起来和当年大多数中国留学生没有太多区别，但是他在临近毕业阶段的一项惊人举动，却对他后来从事的科研事业产生了深远的影响，并成为中国火炸药界津津乐道的一段传奇。

友好同盟中的留苏生

　　中国政府向苏联派遣留学生大致可以分为几个阶段。第一阶段是 1950 年至 1953 年，采取"严格选拔，宁少勿滥"的方针，共派遣一千七百零八名留学生。第二阶段是 1954 年至 1956 年，采取"严格审查，争取多派"和"以理工科为重点兼顾全面需要"的方针，共派遣五千八百五十三名留学生。这期间，国家先后对留苏学生的专业进行过三次调整，从学习社会科学、理科和一般工科的学生中抽调一部分，改学工业和国防工程所需的重点专业和尖端学科。第三阶段为 1957 年至 1958 年，采取"多派研究生，一般不派大学生"的方针，共派出一千六百五十四名。1957 年规定研究生的条件必须是大学本科毕业且有两年以上工作经验，以便在留学时真能看出问题，学到东西。第四阶段是 1959 年至 1965 年，派遣留学生数量很少。

中国留苏研究生、大学生和进修生主要分布在莫斯科大学、列宁格勒大学、莫斯科动力学院、莫斯科石油学院、莫斯科钢铁学院、莫斯科地质学院、莫斯科航空学院、莫斯科矿业学院、莫斯科有色金属学院、莫斯科黄金学院、列宁格勒加里宁工学院、列宁格勒电工学院、乌拉尔工学院，以及其他城市的几百所高等院校和实习单位。除莫斯科和列宁格勒大学外，其他高校基本上都是各种工学院。留学生的学习内容涵盖工业、农业、军事、地矿、水利、医学、电信、铁道、气象等关系国计民生的所有方面，主要是那个时期国家急需的、实践性强的专业，包括有机化学、高分子化学、固体物理、磁学、金属学、半导体、燃烧理论、机械、动力学、声学、电机制造、计算机、冶金等，旨在解决紧迫的问题。当时，学习基础理论的留学生比较少，各部门派遣的研究生和大学生考虑选择三四年后急需的专业，而实习生与进修人员则选择当时最急需的专业。

1957 年，董海山被派往苏联，那就是要学到真东西的。根据中苏友好协定，中国的留学生可以进入苏联一些涉及国家军事秘密的专业进行学习。[①] 董海山将要就读的列宁格勒化工学院，设立有涉密程度较高的炸药化学与工艺学专业，董海山将就读这个专业。

与太阳一同升起

1957 年 11 月 2 日，作为中国派赴苏联的第七批留学生，董海山和同

---

① 傅依备说："本来保密专业是不开放的。当时彭真带了代表团去和苏联谈判，和他们签订了一个协议，同意一些保密专业向我们开放，从 1956 年开始，我先是在列宁格勒大学读非保密专业。因为有了这个协议，国家决定在当时留学生当中抽一部分研究生去读保密专业。我是那时转入了保密专业。"傅依备访谈，2016 年 3 月 14 日，四川绵阳。资料存于采集工程数据库。

学们怀着兴奋的心情，踏上了北京开往莫斯科的国际列车。而同一天，中苏之间一项重要的外交活动也在同时进行。当日 8 时 30 分，在北京南苑机场，毛泽东率领的中国党政代表团登上了由苏共中央派来的图 104 专机。毛泽东此行是赴莫斯科参加十月革命四十周年庆祝活动，并出席各国共产党和工人党代表会议。当时的中国，正在苏联的援助下实施第一个五年计划，大批苏联专家奋战在中国工业建设的第一线，在苏联的各个高校，上千名中国留学生也在努力学习着。

这是董海山第一次出远门，而且一下子就走出了国门。火车上，年轻的留学生们激动不已，看着车窗外西伯利亚一望无际的森林和原野、村庄和田地，每个人的心里，都激荡着对未来的憧憬，对留学生涯的热切期望。

董海山望着车窗外被皑皑白雪覆盖着的异国土地，心情有些复杂。除了和同学们有着同样激动和兴奋的心情，他心里还怀着对祖国的无尽感激和对学业的隐约担忧。作为来自农家的一介寒门学子，国家无条件给予了他这样大好的学习机会，这样优厚的留学待遇，并且寄予了很大的信任和期望，他感觉肩上沉甸甸地担负着和其他同学略微不同的担子，因为他将要学习的专业是高度保密的。究竟能不能顺利学成，能学到多少，一切都是未知数。

当年，国家经济条件并不算宽裕，但国家对于留学生的待遇却非常优厚。临行前，国家给每个留学生准备了整套的行头，包括丝绵大衣、呢大衣、夹衣、西装、中山装、毛衣毛裤、毛皮帽子、皮手套、毛皮鞋甚至内衣内裤，足足装满了两个皮箱。出生农家的董海山第一次见到这么好这么齐备的行李。当年给留学生的补贴是大学生每个月五百卢布，研究生七百卢布。董海山的大学是供给制，由国家包干了学费，留学又是公派，这使得"自己是由国家培养"这个观点深深扎根于他心里。

国际列车连续奔跑了七个昼夜，在 11 月 8 日到达了苏联首都莫斯科。莫斯科红场刚刚于 11 月 7 日举办完苏维埃革命胜利四十周年的盛大庆典，到处洋溢着节日的喜庆气氛。中国驻苏联大使馆留学生管理处的同志已经在此等候多时，留学生们被接到大使馆，在这里进行短暂的休整和政治学习。在大使馆，董海山见到了在此工作的大舅子一家——爱人李子君的大哥和大嫂。在大使馆休整期间，董海山有幸亲眼见到了正在苏联访问的毛泽东主席。

虽然毛主席在苏联期间的日程安排得非常满，但他非常关心中国留苏学生，他主动向当时的刘晓大使询问留学生情况，刘晓大使就表达了留苏学生迫切期望见到毛主席的愿望，毛主席爽快地答应了。1957年11月17日一大早，在莫斯科留学的中国留学生就接到了大使馆的通知，在莫斯科大学礼堂集合，等候毛主席的接见。在莫斯科的留学生们早早就来到位于列宁山（后恢复旧名麻雀山）上的莫斯科大学，能容纳千人的大礼堂密密麻麻挤满了闻讯而来的中国学子。下午6点钟，当毛泽东、邓小平、彭德怀、乌兰夫、陈伯达、胡乔木、杨尚昆等出现在主席台上时，礼堂内欢声雷动，掌声如潮，声浪几乎掀翻大礼堂的顶板。留学生们个个眼含热泪，大声呼喊着"毛主席万岁"。正是在这里，毛泽东发布了那段著名的"早上八九点钟的太阳"的青年宣言：

> 世界是你们的，也是我们的，但归根到底是你们的，你们青年人朝气蓬勃，正在兴旺时期，好像早晨八九点钟的太阳，希望寄托在你们身上。

这段著名的"早上八九点钟的太阳"的讲话，很多上了年纪的中国人真能背得一字不差，它甚至影响了一代人的价值取向。那一年毛泽东六十四岁，台下听他讲话的留学生们大多二十多岁。二十五岁的董海山挤在学生堆里，被这样激荡人心的话语和场景感动得泪流满面，亲耳聆听毛主席这段著名讲话的这一天，永远烙印在了他一生的记忆里。

列宁格勒化工学院

被毛主席接见的幸福和荣耀让踌躇满志的董海山更加感觉重任在肩，

他从莫斯科乘火车到达了北方城市列宁格勒。这是一座有着丰富文化和艺术传承、有着"东方威尼斯"之称的历史名城，苏联解体后恢复旧名圣彼得堡。列宁格勒苏维埃化工学院（Технологический Институт Имена Ленсовета）是一所历史悠久的古老名校，坐落在市中心著名的莫斯科大街上，这所大学创建于 1828 年 11 月 28 日，当时正是尼古拉一世皇帝在位的前几年。在一百多年的历史发展中，该校被多次重新命名，苏联时期叫列宁格勒苏维埃化工学院，几经更名，现名圣彼得堡国立技术大学（Санкт-Петербургский Государственный Технологический Институт）。[①] 这里也是元素周期表的发明人门捷列夫工作过的学校。

列宁格勒化工学院因其在化工领域的卓越成就，在中苏友好时期，成了培养中国化工专业留学生的摇篮。来自中国各地的化工学子们在这所大学汇集，在门捷列夫曾经工作过的地方，他们将领略到化学学科的独特魅力：那变幻莫测的神秘面容，难以捉摸的个性和凶猛难驯的脾气，他们将学会如何揣摩、如何驾驭、如何驯服化学这头美丽又善变的野兽。

与董海山同期在该校留学的李光鸿先生这样回忆道：

> 我们学校叫列宁格勒化工学院，按照俄语意思应叫苏维埃列宁格勒化工学院。这个学校算理工方面的一个学校，它偏重在化学方面，在俄罗斯是比较老的一个学校，著名的化学家门捷列夫就是这个学校的。它是个大学校，最早培养工科方面的人才。
>
> 学校在彼得堡的中心位置上，专门有一站叫化工学院站，站台就在校门口，我记得还有一座普列汉洛夫跟工人一起在旗子旁边的塑像。学校师资力量比较强，除了门捷列夫，当时还有好几位院士。教授都比较严格，基本上按照德国的习惯，一个教研室就一位教授。我

---

① 如今的圣彼得堡国立技术大学是世界著名的化学、化学技术、生物技术、纳米技术、控制论与技术的科研中心，也是俄罗斯高等教育现代化的教育中心，研究应用于现代科技各个领域的新材料：计算机科学，材料科学，功能材料，医学，保健，人类生活和生态；烟火，高温，能源，表面活性剂，整形，油漆，黏合剂，碳，生物活性物，药用，超导，光电和纳米材料；软件产品，管理系统，机器和复杂化学工艺设备。俄罗斯总理德米特里·梅德韦杰夫的父亲曾经在这个学校担任教研室主任，梅德韦杰夫曾在学校担任实验员。

们那个系里就一位正教授，其他人都是副教授。^①

在从莫斯科启程前往列宁格勒前夕，董海山听说，在接见完留学生的第二天，即 1957 年 11 月 18 日，在十二个社会主义国家的共产党和工人党代表会议上，毛泽东表达了中国研发核武器的决心。

董海山受到了毛主席极大的鼓舞。

董海山来到列宁格勒苏维埃化工学院研究生部报到，被分配到一系炸药研究室做研究生。化工学院当时一共有六个系，一系炸药合成，二系无机化学，三系有机化学，四系化工机械，五系原子能化学，六系硅酸盐，建材研究。这六大化工专业，对于当时刚刚成立不久、百废待兴的新中国而言，都是亟须学习的领域。

列宁格勒化工学院的两个系是保密专业：一系和五系。这些涉密专业课程没有现成的教材和讲义，授课全靠课堂上记笔记，只有部分科目有参考书和资料，学习难度可想而知。这些保密专业所设置的课程在国内全部没有开设，学生们都没有基础，甚至听都没有听说过。一系有机会接触和借阅保密资料，五系的留学生仅能借阅公开资料。

> 当时一般也没有现成的讲义，只好自己在课堂上记。当时的保密专业国内没有，都是从头学。^②

董海山和松全才所在的一系，是学院保密程度最高的专业，苏联的很多新型高能炸药都是这里研究出来的。而傅依备^③等在五系学习，主修核化学化工、后处理等专业，保密程度略低。

董海山的导师是伊戈尔·瓦西里耶维奇·泽林斯基（**Игорь**

---

① 李光鸿访谈，2016 年 3 月 31 日，北京。资料存于采集工程数据库。

② 傅依备访谈，2016 年 3 月 14 日，四川绵阳。资料存于采集工程数据库。

③ 傅依备（1929— ），湖南岳阳人，中国工程院院士，主要从事核燃料后处理工艺学、放射化学研究，是我国核试验放射化学测试技术的开拓者和推动者之一。1955 年至 1960 年由列宁格勒大学转到列宁格勒化工学院第五系攻读金属腐蚀专业，同时担任该学院中国留学生党支部书记。

图4-1　董海山在学院门口（1957年）

Васильевич Целинский）教授，一同在炸药研究室做研究的还有几个苏联研究生，因为年纪相当，董海山很快和这些同学熟悉起来。和董海山关系最好的是德米特里·亚历山大洛维奇·弗拉索夫（Дмитрий Александрович Власов）[1]，这个小伙子长着一头稀疏的金发，性格开朗而风趣，是个普希金迷，每天学习空暇，总喜欢给董海山背诵普希金的诗词。教研室还有身材高大的果洛特·叶菲姆·里特马诺维奇（Голод Ефим Литманович）[2]和长着一头卷曲黑发的谢尔盖·彼得维奇·斯米尔诺夫（Сергей Петрович Смирнов）[3]等苏联研究生。

在学习中董海山渐渐了解到，当时的苏联组织了大量的人力物力对军用炸药进行广泛深入的研究，特别是把发展核武器的需要作为重点，因为原子弹是用化学炸药来引爆，而炸药的性能直接影响其小型化和安全等性能。苏联当时在这方面做了许多工作，并取得了很多成就，中国国内当时对此毫不知情。在了解这一重要情况之后，在确定论文题目时，董海山向导师表示自己对新炸药合成特别感兴趣，尤其是脂肪族多硝基化合物的合

----

① 弗拉索夫毕业后留校从事炸药研究，成为该校终身教授。作为课题组成员曾经参与了俄罗斯国防部多个高度机密的研究项目。弗拉索夫在董海山留学期间与之最为交好，两人成为终生挚友。改革开放后受董海山邀请多次访华，与中物院三所合作开展了"云爆弹"等项目的研究。

② 马诺维奇毕业后留校任教，改革开放后受董海山邀请曾多次访华，访华期间做炸药合成相关科技讲座。

③ 斯米尔诺夫毕业后分配到苏联国立结晶研究所，后成为结晶研究所所长。对俄专项引进工作中，由董海山出面，中物院三所从结晶研究所购买了大量设备，建起了自己的钝感弹药生产线。

成。① 做研究生，主要任务是做好论文和顺利取得学位，但董海山早就意识到，自己留学的任务，不仅仅是取得学位那么简单，更重要的是学习和全面掌握苏联多年的研究成果，以便将来移植到国内，使中国迎头赶上世界先进水平。当时，中苏关系正处于蜜月期，导师欣然同意了董海山的选题。

就这样，这个来自河北滦县的沉稳农家子弟，在当时可以称得上是世界顶尖水平的炸药研究殿堂里，默默地朝着漫长的探索阶梯迈出了第一步。此时的董海山，选择了最辛苦也是最艰难的炸药研究之路，这一路凶险无比，荆棘密布，寂寞随行。但他并不知道，此时的他已经踏入了中国核武器炸药发展史，历史在这一刻将铭记他，历史将在不久的将来选择他，而他，将点燃属于中国的核武器炸药之烈火，那烈火，将他毕生的热血和智慧燃烧殆尽，直至生命最后一夕。

我们把眼光放到上个世纪五十年代中苏之间在核武器技术的合作历史背景中。根据赫鲁晓夫的儿子赛季特·赫鲁晓夫的回忆："1957 年我父亲就考虑，要慎重地将苏联的核武器技术秘密传给中国。"在 1957 年的时候，苏联和中国的关系亲如兄弟，绝对能够相互信任。正因为如此，苏联才愿意把原子弹的技术传给中国，而且苏联向中国传授核武器技术是大规模的。1964 年 10 月，赫鲁晓夫与日本的政治家藤山爱一郎有过一次会见，米高扬也参加了这次会见。会见的谈话内容被美国驻东京大使馆收藏，2002 年得以公之于世。在会见中，赫鲁晓夫说："中国已经具备了生产原子弹的能力，因为苏联已经向中国提供了关键的帮助，中国派了很多专家到我们的设施里，另外，他们的核燃料应该也不成问题。"米高扬接着说："苏联帮助中国建立了原子弹的研发设施，包括一些生产原子弹的工厂和其他方面的设施。"根据苏联大使馆的记录，1958 年，一百一十一位苏联核能专家来到中国，苏联当时最著名的科学家阿里克哈洛夫、维诺格拉多夫、布洛克钦契夫和弗拉迪米尔契夫，都曾帮助中国研发原子弹。当时他们主要负责指导中国开发原子弹，他们的一切活动都是苏共中央委员会

---

① 脂肪族多硝基化合物主要用于新的高威力军用炸药、固体火箭火药活性黏合剂及氧化剂的合成。

批准的；核武器技术的传授是全面的，并且是按照时间表一步一步展开的；苏联除了在技术上对中国进行指导外，还在核工业的基础设施方面向中国提供物质援助。

苏联原子弹之父库尔恰托夫的最高级助理欧罗比耶夫，从1957年到1959年一直在中国。欧罗比耶夫回忆说："苏联的最高领导人决定向中国传授原子弹技术后，很快在北京建立起一个原子弹研发中心，相当多的苏联专家都到过那个中心，在很多方面对中国人进行指导，包括核裂变、同位素分离、核反应、核物理、核化学、地质勘探、铀的分离等。萨帝基是苏联中型机械工业部（核工业部）的总工程师，1956年至1960年，他曾在中国担任顾问，负责指导中国的核反应堆、同位素分离以及中国科研人员的培训。萨帝基说：'北京这个中心成立之后，中国开始把在国外留学的人员召回来，主要是在苏联的留学生。当时留苏学生中学核物理的人数最多。'"

图4-2　在炸药教研室的化学合成实验室（1958年。左一为谢尔盖·彼得维奇·斯米尔诺夫，左二为董海山。图片由中物院三所提供）

在苏联积极帮助中国研制核武器的大好历史背景下，恰巧是董海山研究生学习生涯的头几年。当时，炸药教研室实行每天六小时工作制，早晨9点到下午3点。有的实验因为化学反应时间较长，需要两班倒，第二班从下午3点工作到晚上9点。为了争分夺秒在短时间内掌握海量的新知识，董海山每天都连续上十二小时的班。学习非常辛苦，化学实验室内气味刺鼻，炸药合成非常危险，时刻需要加倍小心，但此时的董海山仿佛永动机一样不知疲倦地工作，像一块海绵一样贪婪地汲取知识。作为一个研究者他知道，化学合成，就像走迷宫一样，也许经历过千万条无效的道路，才能从中找到一条通畅的道路；新化合物的获取，也是建立在无数次失败的探索之上的。苏联此时在新炸药合成方面已经积累了相当多的经验，成功获取了很多国内闻所未闻的新高能炸药合成线路，有一些已经用在或准备用在核武器上。自己在这里每多学一点，以后回到国内，就可以少走很多弯路，替国家将来的研究节约大量的人力物力和时间成本。

图4-3　在列宁格勒的合影（1959年。前排右一金巨年、右三袁钢、右四毛芝琼、右五金作美、左三张琳娜、左二朱春华、左一娄元生；二排右二董海山、右三王尔建、左一徐自立。图片由中物院三所提供）

董海山知道，要学到真正有价值的东西，特别是高度机密，一定要与苏联老师和同事搞好关系，董海山非常尊重苏联老师，除了每天在研究室连轴转，工作之余还经常打扫校园、参加义务劳动，在劳动中更是不怕脏、不怕累。曾经有一个老布尔什维克对他说："看到你们中国留学生那样勤奋和忘我地工作，就使我想起苏联三十年代热火朝天地建设社会主义的那些难忘岁月。"有的苏联人甚至说："你们中国一定比苏联先进入共产主义。"1959年，为庆祝新中国成立十周年，董海山等一些中国留学生邀请了一些苏联老师参加联欢会，研究生部的一个老师说："我们有好几个国家的研究生，以中国研究生最勤奋，时间抓得最紧，工作进展最快。"

在学院里，中国留学生成立了党支部，由 1955 年转校而来的傅依备担任党支部书记。这个党支部也成了中国留学生的管理组织，当时在苏联的中国留学生达几千人，化工学院的中国留学生也有几百人。在这里，董海山结识了很多来自全国各地的同学：金巨年、金关泰①、金作美②、袁钢、朱春华、毛芝琼、王尔健、娄元生、周其痒、王力森，等等。其中有很多同学与董海山维持了终身友谊。

紧张的学习间歇，学校在假期还组织中国留学生参加各种社会活动或劳动，留学生党支部也会组织各种活动。董海山和同学们在假期里结伴，饱览列宁格勒这座东西方艺术交融的美丽城市。冬宫、夏宫、涅瓦河畔，都留下了他们的身影。而董海山最喜欢的是背着干粮帐篷，徒步到列宁格勒郊区的森林里野餐和露营。③年轻的伙伴们燃起篝火，围坐在一起，唱歌、谈笑，憧憬着美好的未来。董海山有着一副浑厚优美的男中音嗓子，他会唱很多苏联歌曲，每一次联欢同学们都会请他放歌一曲。《红莓花儿开》《小路》《莫斯科郊外的晚上》，都是他的拿手曲目。

在苏联留学期间度过的愉快时光，深深地印刻在了董海山的记忆里。很多年以后，他回忆起这些场景时说：这是他人生中的黄金岁月。

---

① 金关泰（？—2012），1957 年至 1961 年在列宁格勒化工学院做研究生，回国后到北京化工大学任教，后成为我国研究阴离子聚合的鼻祖，著有《高分子化学的理论和应用进展》《阴离子聚合的理论和应用》《热塑性弹性体》等著作。其中《高分子化学的理论和应用进展》成为高校教科书。

② 金作美，现任四川大学化工学院教授，从事金属材料研究，1957 年至 1961 年在列宁格勒化工学院化学系做研究生，并于 1960 年傅依备毕业之后接任列宁格勒化工学院留学生党支部书记。

③ 与董海山同一时代在苏联留学的李光鸿兴致勃勃地回忆留学生活："那会儿董海山是很活跃的，打球啊、唱歌呀。董海山跟大家关系都非常好，都很亲近。我记得我们一起在南方的时候爬过山。学校每年都组织假期活动，我们两年都跟苏联同学一起修铁路，在拉尔瓦边上。后来到四年级，我们一起开到克里米亚那边，暑假劳动一段时间，帮他们种葡萄，搞集体农庄，农庄就负责给我们提供宿舍、伙食。劳动一个月以后，还组织我们旅游。给我们提供一辆大的敞篷汽车，拉着我们在克里米亚转一圈，像雅尔达、索契都去了。我记得我们在索契一起爬山。"李光鸿访谈，2016 年 3 月 31 日，北京。资料存于采集工程数据库。

图 4-4 董海山与同学们在圣彼得堡郊外森林中露营（1958 年。左三董海山、右二傅依备。
图片由傅依备提供）

　　由于所学专业高度保密，董海山留苏期间学习研究的相关学术和技术
细节，我们无从知晓。当年，就连同学相互之间也被禁止交流学习内容。

　　在同学们的印象里，董海山为人本分，学习非常努力，不喜欢参加过
多的业余活动，对频繁的政治学习态度不够积极。但与苏联人交流非常
多，俄语也是当时的学生中间水平最高的。①

　　1958 年的夏天，董海山回国度暑假，回到国内大多时候是参加政治学
习。国内已经开始轰轰烈烈的"大跃进"，性格朴实而一贯讲求实事求是
的董海山对大鸣大放、各种虚假报道产生了怀疑和反感，随之而来 1959
年开始并持续三年的困难局面更是让他忧心忡忡。回到苏联后他不闻政
事，全心扑在学习上，这个表现，后来被当作"只专不红"的缺点被提了
出来。在 1961 年 5 月，学校党支部书记金作美给董海山的留苏毕业鉴定这
样写道：

————————

　　①　傅依备访谈，2016 年 3 月 14 日，四川绵阳。资料存于采集工程数据库。

该同志在留苏期间政治上要求不够迫切，希望组织今后在政治上多帮助他。①

尽管对"大跃进"的现象有怀疑，但董海山是心地善良的，也是非常爱国的。留学四年，国家发放的助学金非常丰厚，一向节俭朴素的董海山省下了大部分的助学金，他都毫不犹豫地上交给了组织，以支援国家建设。

时光荏苒，留苏的每一天都过得非常充实，而与此同时，国内的核武器研制工作也全面铺开。1958 年 1 月，根据中苏《国防新技术协定》，"为培养设计和科学研究方面的干部和生产原子核武器的专家，苏联政府保障供给中国生产原子弹的全部技术资料，带有训练使用和战斗用的成品样品，并帮助中国设计和建设研究原子弹结构的设计院"，中国成立了三机部九局（核武器局），负责基地建设、核武器研制和生产。西藏军区副司令员、参谋长李觉将军任局长。5 月 31 日，中共中央总书记邓小平批准在青海金银滩草原建设二二一核武器研制基地。10 月 28 日，成立北京第九研究所（简称九所，为中国工程物理研究院前身）。这代表着中国研制核武器的工作已经正式铺开。

中苏之间好景不长，转眼来到了 1959 年春天，也就是董海山留苏的第二年，1 月 27 日，赫鲁晓夫在苏共中央第二十一届委员会上向与会代表吹风：中国和苏联出现了矛盾。从这一天开始，中苏关系开始从蜜月期滑向感情破裂。1959 年 6 月 20 日，苏联终止了《国防新技术协议》，拒绝提供原子弹模型和图纸资料，撤走了核工业系统的二百三十三名苏联专家。针对这样的被动局面，中国领导层并没有动摇研制原子弹的决心。周恩来总理批示"用八年时间搞出原子弹。"核工业部（第二机械工业部，简称二机部）刘杰部长提出以"五九六"作为我国第一颗原子弹工程的代号，激励造出中国"争气弹"。

消息辗转传到董海山耳朵里，他马上意识到，自己目前的这个学习机会已经是最后的晚餐，那个时候，陆续开始有一部分留学生受命中止学

---

① 董海山档案，鉴定考核类，留苏学生毕业鉴定表。存于中国工程物理研究院人事档案馆，3-1-1。

业，返回国内。好在董海山和苏联老师同学关系一向处理得很好，政府高层的摩擦所带来的负面影响还未传到学校层面，他的学习没有受到什么大的影响。董海山摒弃担忧和干扰，全力准备自己的毕业论文和答辩。论文题目"1，1，1，3-四硝基烷、并列多硝基烷及硝基硝酸酯的研究"，主要内容为并列多硝基烷、硝基硝酸酯的合成方法及其化学反应。论文综合了这几年他的研究工作成果：合成出了一系列新的多硝基化合物，并研究了炸药性能（安定度、感度及比重等）与其分子结构的关系。

在准备论文的过程中，董海山整理着自己这几年写得密密麻麻的几乎一尺多高的学习参考资料和笔记本，他忽然想到，这其中绝大部分内容都是涉密的，按照中苏目前已经破裂的关系，这些涉密资料，很可能不会有机会带回国内了。

怎么办？唯一的办法：记。存在脑袋中的东西，是可以带走的。[1]

董海山一边对论文做最后的修正和润色，一边开始了海量记忆。炸药合成是一个复杂的化学反应过程，每一种炸药的合成线路都像六边形蜂巢迷宫的图形那样多变而难以掌控，而炸药性能主要由爆热、爆容、爆速、爆压表示，又有感度、威力、猛度、殉爆、安定性等各种参数，有一些数据的细微差别在小数点后四五位。二十八岁的董海山此时激发出了自己脑力的所有潜能，靠着一股子蛮劲硬生生地把自己这几年的所学所知，那海量的数据和信息，悉数装进了脑袋的内存之中。董海山在当时可能没有意识到，他在留苏后期的那种看似"愚公"式的记忆壮举，对他未来一生从事的高能炸药科研事业将产生巨大而深远的影响。[2]

---

[1] 对于当时的情形，傅依备院士回忆："董院士可能有一些保密的东西，因为他的专业和我们的专业不一样。外国包括苏联他们自己研制一些炸药。他们懂的技术比我们多，我们根本没有。后来听老董说，他在这方面下了些功夫，炸药全是记下来的，回来之后再重复做的。这些材料肯定不允许带的。"傅依备访谈，2016年3月14日，四川绵阳。资料存于采集工程数据库。

[2] 关于这段故事，曾被改编为专题片《发光的星体》，专题片的脚本中这样描述："1960年，中苏关系恶化，此时的他敏锐地意识到，他不可能带走一张纸片，一个数据……三年来，他刻苦攻关，潜心钻研，全面记录了苏联多年来在高能炸药方面的研究成果，就是准备将来带回祖国，现在有文字的东西却不让带回去。他发狠了，他要全部背记下来……整整三大本资料，他硬是一字不漏地记在脑海里……"脚本作者为郑峻岭。该片描述了董海山个人的事迹，在剧本最后有董海山阅读的签注。专题片《发光的星体》，1989年。资料存于采集工程数据库。

1961 年 5 月，董海山顺利通过了毕业答辩，取得了科学副博士学位。

毕业答辩有一个答辩委员会，邀请了很多外面的专家。前前后后发表了几篇文章。当时的图都是要自己画出来的，然后照相、印刷出来，贴在论文上面。答辩前，老师要指定两个人对论文查找问题。在答辩的时候，报告完以后，不仅要提问，而且要把答辩的问题给你提出来。你要回答，回答完以后还要投票。之后学校有一个学术委员会，全部是教授组成的，学术委员会通过以后再报到高教部。最后是高教部批准发证书，不是学校发证书。[①]

图 4-5　苏联高等教育部颁发的副博士学位证书及内页[②]（由朱春华提供）

1961 年 6 月，归国前夕，董海山接到了一个并不让他感到意外的通知：回国之时，不能带走任何资料。留学四年，勤奋的董海山手写记录的笔记

---

① 傅依备访谈，2016 年 3 月 14 日，四川绵阳。资料存于采集工程数据库。
② 由于董海山回国后辗转多地工作和生活，其副博士学位证书已经遗失。此证书为董海山留苏同学朱春华提供的原件拍摄。除证书编号和姓名不一致，其他内容与董海山学位证书一致，证书于 1963 年 12 月 11 日颁发。

本和纸张垒起来足有一尺多高，而他带走的，只有自己的头脑。

董海山拎着行李箱离开了学校，从列宁格勒乘火车到达莫斯科，来到了中国驻苏联大使馆，准备从这里搭乘火车回国。趁着记忆的新鲜和热度，他迫不及待地在大使馆开始了春蚕吐丝般的复刻记忆工作。夜以继日，不寐不休，他几乎拼了命地回忆、书写。在大使馆，他整整写完了十几个笔记本。

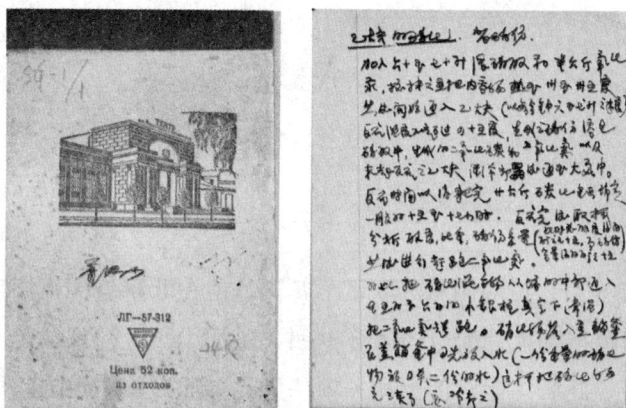

图 4-6　董海山 1961 年的手书笔记本[①]（图片由中物院三所提供）

1961 年 6 月，董海山踏上了莫斯科开往北京的国际列车，悄然归国，留在他身后的是苏联广袤的土地，他再次踏入这片土地时，已经是二十多年以后，而今他要赶往的是一段波澜壮阔、史诗般的历程，他一生的辉煌和痛楚，都在其中。

---

①　经采集小组仔细整理、甄别大量手写笔记本，发现此笔记本应该是董海山在苏联留学期间购买，封皮印有俄文，标明售价五十二戈比，推断此笔记本应为 1961 年留学回国前夕在莫斯科大使馆期间手书完成，记载有关于乙炔硝化的技术路线等内容。资料存于采集工程数据库。

第五章
古都会战

　　1961 年 6 月，董海山从苏联留学归国，他在北京外国语学院短暂停留了两个多月等待国家分配。1961 年 9 月，董海山被分配到位于北京郊外的二机部九所。此后一生，他就和一项伟大的事业——新中国的核武器研制紧密联系在一起。但是，董海山也许没有想到，他的核武器研制生涯，竟然是从古都西安发端。

原子弹与炸药

　　成立于 1958 年 10 月的二机部九所 [①] 和当年 1 月成立的二机部九局，实际是一个机构，这是我国第一个核武器研究机构，位于今天繁华喧闹的京城北三环花园路，当年是北京郊区偏僻孤远的农地。

　　北京九所成立的最初任务是：接受苏联提供的原子弹教学模型和图纸资料，调集和培训人员，组织我国核武器研制基地的设计施工。但这一任

---

　　① 　也称北京第九研究所，简称北京九所或九所。

务的内涵、任务的紧迫性在 1958 年年底就发生了重大变化。

新中国的主要缔造者们在新中国成立不久即做出了创建我国原子能工业和研制原子弹的重大战略决策，并根据当时的国情和国际形势，制定了积极争取外援即重点争取苏联援助的策略。1957 年，中苏双方签订了《国防新技术协定》，协定的一项重要内容就是苏联将向中国提供原子弹的教学模型和有关图纸资料。按照协定，苏联提供的原子弹模型及图纸应该在次年即 1958 年的 11 月运抵中国。但是，自 1958 年起，国际风云突变，中苏在政治上出现了严重分歧，中苏关系出现了裂痕，这直接影响到了中苏签订的国防尖端技术领域技术协定的执行。1958 年，二机部两次派人到预定地点接收原子弹模型和技术资料，结果都空手而归。1959 年 6 月，苏共中央致函中共中央，提出暂缓按协定向中国提供原子弹教学模型和图纸资料。此后一年，苏共赫鲁晓夫领导集团单方面全面撕毁了两国政府签订的关于援助中国建设原子能工业的协定和合同。[①] 我国的原子弹研制面临异常艰难的局面，北京九所面临巨大的挑战。

关于我国两弹研制的重大决策过程和研制历程，已经有大量的史料予以记载，特别是自 1986 年我国原子弹和氢弹研制的先驱者之一邓稼先去世之后，许多史料予以公开，众多的人物传记、研究著作和研究报告等陆续出版和发表，为我国两弹研制历程绘制了丰富的历史画卷和人物画卷。不过，这些发表的著述中，对于与原子弹及氢弹设计有重要关系的高能炸药却很少提及，普通大众也很难将炸药和核武器联系起来——毕竟，与核武器所释放的巨大能量相比，炸药爆炸释放的能量就如同夜空中一根火柴划燃的微弱亮光一样微不足道。殊不知，迄今为止，全世界所公开的核武器设计原理，都离不开炸药发出的这一点亮光——原子弹和氢弹，都需要这

---

① 李觉：《当代中国的核工业》。中国社会科学出版社，1987 年，第 32 页。

一点亮光来点燃。①

原子弹爆炸释放的巨大能量，给每一个目击者都带来了心灵上的巨大震撼。1945 年 7 月 16 日，美国原子弹之父奥本海默在目击了第一次原子弹爆炸试验后，吟诵了古印度的一首圣灵诗以表达和平复内心产生巨大的震撼：②

> 漫天奇光异彩，有如圣灵逞威；
> 只有一千个太阳，才能与其争辉。

原子弹是将核燃料（一般用铀 -235 或钚 -239）经过一系列快速"装配"的动作后，通过裂变反应的方式来释放出大量的能量。核燃料在快速"装配"过程中，经历了从次临界状态到超临界和深超临界状态的转变，这种转变对原子弹释放能量至关重要，而炸药材料在完成"装配"动作和临界状态转变过程中起到了重要的作用。点燃那比一千个太阳还亮的烈火的最初能源，就来自炸药。

在原子弹的早期设计原理中，有两种方式来实现核燃料的快速装配动作。一种是所谓压拢法，也叫枪法。这种技术是利用爆燃的推进剂推动两块或者三块具有次临界质量的核燃料快速合拢，达到超临界质量而发生核爆炸，释放能量。这种压拢方式的技术简单易行，但是核燃料利用率非常低。另一种技术是所谓内爆压缩法，简称内爆法。这是在核燃料外包裹一层厚厚的炸药，整体上类似于多层组合的球体。当从外层引爆炸药后，则形成一个向内汇聚的球面冲击波来压缩处于次临界状态的核燃料，让核燃料瞬间达到超临界，甚至深超临界。相比枪法原理，内爆法是一种更先进

---

① 关于原子弹和炸药的关系，也许超出了一般读者的认知。原子弹释放的巨大能量，其初始的引发能量最先来源于炸药。严格意义上讲，炸药需要雷管来引爆，而常用的电雷管又需要电能来引爆，但无论是电能还是雷管爆炸能，直接作用到核燃料上，都不足以引发核反应。由碳、氢、氧、氮等元素构成的炸药，对于引发核燃料的裂变，甚而引发聚变意义非凡。参看《揭开核武器的神秘面纱》（经福谦、陈俊祥、华欣生著。清华大学出版社，暨南大学出版社，2002 年）。系统了解世界原子弹、氢弹发展史以及核物理科普知识，可以参看原子能出版社九十年代出版的《世界原子弹氢弹秘史丛书》。

② 罗伯特·容克：《比一千个太阳还亮》。钟毅、何玮译。原子能出版社，1991 年。

的原子弹设计方法。

北京九所的核武器设计人员根据苏联早期提供的初步设计资料以及国外已经公开发表的一些文献资料，对原子弹的设计原理已经获得了一些初步的认识。九所的科研人员，通过分析研究"枪法"和"内爆法"两种原子弹设计的优缺点，结合我国实际情况，提出"争取高的，准备低的"的设想，即以较先进的"内爆法"原子弹作为主攻方向。[①] 在实现核材料的超临界压缩方式上，九所的设计人员有了选择，但是在原子弹所用的炸药方面，却没有太多的选择！

中国是黑火药的故乡，中国人最早发明了火药并推动了人类文明的进步。[②] 现代炸药的诞生，始于西方近现代工业文明的发展。火药和炸药的发明对于现代工业和军事科技发展起到了巨大的推动作用。

火药从它诞生以来，主要是作为一种抛射能源。火药通过急速燃烧释放的能量推动石制、铁制弹丸，近代则是推动子弹、炮弹等到远端来进行杀伤敌方。火药一般不作为直接杀伤的能量来源，这是因为它的能量释放速率低，这是火药区别于现代炸药的重要方面之一。传统火药和现代炸药的另一个重大区别就是其获得或者制备方式。传统火药是一种混合物，原料一般来源于自然存在的物质，比如早期黑火药是硝石、硫黄和木炭的混合物，配比和制作方式来源于炼丹家和方士们的秘方，而炸药是近现代化学科学和化学工业技术发展的产物。近现代化学科学发展，使得人类具备了可以获得自然界不存在的单一纯粹物质和材料的方式，这种方式就是所谓"合成"。借由"合成"这一现代方式，并通过控制稳定的化学结构、大规模制备新物质的近现代化学工业，大大推动了人类获取新物质、创造新文明的能力和进程，现代炸药就是在这样的背景下产生并大量运用于经济和军事领域中。

---

① 李觉主编：《当代中国的核工业》。中国社会科学出版社，1987年，第264页。
② 冯家昇：《火药的发明和西传》。上海人民出版社，1954年。

现代炸药发展几个标志性的事件都发生在西方。① 从第二次世界大战结束到新中国成立，我国的火炸药的研究和工业技术水平，只能用一穷二白来形容。即便是到了我国原子弹研制初期，火炸药的研究和工业技术水平仍然是相当落后。及至二十世纪六十年代初，我国也只能生产梯恩梯和硝酸铵等一些非常普通的炸药。

我国第一颗原子弹一开始就选择了内爆型的技术路线，实现内爆的一个技术难点，就是要获得符合内爆压缩所需的"波形"，而波形，则由特殊的炸药装药构型来"创造"！通俗地讲，装药构型就是颗粒粉末状态的炸药经过一定的制备加工过程而形成的三维几何结构，炸药爆炸形成爆轰冲击波在特殊的几何构型中传播，就会形成特殊的波形，并压缩包裹在其中的核燃料。

原子弹设计中使用的炸药装药有两种工艺，一种是较为传统的熔铸装药②工艺，另一种是压装装药工艺。我国第一颗原子弹中的炸药装药，采用的是熔铸装药工艺，世界几个主要核大国的第一颗原子弹爆炸，都是采用熔铸装药工艺，而熔铸工艺装药中选择的炸药就是梯恩梯和黑索金。采用熔铸装药的技术途径，是较为稳妥和相对成熟的选择，而选择梯恩梯和黑索金炸药，也是国内当时火炸药工业的技术水平所决定了的。

九所的炸药研究可以追溯到 1959 年。1959 年 4 月，九所科研机构调整为七个研究室，其中二室为爆炸物理研究室，由刘长录负责，七室为炸药成型研究室，由孟沛田负责。1960 年 5 月，九所改组为四个部，其中炸药成型研究室并入四部，炸药成型工作由孙维昌、吴永文负责。当年 10 月，九所又调整为六个研究室，其中二室为爆轰物理研究室，陈能宽为主

---

① 近现代炸药发展史上与军事运用密切相关的几个重要历史事件：(1) 1771 年，英国人沃尔夫（Woulfe）合成苦味酸，1885 年苦味酸用于填装弹药；(2) 1846 年，意大利人索博雷洛（A. Sobrero）合成了硝化甘油；(3) 1863 年，德国了维尔布兰德（Wilbrand）制备出梯恩梯，1902 年，梯恩梯用于填装弹药，并几乎成为现代炸药的代名词；(4) 1899 年，亨宁（Henning）合成出黑索金并在第二次世界大战中受到普遍重视；(5) 1941 年，赖特（G. F. Wright）和巴克曼（W. E. Bachmann）发现了奥克托今。见：吕春绪、刘组亮、倪欧琪编著：《工业炸药》。兵器工业出版社，1994 年；T. M. Klapötke: *Chemistry of High-Energy Materials*. Wallter de Gruyter Gmbh & Co. KG, 2011 年。

② 也称为铸装、浇铸和注装。

任，苏耀先、孙维昌、吴永文任副主任。1961 年年末，来自北京工学院的钱晋被增补为二室副主任。至此，通过从全国的火炸药和弹药工厂抽调技术骨干并加上新毕业分配来的大学生，我国核武研究所的炸药研制队伍基本形成，并因陋就简，开始了艰苦卓绝的起步工作。初期的工作包括了核武器用炸药的成型工艺、理化分析和爆轰试验等研究工作，这些工作主要在位于长城脚下的"十七号工地"①展开。所有工作的目的就是确保我国第一颗原子弹尽快爆响成功。

向朱光亚汇报

1961 年 9 月，董海山从苏联留学归国，在北京外国语学院做了短暂的停留后，即被分配到北京九所，一起分配到九所的还有他在列宁格勒化工学院一起留学的同学松全才。松全才也是董海山在北京工业学院化工系化一甲专业 6511 班的同学。

董海山刚到九所报到，就急着打听炸药实验室的位置，但随后他就意识到，这里不是列宁格勒化工学院，这里没有他想象中的炸药实验室——整个九所所拥有的炸药研制条件，不过是在一块粗陋的野外兵工试验场上搭建的"十七号工地"。十七号工地上爆响的主体炸药还是炸药家族历史中的"百年老兵"梯恩梯（TNT）炸药和"年过半百"的黑索金（RDX）。黑索金炸药是当时能量水平较高的单质炸药，于 1899 年由德国人亨宁发明并迅速在西方军事大国的弹药装药中得到应用，但是，六十年代的中国还不能生产黑索金，核武器所需黑索金炸药还需要从苏联进口。这就是原子弹研制初期，我国火炸药科学研究和工业制造技术水平的真实

① "十七号工地"是我国核武器用炸药研制和爆轰试验的最早场所，原来是工程兵某部的训练场，位于北京古长城脚下、官厅水库附近，后移交给九所使用。自 1959 年起，九所在"十七号工地"先后建设了炸药浇铸工房、理化室、爆轰试验场、装配间、测试间、机械加工间、火工品库和锅炉房等设施。在迁往青海之前，九所的熔铸炸药研制和爆轰性能测试均在"十七号工地"开展。

状况。这和董海山在列宁格勒接触到的苏联在新型炸药的研制与应用状况产生了巨大的反差。

到九所报道不久，董海山即向朱光亚汇报了自己在苏联的学习情况，特别是汇报了苏联在高能炸药方面的研制状况以及在核武器设计中的可能应用情况，这引起了朱光亚的高度重视。朱光亚当即指示董海山将相关信息手书记录下来。与此同时，朱光亚着手向二机部提交了建议报告，请求在我国开展新型高能炸药研究。这是个非常重要的建议报告，此时，时间定格在 1961 年 10 月。尽管我国第一颗原子弹试爆急需的炸药已经按照既定的技术路线开始了艰苦的研制工作，但我国原子弹的先驱者们已经在为核武器设计迈向更高级水平、在高能炸药研制方面开始做出前瞻性的战略谋划。

朱光亚代表九所呈报的开展全国高能炸药协作攻关的建议报告也引起了二机部领导的重视，二机部随即上报到国防科委并很快得到中央批准，中央决定围绕核武器用新型高能炸药开展全国性的科技协作攻关，并将此项攻关任务取名为"一四二任务"[1]。鉴于九所的炸药研制的力量比较薄弱，而且当前的首要任务是确保既定的熔铸炸药装药技术能尽快突破，因此，国家将一四二任务的攻关地点选在了当时我国火炸药研制实力最强的三机部西安三所，并组织了中科院的兰州化学物理研究所[2]和九所的精干力量协作攻关，后期北京工业学院、上海有机化学研究所[3]、大连化学物理研究所[4]等单位也参与了攻关。

---

[1] 后世也称之为"一四二会战"。在董海山等人的回忆中，提到一四二任务时，都提到是中央专委批准了一四二任务。不过据《当代中国的核工业》（李觉主编，中国社会科学出版社，1987，北京）一书记载，中央专委是为了统筹和加强对核工业的领导，于 1962 年 11 月 17 日成立，时任国务院总理周恩来同志任中央专委主任。而在 1961 年 11 月，中央决定成立国务院国防工业办公室，归口管理二机部、三机部和国防科委所属范围的工作。罗瑞卿元帅为国防工办主任，赵尔陆、孙志远、方强、刘杰和刘西尧为副主任。因此，此时九所或二机部上报的报告和建议，应由国防工办审批或者上报中央审批。同样，在李觉主编的《当代中国的核工业》一书中记载了这样一句话——"兵器工业部的一个研究所和兰州化学物理研究所与核武器研究所紧密配合，为第一个原子弹研制出高效能炸药和高压雷管"，这就包含了一四二任务。

[2] 简称"兰化所"。

[3] 简称"上海有机所"。

[4] 简称"大化所"。

董海山作为九所方面的骨干力量，马上将投入到一四二攻关任务。从 1961 年 9 月到九所报到，董海山只在北京九所停留了半年左右，即转战到了西安，开始了长达四年的高能炸药协作攻关。在西安的研究工作和经历，对他一生的科研生涯产生了非常重要的影响。

新型高能炸药

西安三所，1948 年在东北沈阳成立，1957 年迁到西安，是我国成立最早也是规模最大的从事化学含能材料的研究所[①]。

1962 年 4 月 21 日，在西安三所召开了"一四二（一）"会议，会议云集了国内炸药界顶级研究机构的众多专家，包括了中科院兰化所的申松昌、大化所的张大煜、西安三所的高霭亭，另外上海有机所也派代表参加。作为牵头和使用单位，九所的朱光亚、王淦昌、陈能宽和钱晋等人也参加了这次会议。根据一四二任务的部署，前期各协作单位组织了技术力量进行大量的调研工作，此次会议就是要听取各研究所形成的十一份调研报告，报告涉及了炸药合成、性能测试技术和装药新工艺技术。董海山在会上作了《新型硝基炸药发展概况》的报告。

早在董海山向朱光亚等人汇报苏联高能炸药研制情况时，受朱光亚指示，董海山就开始根据自己的记忆和在莫斯科中国大使馆记录下的笔记，撰写了《新型高能炸药合成化学》一书，同时，他和松全才等人也开始了文献调研，为一四二任务的开展做好前期准备。

---

① 在不同历史阶段，西安三所又先后称为兵器工业二〇四所、西安近代化学研究所等名称。根据中物院化工材料研究所（九院三所）发展史记载，早在全国高能炸药协作攻关任务即一四二任务开始之前，九所即与西安三所和西安八〇四厂展开了核武器用雷管的协作攻关，攻关协作时间在 1960 年到 1964 年，九所参与的科研人员有吴永文、陈作印和黄有成等人，研制的雷管成功用于第一颗原子弹。"文化大革命"结束后，在董海山的推动下，九院三所又和西安三所在热固炸药研制方面开展了密切合作，详细情况见本书第七章。

他奋笔疾书，如汩汩泉涌，凭着惊人的记忆在很短的时间里，编写出近十万字的科技回忆录《新型高能炸药合成化学》，书中概括了苏联研究的几十种炸药的分子结构、合成方法、反应条件和性能数据，它是我国六十年代炸药合成工作的主要参考资料。[①]

一四二任务的主要目标，就是要集全国优势力量、合成和制备出满足核武器特别是氢弹武器设计所需要的高能炸药，后来证明，一四二任务远不止实现了这一个目标。

董海山在九所撰写《新型高能炸药合成化学》一书时，还和松全才、许慧君等人针对全世界高能炸药现状开展了文献调研，但是，结果却令人遗憾，在 1961 年可以获得的国内外公开文献中，很难觅得高能炸药的踪影，董海山所写的《新型高能炸药合成化学》这本资料就显得弥足珍贵。

董海山在"一四二（一）"会上所做的报告，也引起了很大反响：

国防科工委在 1962 年决定在西安的三所召开一次新型炸药的研究会议[②]，这个会议由国防科工委组织开的，当时二机部有人参加，兵器工业部也有人参加，中科院有人参加，还有国内有些搞化学的一些专家也邀请参加，咱们九所这边当时是朱光亚、陈能宽、钱晋，还有王（淦昌）老，他们几个人都参加了，包括董海山在内都参加了。单位除九所以外，还有西安三所，兰州化学所，还有中科院的大连化物所、上海的有机化学所，大概还有些有关单位参加了这次会议。这个会议，

---

① 郑峻岭:《发光的星体》。1989 年。资料存于采集工程数据库。关于《新型高能炸药合成化学》这本书或手稿，是本次采集工程的最大遗憾。我们在中核集团档案馆、北京九所档案室、中物院档案馆、中物院化工材料研究所档案室、西安三等地所进行了查询，均未找到这份珍贵的手稿，但是这份手稿的存在又是毫无疑问的。在中物院化工材料研究所（九院三所）发展史、相关人员（包括孙维昌、吴永文、李海文、唐兴明、朱春华、胡荣祖、黄辉等人）的访谈记录、董海山个人人事档案和生前审定的个人自传等材料中都记载了这本书的信息（有些资料中记载的书名叫《新型高能炸药合成》或《炸药合成化学》）。根据这些信息，可以推断，这本书和一四二任务要实现的目标、采用的技术方案与技术途径有密切的关系。

② 孙维昌访谈，2016 年 3 月 30 日，北京。资料存于采集工程数据库。

董海山作的是学术报告，他的主讲受到了到会人员的欢迎和高度的评价，给这些领导们，也可以说，对我们这些国内专家上了很重要的课。

"一四二（一）"会议上还传达了中央精神。中央决定以西安三所为新型高能炸药研制基地，成立西安三所第七研究室，由九所的钱晋[1]任西安三所副总工程师并兼七室主任。七室下设三个分室：一分室由兰化所的李文杰任主任，主要负责炸药合成研究；二分室由九所的裴兆麟任主任，主要负责熔铸工艺研究；三分室由九所的黄世明任主任，主要负责爆轰性能及新的分析测试技术研究。一场集全国优势力量、协力攻克新型高能炸药的大会战就此在古都西安展开。

来自九所的董海山、松全才、高厚志、王敬忠、李常青等被分配到各个分室工作，董海山和李常青在一分室进行合成研究工作。在一四二任务实施过程中，又陆续补充了新毕业的大学生，包括来自九所的肖智中、付永乐、李海文、程永新、邹品环、张民权、俞贵良、曹岩森、范多加、贾文祥、景淑琴等人。董海山的妻子李子君，也于1964年从北京工业学院调入九所并到西安参加了一四二任务，主要从事炸药分析与测试工作。

一四二任务的目标就是要获得可以工程应用的新型炸药，因此在研究人员配置上，不仅仅是组织了合成方面的研究力量，还围绕合成研究配置了制造工艺技术研究和分析测试力量，这一组织模式，对于缩短新炸药研制和应用周期起到了重要作用，对于以后的高能炸药、特别是核武器用高能炸药的研究生产组织模式也产生了重要影响。

"新型"和"高能"是一四二任务将要研制出的炸药的最大特点，也是我国核武器研制初期在主炸药方面面临的最大技术挑战。

1962年，我国第一颗原子弹的研制已经到了一个非常关键的时期。在此之前，炸药研制主要在北京的十七号工地展开，但是随着研制工作的推进，十七号工地的条件已经无法满足更大当量的炸药爆轰试验。根据中苏协定，苏联将帮助中国在西北建设核武器研制和试验基地，包括炸药生产

---

[1] 此前，钱晋已经从北京工业学院奉调入九所，负责高能炸药研制工作。曾经在北京工学院任教时力荐董海山留苏的老师，此时已成为董海山的领导和同事。

和试验在内的核武器生产与实验工作都将转移到西北核武器试验基地，即二二一厂。1958 年，九局就成立二二一厂筹建处，1959 年 8 月，二二一厂正式开工建设。1960 年 5 月，九所的一部分科研人员和设备已经开始迁往二二一厂。1961 年，九所二室从事炸药研制的部分人员开始陆续迁往二二一厂开始炸药生产准备工作，到 1962 年，二二一厂二场区初步具备了一定的炸药生产和试验条件。

1962 年下半年，我国核武器的研制工作已经有了很大进展，实现第一颗原子弹爆炸的一些关键技术已经陆续被突破和掌握，当年 8 月，二机部正式向中央提交了报告，提出争取在 1964 年、最迟在 1965 年上半年爆炸我国第一颗原子弹，这就是在我国原子弹研制历程上具有重要意义的"两年规划"。在两年规划提出的时候，一四二任务也同时展开，而即将用在第一颗原子弹上的炸药和装药工艺技术路径已经确定，因此，一四二任务瞄准的目标，已经不是着眼于第一颗原子弹，而是更高远的目标。

炸药在原子弹中是以内爆方式将核材料压缩到很高的密度，使得核材料达到超临界状态或深超临界，进而引发链式反应并放出巨大能量。将核材料快速而又规则地压紧到高密度是原子弹爆炸并高效释放能量的关键，因此，炸药爆炸释放的能量水平在压缩核材料时起到了关键作用。对于炸药爆炸释放的能量水平，有两个关键的能量指标，即爆速和爆压。

炸药可以缓慢燃烧并缓慢释放燃烧热，其燃烧的速度低于炸药中的声速，而炸药最剧烈的爆炸反应，也是炸药最有运用价值的效应是所谓"爆轰"。炸药爆轰时，形成冲击波波阵面并在未爆炸反应的炸药中以超过声速的速度传播并释放出化学能，这个爆轰波阵面的传播速度就是爆速。爆速是表征和度量炸药能量水平的关键指标，爆速和炸药的密度有重要关系，一般来说炸药颗粒的晶体密度和颗粒的填充密度越高，其爆速就越高，但是炸药的爆速本质上是由炸药的分子结构和分子内的致爆化学基团所决定。爆压是炸药另一个重要的能量指标，是炸药爆轰波阵面后，炸药反应释放的高温高压气体所具有的压力，这个压力可以高达二三十万个大气压，爆压是压缩核燃料到超临界状态的压力源。很显然，爆速和爆压越高的炸药，对于压缩核燃料和设计核武器越有利。

我国第一颗原子弹采用的是梯恩梯和黑索金混合在一起的熔铸炸药，其能量水平较低。[①] 梯恩梯在填充密度达到 $1.64g/cm^3$ 时（接近梯恩梯的晶体密度），其爆速约为 6950m/s，爆压为 21GPa。黑索金的爆速较高，在接近 $1.80g/cm^3$ 的晶体密度的情况下，爆速可以达到 8700m/s。但由于工艺技术的限制，在熔铸装药的条件约束和梯恩梯的存在下，黑索金的高爆速无法完全发挥。梯恩梯和黑索金混合在一起的炸药，总体能量水平不高。因此，为了确保第一颗原子弹用主炸药的总能量水平，原子弹的总体结构中不得不设计几何尺寸非常大的炸药部件，方能到达压缩核燃料到超临界状态的能量水平。原子弹研制的"两年规划"确定了第一颗原子弹所用炸药是熔铸型的梯黑混合炸药，这将是一组体积庞大的炸药部件。

合成出能量水平比梯恩梯和黑索金高的新型高能炸药，就是一四二任务的首要目标，即要合成一到九号高能炸药。董海山撰写的《新型高能炸药合成化学》一书，则是开展新炸药合成的重要技术参考资料。

一四二任务第一次会议召开后，相关研究工作即在西安三所紧锣密鼓地展开了。按照任务分工，董海山负责一号、二号和五号炸药的合成，来自兰化所的宋俊林负责三号炸药的合成，西安三所的陈福宇、兰化所的王子明和董海山联合负责四号炸药的合成。

在一四二任务中，董海山并未担任任何行政职务，只是担任一个题目负责人……董海山实际上是这个研究室（西安三所第七研究室）的首席技术参谋。主要研究课题都是根据他的报告制定的。他不仅亲自做实验，写报告，指导全部刚毕业不久的大学生，而且为其他题目组解决研究工作中的难题。他常对同志们说：他的座右铭是"再快也不嫌快"。[②]

---

① 关于高能炸药的划分并没有一个统一的定义，但在核武器用主炸药领域，一般把能量水平即爆速高于梯恩梯的炸药称为高能炸药，黑索金属于高能炸药。在炸药领域，根据用途可以将炸药分为初级炸药（起爆和传爆药）和次级炸药（主炸药或者猛炸药）。

② 李常青：新炸药研究的开拓者——记核工业部九院三所炸药专家董海山。1985 年。资料存于采集工程数据库。

今天的有机合成，特别是炸药合成，常常以基础研究的模式开展工作。在确定了合成路线之后，即可获得实验室量级的产物。借助现代仪器分析和表征技术，只需要少量的产物，就可以表征出化合物的分子结构和晶体结构，再通过理论计算的方式即可预测出目标化合物的主要性能。一般的合成基础研究工作到达这个阶段即可获得一定学术成果，研究工作也到此为止。但是，从炸药合成研究到工程应用还有很长的距离，具有挑战性也更艰苦的工作之一就是要获得足够量的炸药产物，以表征爆轰性能和各项物理化学特性，即分析炸药的化学结构、成分、纯度，进行热安定性和机械感度测试，实测出炸药的爆速和爆压，最后综合分析与评价该种炸药是否可以运用或者确定适合的应用方向，同时还要获得可以放大合成的工艺技术，以备在工厂进行规模化的生产。这就要求每一种新合成的炸药，都需要达到百克级以上的产物量级，从化学工艺的角度，这已经是具备中试工艺条件的要求，是一个非常高，也非常艰巨的目标。因而，一四二任务的特点，不仅在于新，更在于任务量大和时间紧迫——新中国初期面临的国内外环境，都要求核武器设计、试验和武器化的周期要尽可能短，因此，新型高能炸药从合成到应用的研制周期也必须大大缩短，而在当时，我国高能炸药研制从合成、理化分析、性能测试和放大工艺研究能力都是空白，都需要在一四二攻关中边研究、边建立、边完善。[1]

经过一年的努力，到 1963 年 6 月左右，董海山等人在西安三所已经合成出一到五号炸药，并测定了机械感度、热安定性和爆轰性能数据。在合成一到五号的过程中，还发现一号炸药含有六号杂质，二号中含有七号杂质。可以说，一四二任务的合成工作在第一年就取得了重要进展。此时，青海二二一厂的熔铸炸药生产和试验也进入到关键时期，为了确保原子弹两年规划的如期实现，加强二二一厂二生部的技术力量，钱晋、裴兆麟、

[1] 那时和董海山一起工作的，大多数都是大学毕业不久的年轻同志，而且大多数都没有学过炸药。虽然攻关组来自三个不同单位，但是大家亲密无间。团结战斗，在工作中分秒必争，那真是出满勤、干满点、使满劲。早晨起床后念外语，吃完早饭马上到实验室，穿上工作服、打开通风橱马上就做试验，一直到中午打铃下班。下午也是这样。至于图书馆查文献、准备第二天的试验方案等都是在晚上干。见：干勇：《20 世纪中国知名科学家学术成就概览》，化工、冶金与材料工程卷。科学出版社，2015 年。

王敬忠和高厚志等人又调回到二二一厂第二生产部，此后，西安三所的李福平接替钱晋担任副总工程师并兼任七室的主任。

1963年7月10日，"一四二（二）"会议在西安三所召开，此次会议目的是对前期合成的新炸药进行评估和鉴定。国防科委的代表、中科院副秘书长秦力生、二机部副部长钱三强、九所副所长郭永怀、哈尔滨军事工程学院苟玉章、北京工业学副院长院周发岐和丁儆教授，以及西安三所、

图 5-1 参加"一四二任务"的部分科研人员在西安合影（前排左六为董海山。图片由中物院三所提供）

兰化所、大连化物所、上海有机所、长春应用化学研究所等单位的代表四十余人参加了会议。与会代表听取了西安三所七室关于六种单质炸药合成及性能测试报告，认为二号、三号和四号单质炸药的性能较好，特别是二号炸药性能优异，具有很好的应用前景。此次会议确定在泸州的兵器二五五厂筹建二号炸药的生产线。此次会议上，也做出了一个重要决定，即提出了要进一步合成爆速在 9500m/s 的新单质炸药。

二号炸药的合成是董海山在一四二任务期间取得的第一个重要成果。二号炸药化学名为"重（β，β，β-三硝基-N-硝基）乙二胺"（英文简称ZOX），在一四二任务中由董海山亲自负责合成。一开始他领导的课题组采用苏联的合成路线[①]，分为四个步骤进行，其中第二步要用到经典的曼尼希反应（mannich reaction）。但是，起初仿照苏联的合成路线，效果并不太好，一是合成路线过于烦琐，使得二号的得率较低，以硝仿计的总得率只有58%，而且合成步骤的安全风险高。烦琐的合成路线和较低的产

---

① 李海文：新型高能炸药创新工艺研究。2015年。资料存于采集工程数据库。

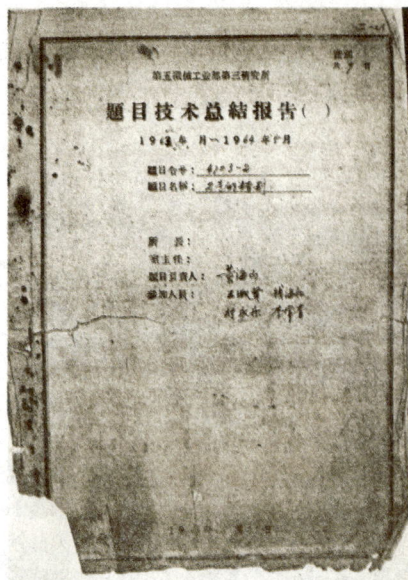

图 5-2　在西安三所撰写的关于二号炸药精制的技术报告（图片由中物院三所提供）

率是不适合工厂的规模化生产。董海山带领课题组进行了探索并在二号炸药的合成工艺和阐释曼尼希反应机理方面取得了创造性成果。董海山发现乙二胺、甲醛和硝仿的曼尼希反应可以在强酸介质中进行，这是一个非常重要的发现。基于此，董海山创造了简化合成方法，即曼尼希反应（即苏联方法的第二步）和盐化反应（苏联方法的第三步）可以合二为一一步进行，这样省去了中间体的合成、抽滤和洗涤等操作步骤，此方法使得二号的总得率达到 77%。董海山进一步把亚硝化反应和简化合成法相结合，创造了二号炸药的"亚硝化合成法"，即直接用乙炔硝化液与醛胺缩合液进行曼尼希反应，同时进行亚硝化和盐化，然后再硝化成二号。最后，又创造了采用浓硝酸精制二号的方法。[1]综合上述重大改进，董海山和课题组的同事在 1964 年上半年即制定出工业生产二号炸药的工艺流程和技术条件，为在泸州二五五厂建立生产线、实现工业规模化生产奠定了基础。[2]

二号炸药的晶体密度为 $1.87g/cm^3$，当颗粒填充密度为 $1.846g/cm^3$ 时，实测的爆速为 8974m/s，已经高于当时能获得的黑索金炸药的最大爆速 8700m/s。尽管二号炸药仿制于苏联，但已经是我国六十年代在高能炸药合成方面的重大技术进步。二号炸药合成成功，为九所的核武器设计提供了一种新的可供选择的高能炸药，具有标志性意义。二号炸药后来不仅用于主炸药，还曾用于雷管中的起爆药。二号炸药的合成新工艺于 1984 年获

---

① 董海山：二号的精制，ZZD-74。第五机械工业部第三研究所技术总结报告，1964 年。化工材料研究所档案室，4703-2。

② 董海山：二号、十号高能炸药的合成，KZF-7-14，九院三所。化工材料研究所档案室，1977 年。据该报告记载，1969 年，五机部泸州二五五厂正式建成了二号炸药百公斤级生产线。

得国家发明奖。

"一四二（二）"会议对董海山等人是一个巨大的鼓舞，与会专家肯定了一四二任务前期合成工作取得成绩，特别是他本人合成的二号炸药性能优异，这为后续的工作提供了强大的动力。到 1963 年下半年，西安三所第七研究室的人员规模接近百人，经过一年多的工作和训练，大家已经积累了较丰富的经验和技术能力。下一步，将按照计划，继续合成七号、八号和九号炸药。对于会上提出的合成爆速达到 9500m/s 的新炸药的目标，按照当时的进展态势，似乎是一个令人乐观的目标。但不久，董海山就意识到，合成爆速达 9500m/s 的新炸药，是一个非常难以达到的目标，也是一个不太现实的目标。在 1964 年的夏天，包括董海山在内的所有参加一四二任务的新中国炸药合成人，也许都没有意识到，这样的目标，是国际高能炸药合成界还需要再花上二十多年时间才能实现的目标。[1]

"一四二（二）"会后，合成小组继续七号、八号和九号炸药的合成。对于会上提出合成爆速达 9500m/s 的新炸药，也开始了探索。此时，原来未曾重视的一种炸药，逐渐引起了董海山的重视。

一号到九号炸药，均是依据董海山从苏联学习掌握的资料来进行跟踪仿制的，这类炸药属于硝仿系炸药。硝仿系炸药有个特点，就是热安定性不太好，机械感度也较高。

炸药除了关心它的爆轰特性即爆速和爆压外，还有两个特性对于炸药的使用也非常重要，这就是热安定性和机械感度[2]。热安定性是炸药在一定温度下保持其物理和化学性能稳定的能力。热安定差的炸药不稳定，受热后可能发生晶体相结构的转变以及化学分解，不利于使用。而感度是指炸药对机械撞击和摩擦作用下的反应敏感度，感度高的炸药在生产、使用中比较危险，容易发生意外爆炸。因此，一个性能优异的炸药，不仅仅爆速和爆压要满足指标需求，还需要有较好的热安定性和较低的机械感度，特

---

[1]　直到 1987 年，美国的尼尔森等人才合成出密度超过 2.0g/cm³、理论爆速接近 9500m/s、性质较为稳定的新型单质炸药 Cl-20。见：欧育湘编著：《炸药学》。北京理工大学出版社，2014年。一四二任务结束后不久，我国科学家（以兰化所和西安三所为主）又陆续合成出一些高密度、高爆速的单质炸药，但是综合性能都不太理想，基本都被淘汰了。

[2]　简称感度。

别是为了确保核武器使用安全，对于炸药的热安定性和机械感度性能就非常关注。一到九号炸药中，除了二号炸药，其他几个炸药的热安定性都不太好，在运用方面就带来很大局限，有些甚至无法实际运用。

董海山在对美国公开发表的文献调研中有了新的认识和判断。从二战结束后，美国已经合成上百种新炸药，他对这些文献进行了分析，得出一个重要的结论，即美国的核武器上可能使用了在二战时发现的一种高能炸药——奥克托今（HMX）[①]。这是一个非常重要的判断，它对我国核武器用主炸药的研制方向产生了重要影响，也对我国常规武器的主装药发展产生了重大影响。从此，一个新的炸药——奥克托今进入了新中国高能炸药的大舞台并逐渐站到了舞台中央。

1964 年，董海山申请开题研究奥克托今的合成工艺和精制，并将其命名为十号炸药。实际上，董海山在苏联也学习和掌握了十号炸药的合成方法，此次他对比分析了美国提出的合成路线，指导刚刚从九所分配来的新大学生邹品环进行十号炸药的合成研究。经过半年的研究，完成了实验室合成工艺研究工作，测定了奥克托金的性能。数据表明，十号炸药虽然爆速略低于二号炸药，但是十号炸药具有较高的熔点，热安定性能大大优于早先合成的硝仿系炸药。十号炸药的合成成功马上引起各方面的重视，大家都意识到这种炸药不仅在核武器上，在常规武器上也有非常重要的应用前景。西安三所和兰化所也都马上组织力量开展十号炸药合成放大工艺研究。董海山的敏锐判断和奠基性的合成研究工作为我国十号炸药的大规模工业化生产奠定了重要基础，一举填补了我国军用炸药工业的空白。

1964 年 11 月，在西安召开了"一四二（三）"会议，此次会议召开前不到半个月的 10 月 14 日，我国的第一颗原子弹已经爆炸成功，会议召开之际，大家都还沉浸在原子弹爆炸成功的巨大喜悦中。参加一四二任务的科研人员，心里都还憋着一股劲——他们的成果尽管没能赶上第一颗原子弹爆炸，但也是为着一个更宏伟的目标，那就是在我国的氢弹上得到应

---

① 奥克托今（HMX）实际上是 G. F. Wright 和 W. E. Bachmann 于 1943 年左右在研究制备 RDX 的工艺过程中发现的副产物。一四二任务合成目标中，十号炸药一开始也不是合成的重点目标。

用。九院①副院长王淦昌和郭永怀等人参加了此次会议。会上交流了七号、八号、九号和十号炸药的合成与性能，这次会上又提出了一个新的研制任务——研制塑料粘结炸药，这是一四二会战的又一个新的重要任务。

第一个塑料粘结炸药

炸药根据其化学组成可以分为单质炸药和混合炸药。单质炸药是只具有单一化合物组分的炸药，比如梯恩梯和黑索金就是两种常见的单质炸药，一四二任务合成的一到十号炸药也是单质炸药。但无论在军事和民用领域，实际使用时很少使用单质炸药，一般都是使用混合炸药，即多种化学组分混合而成的炸药。

混合炸药的制造工艺有多种，我国第一颗原子弹准备使用的梯黑炸药是通过熔铸装药的方式制备和加工而成的。炸药的熔铸装药，类似于金属铸件制造，主要工艺过程是利用过热蒸汽来熔化低熔点的梯恩梯炸药（梯恩梯的熔点为80℃，可以在蒸汽加热下熔化成液态），再将能量较高的炸药颗粒（如黑索金炸药颗粒）混入熔化的梯恩梯中，然后将流态状的混合炸药浇入到一定形状的模具中，待梯恩梯炸药冷却凝固后，就形成一定形状的炸药件。将脱模后的炸药件进一步机械加工，即成为可以使用的炸药部件。

炸药熔铸成型工艺简单，成本低廉，适合于大药量、大批量和具有一定形状要求的炸药装药，自第一次世界大战以来，各国武器弹药的装药工艺几乎都采用铸装工艺。但是熔铸工艺制成的炸药部件，缺点也是非常明显的。比如熔铸成型的炸药件在冷却过程容易形成缩孔，混入的高能炸药颗粒（如黑索金颗粒）在低熔点炸药中分布不均，易分层，药球的密度不均匀、力学强度较低、环境适应性差等。由于熔铸过程的流动性问题，加

---

① 1964年2月，二机部九所更名为二机部第九研究设计院，简称"九院"，这一简称沿用至今。

入的高能黑素金颗粒比例受到限制，因此也限制了熔铸炸药的能量密度水平。对核武器设计来说，由于梯黑熔铸装药能量水平较低，要完成核武器中的"快速装配"任务，不得不设计体积庞大的炸药装药部件。

世界上核大国的第一颗原子弹体积都比较庞大，主要的体积和重量都被主体炸药装药占据。原子弹要成为可以使用的武器，需要大幅度降低体积和重量，以便于远程投送。通过使用高能炸药，是大幅度降低核武器的体积和重量的重要技术途径，特别是在氢弹的设计中，由于采取原子弹作为扳机的两级结构设计，更需要通过使用高能炸药来减小体积，降低重量。一四二任务对高能炸药的谋划布局，目标就是瞄准了氢弹设计的。

第二次世界大战后期，美国发明了塑料粘结炸药，[①]即用塑料把单质炸药颗粒包裹起来，做成一种叫作造型粉的复合炸药颗粒，然后利用油压机把这种炸药造型粉颗粒压制成大的炸药圆饼或圆柱，进一步通过机床加工的方式，把炸药圆饼加工成需要的部件形状。

塑料粘结炸药是一种新型的混合炸药。这种混合炸药只要添加较少含量的塑料充当粘结剂，主体成分可以引入更多的高能炸药颗粒，在较高的压制压力作用下，可以将高能炸药颗粒紧密地粘结在一起，制造出高密度的炸药坯料。塑料粘结炸药的密度高，密度分布均匀，力学强度高，易于机械加工。更重要的是，由于高能炸药占据了主体成分，这样可以使压制而成的炸药具有更高的能量水平。因此，相比于熔铸型炸药，塑料粘结炸药的优点非常明显。

美国原子能委员会在 1952 年的公报中报道了塑料粘结炸药技术，但在炸药界并没有引起多少重视。因为熔铸装药技术具有低成本、连续化生产的优势，在常规武器领域仍大量使用。但是，在核武器设计中，塑料粘结炸药无论在爆轰性能、储存性能和环境适应性方面都具有明显的优势，是核武器主炸药装药的最新技术方向。

---

① 塑料粘结炸药的英文全称为 plastic bonded explosive 或 polymer bonded explosive，炸药界一般简称为 PBX。1944 年，美国洛斯·阿拉莫斯首先开始了探索塑料在混合炸药中的应用，1947 年研制了第一个塑料粘结炸药——聚苯乙烯粘结黑索金。1952 年，美国开始生产奥克托今（HMX）炸药后，又陆续研制了一系列塑料粘结 HMX 的配方。

北京九所早在向青海二二一厂过渡前就开始了塑料粘结炸药混合配方和钢模压制成型技术的研究。1961 年，孙占顺等人在北京十七号工地开始了钢模压制梯恩梯等炸药的工艺技术研究。1962 年起，九所的技术人员开始了塑料粘结炸药配方的探索研究。配方里面的主体炸药选取黑索金，粘结剂根据美国文献报道选取了聚苯乙烯，并选用了一种液体增塑剂，工艺上利用油压机热压成型，但是进展并不顺利。鉴于从 1961 年起，九所已经开始大规模向青海过渡，而第一颗原子弹的主炸药又选择了熔铸梯黑炸药装药，为了确保第一颗原子弹按照"两年规划"的要求尽快爆炸成功，九所暂时停止了塑料粘结炸药的研制。

在我国第一颗原子弹成功爆炸前后，即1964年5月到1965年1月期间，毛泽东主席曾明确指出："原子弹要有，氢弹也要快。"周恩来总理在我国首次核试验成功后，也提到氢弹研制需要加快。遵照党中央指示，二机部于 1965 年向中央专委呈报了《关于加快发展核武器的报告》。报告提出要尽快突破氢弹技术，向战略核武器的高级阶段发展。

1964 年 10 月，中国第一颗原子弹爆炸成功之后，塑料粘结炸药的研制被提上了议事日程。核武器研究所和二机部领导将目光再次聚焦到参加西安一四二会战的人马。因此，在原子弹爆炸成功不到一个月后，九所就在西安组织召开了一四二第三次会议。在这次会议上正式提出了研制一种爆速大幅高于梯黑炸药的塑料粘结炸药的任务。这是核武器研究所第一次提出研制塑料粘结炸药的任务，我国第一次有组织地展开塑料粘结炸药的攻关研究就起源于这次会议，也是在一四二会战中完成的。

在 1963 年 7 月召开的一四二（二）会上曾提出了合成爆速达到9500m/s 的新单质炸药的目标，但这一目标看来太过于乐观，此后在合成更高爆速单质炸药方面的进展甚微。第三次会议后，一四二任务的重点便转向了研制塑料粘结炸药。

研制塑料粘结炸药的任务是非常紧迫的。为了确保研制成功，二机部采取了多路攻关、技术竞争[①]的方式，召集了当时有实力的多家单位组成

---

① 值得一提的是，在我国原子弹、氢弹研制过程中，在理论设计、关键材料、关键零部件和关键工艺技术突破方面均多次采用了"多路攻关、技术竞争"的科研组织模式。

了三个小组同时展开攻关。第一组由中科院兰化所与中科院上海有机所合作组成，第二组是北京工业学院丁儆和徐更光的小组，第三组由九所的董海山和西安三所的科研人员组成。

研制塑料粘结炸药的难点之一是要选取合适的粘结剂。粘结剂是包裹在炸药晶体颗粒外面的一种高分子聚合物，它对粘接炸药颗粒，提升炸药力学强度、改善环境适应性以及降低炸药的敏感度具有重要作用。三个配方科研小组一开始都吸取了前期九所的研究教训，抛弃了聚苯乙烯作为粘结剂，但又各自选择了不同的粘结剂体系。三个小组在配方中的主体炸药上都选用了黑索金，这是当时可选的能量水平最高，也能大量获得的单质高能炸药，毕竟一四二任务合成的新炸药均还处于实验室到中试放大阶段，还无法大规模运用。

董海山小组在配方研究中运用了一四二攻关中获得的四号单质炸药作为含能增塑剂[①]，选用聚乙烯醇硝酸酯（PVN）和硝化纤维素（NC）作为含能粘结剂，率先获得了第一个塑料粘结炸药配方 H4PNG。这次配方设计的指导原则是要确保能量，确保新配方有较高的爆速，因为炸药的能量水平对于新中国第一代的核武器设计师们来说太重要了。

1965 年 3 月，在西安召开了"一四二（四）"会议，距离第三次会议也就短短四个月时间。这次会议上，三个小组都拿出了各自设计的配方并提交了初步的性能数据。中科院小组提交了 1105 配方，西安三所的董海山小组提交了代号为 H4PNG 的配方，北京工学院小组提交了代号为 HBJ 的配方。由于三个配方都存在感度较高的问题，此次会议没有做出最后的选择，会后三个小组继续进行配方改进工作。

1965 年 8 月，国防工办组织了中科院、北京工业学院、五机部、二机部的专家对三个科研小组的塑料粘结炸药配方进行鉴定，遗憾的是，董海

---

① 在塑料粘结炸药中，除了使用粘结剂来增加强度、降低感度，还可以根据需要添加其他少量成分来改善炸药的综合性能，比如钝感剂。塑料粘结炸药是通过压制成型，为了克服压制过程中颗粒之间的摩擦阻尼，达到更高的压制密度，可以在配方中加入增塑剂，比如添加石墨等。但是增加的组分如果是一般惰性物质，则会降低炸药的能量。而含能增塑剂的概念是既可以增加塑形变形，又可以不降低炸药的能量。

山的 H4PNG 配方①由于热安定性问题没能选上。由于专家们对 HBJ 配方②在贮存性能方面有疑问，北京工业学院小组的配方也落选。不过，北京工学院小组的徐更光在 HBJ 配方里使用了一种较为新型的粘结剂，在历史的奇巧辗转中，这一点儿在塑料粘结炸药体系中含量甚微的高分子精灵将重获新生。

这次鉴定会上，兰州化学物理研究所与上海有机所研制的代号为 1105 的配方被选上，会上即决定由五机部下属的八〇五厂进行小批量生产。至此，预备用于替代熔铸梯黑炸药，即将在热核武器（氢弹）上使用的第一个塑料粘结炸药已临近诞生。

董海山小组有些遗憾。在一四二任务的单质炸药合成研究中，他初露才华，即取得了非常重要的成果，但是在事关核武器工程运用的塑料粘结炸药的配方研究中，他这一次却"失利"了。董海山在一份手稿中③记录了关于这次失败的教训。

从技术发展的历史视角看，这次配方鉴定中，忽视了塑料粘结炸药的一个重要方面，就是造型粉料的可压制特性，毕竟在当时，大家对于炸药压装技术并没有太多的研究基础，对于未来将要发生的工艺技术问题没有经验可以借鉴。

董海山小组有些遗憾，但是，第一个塑料炸药的诞生和应用注定是不

①　H4PNG 配方虽然在核武器用塑料粘结炸药配方设计的第一次"PK"中落选，但是这个配方后来经过西安三所的同事进一步改进，用于常规武器 40 火箭弹的装药，在中苏珍宝岛战役中大放异彩，成功击溃了苏制 T-72 坦克。见：《20 世纪中国知名科学家学术成就概览——化工、冶金与材料工程卷》，第 395 页。

②　关于 HBJ 配方的贮存性能问题，北京工学院小组中的徐更光后期又做了研究工作，并在 1992 年纪念一四二任务三十周年的学术会议上，报道了这个配方的贮存性能数据，表明贮存 26 年后，其性能仍然稳定，强度没有下降。参考《纪念一四二任务三十周年及学术报告会议文集》，化工材料研究所，1992 年。

③　这次，我们的造型粉没选上，原因是安定性不好，而安定性不好这一概念是从哪儿来的呢？主要是在制备过程中有气味。但是我们工作这么久却从来没有认真地用鼻子仔细闻一闻，到底哪一步有味，有什么味。因而在选型时人家尖锐的提出这个问题，我们就不知所措了。对于这个问题，我的耳朵也没有发挥作用，六月份王院长（指王淦昌，时任九院副院长）来时提过一次有味的事儿，但自己就没有听进去，因此没引起重视。通过这件事自己的教训是，一定要充分发挥眼耳鼻舌身的作用，一定要时时事事都利用它们，否则，长期不用就会退化。见：董海山：关于如何做好科研工作的一些经验和体会，1965 年。资料存于采集工程数据库。

平凡的，1105配方的命运不会是一帆风顺的，历史将以它合适的方式和时机再一次选择董海山。

总体技术参谋

在一四二任务期间，董海山并不是行政负责人，他的正式身份是"题目负责人"——负责一个个具体科研课题的研究与实施，但在整个一四二任务攻关期间，他的角色远不止于此——他实际上充当了一四二任务"总体技术参谋"[1]的角色。不仅在新炸药合成研究方面，基本上是按照他提供的技术资料和提出的技术路线来设置课题；在新的测试方法方面他也提出了很好的建议；对于研制过程出现的新的现象和问题，他还特别注重和倡导从理论上进行深入分析和研究；进对新加入课题组的年轻大学生，他更是给予耐心细致的指导。

新炸药合成出来，就要测定爆速来确认是否满足能量指标要求。对于七室的测试组来说，对新炸药的爆速进行测定是一个艰巨的任务。熔铸的梯黑炸药可以像金属铸造一样，比较容易获爆速测试需要的试样，但是制备熔铸试样的经验无法用到单质炸药颗粒上。董海山利用他在苏联掌握的知识，提出并建立了一种叫"玛瑙化"的制样方法并在新合成的单质炸药的爆速测试中得到了运用：

> 将分散度很高的（颗粒极小的）炸药与一定量的丙酮混合均匀，

---

[1] 董海山作为一四二任务的"总体技术参谋"和领军人物的角色得到了历史公认和同行认可：1985年11月5日的《中国青年报》记述他作为核工业系统劳动模范的"功在秘密历程中"的报道指出"他编写的《新型炸药合成化学》，为我国六十年代高能炸药合成提供了主要参考资料"。李觉主编的《当代中国的核工业》一书记载（第268页）"青年工程师董海山等人与科学院等单位协作，开展了新型炸药的合成工作"。朱春华和胡荣祖指出："董海山博士作为这一研制工作的负责人、学术带头人和领军人物……成功地仿制了一至九号炸药。"《含能材料》，2012(20)5：513。

经过压装之后就得到相当高的密度，压完后随着丙酮的挥发，药柱体积逐渐减小，因而密度继续增大，最后得到非常密实的、近于半透明的药柱。由于药柱坚密、形似玛瑙，所以命名为玛瑙化压法。[①]

一四二任务第一年，董海山等人就已经合成出一到五号炸药（六号和七号也在以杂质的形式得到）和一些新的化合物。通过对大量新化合物[②]的物理化学性质测定，掌握了非常多的数据，董海山也对炸药的热安定性、感度特性和

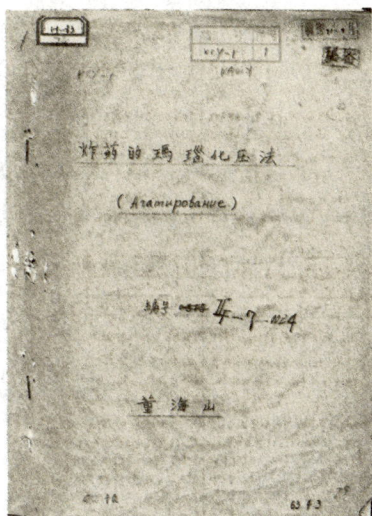

图 5-3 在"一四二任务"期间撰写的炸药玛瑙化压制试样的技术报告（图片由中物院三所提供）

能量特性都有了一些新的认识。尽管一四二任务有明确的目标和时间限制，任务非常紧，董海山认识到，对这些新的现象、规律和数据进行总结分析，从理论上提升认识是非常有意义和有价值的。他在 1963 年，结合新合成的炸药和他所掌握的大量文献数据，对于炸药热安定性的机理及其与分子结构的关系进行了细致研究，获得了对炸药热安定性问题的深刻认识，撰写了一份关于炸药热安定性理论方面的研究报告。[③]

参加一四二任务攻关的科研技术人员大都非常年轻，在炸药合成方面的知识和经验非常欠缺，有些大学生在大学期间所学专业也不是火炸药，大家也只能是边学边干，边干边学。当时的董海山尽管才三十出头，由于他在从本科到研究生一直都是学习火炸药专业，在列宁格勒化工学院得到了严格的学术训练，并在一四二任务期间刻苦钻研，已经具备了非常高的炸药合成理论造诣和丰富的科研经验，实际此时的他已经是这群年轻科技

---

① 董海山：炸药的玛瑙化压法，KCY-1，1963 年。存于化工材料研究所档案室。

② 一般的文献资料中记载一四二任务的合成成果主要是一到十号炸药，实际上一四二任务期间先后合成的新化合物超过百种。

③ 董海山：炸药的热安定性与其分子结构的关系，KFR-4，1963 年。存于化工材料研究所档案室。

人员的导师了。[①]

1964 年下半年，北京工业学院四位本科学生来到西安三所七室做毕业论文，其中一位学生叫邹品环。董海山指导他进行十号炸药奥克托今的生产工艺条件研究，取得了非常好的研究结果。邹品环在毕业论文答辩时得到评委的好评，获得了满分。同时，董海山和李海文一起指导了另一大学生喻仁昌进行了含能粘结剂和含能增塑剂的研究工作，同样由于研究工作出色，在毕业论文答辩时获得了满分。[②]

从 1962 年 4 月开始，董海山作为课题负责人，先后开展了多个新炸药的合成和性能研究、新型含能粘结剂和增塑剂的研究和塑料粘结炸药的配方研究，理论上阐明了硝仿为酸组分的曼尼希反应的机理，发现了伯胺的一种新的反应类型，研究了炸药分子结构与热安定性的关系，并开始思考新炸药设计的能量准则问题。在三年多密集和高强度的研究工作中，他不仅取得了很多重要成果，在科研方法方面也有了新的认识，1965 年年底，他将自己对科研方法的思考总结成一篇文章，从中可以看出，在一四二任务攻关期间，他已经逐渐形成一套自己的科研和工作方法：充分发挥眼耳鼻舌身的作用。他特别指出了自己在塑料粘结炸药配方研究中的教训：因为没有重视配方中发出的气味，从而忽视了配方的安定性问题，造成自己小组研制的塑料粘结炸药配方没有选上。他认为作为一个化学工作者，充分发挥眼耳鼻舌身的作用非常重要。[③]

要重视偶然现象。他认为"偶然现象实际上就是苗头，它是必然的表现，因此偶然现象应当引起我们的重视"，许多看似偶然的现象，实则藏着重大的发现，不能轻易放过。

重视小组内的讨论，要经常挑毛病。"我认为在组内就应形成一个风气，就是在题目讨论会时，组长敢于树立对立面，大家敢于当技术上面的反对派，敢想反面意见，敢提反面问题。"他在文中提到，关于对曼尼希

[①] 详细情况可参见李海文：我与海山一起工作的日日夜夜。2015 年。资料存于采集工程数据库。

[②] 李海文：1964 年董海山院士负责学生论文情况。2015 年。资料存于采集工程数据库。在李海文的回忆中，记录指导的是北京工业学院学生名字"余永昌"，应该是记忆错误。

[③] 董海山：关于如何做好科研工作的一些经验和体会，1965 年。资料存于采集工程数据库。

反应机理的正确阐释，也来自一些专家对他们工作的反对意见，促使他们认真细致地研究了反应机理，结果取得了非常重要的成果。

他还提到在炸药研究中理论研究的重要性。因为在一四二任务攻关时，他也发现了一些同志不太注意理论研究的现象。作为一个目标明确的协作攻关任务，大家肯定最先考虑的是如何尽快完成任务，这也是任务背景和时代背景所决定的。但是，董海山在攻关过程中非常注重和倡导理论工作的重要性，他列举了二号炸药合成的例子，之所以新发展的合成方法使得二号的得率大大提高，也是得益于对曼尼希反应机理的深入研究。

告 别 古 都

1965年6月28日至7月2日，二机部组织在兰州召开了"一四二任务"工作座谈会。中科院西北分院、二机部五局、上海有机所、北京工业学院及九所的代表参加了会议。会议讨论了高能炸药应具备的条件，合成方面的近期任务、新的方向和新的途径，这次座谈会上提出力争在1966年上半年至少合成出一种可用的新型高能炸药，要求其爆速在9300m/s。会上决定西安三所继续开展二号炸药为主的研究工作，兰化所则负责杂环化合物为主的研究工作。实际上在1963年7月召开的一四二第二次会议上，已经提出了合成爆速达9500m/s的能量指标，经过两年的研究，已经表明要达到这一目标是非常困难的。在这期间，董海山已经开始思考理论部门提出的能量指标对炸药合成方向的影响，特别是对于爆速指标的疑问，他期待对指导炸药设计的能量准则问题进行深入的研究，但是一四二任务的时间太紧，核武器设计院急切地希望能用上新的高能炸药，核武器研制基地也盼着他们这批技术骨干能尽快返回青海以充实二二一厂的炸药研制力量。在西安，他已经没有多余的时间来仔细研究能量准则了。他真正着手对炸药能量准则进行研究，已经是十多年以后的事情了。

1965年8月30日，国防工办组织了对三个炸药造型粉配方的鉴定工作，兰化所的 1105 配方被选上。会议决定在八〇五厂进行小批量试生产并供九院使用。这次会议上，国防工办副主任郑汉涛听取了一四二任务的工作汇报，肯定了一四二任务参加单位取得的成绩，给予了表彰，并宣告一四二任务胜利完成。此后不久，九所的大部分科研人员离开西安三所，返回了二二一厂，而董海山、松全才、李常青、李子君等人继续留在西安三所，完成一些收尾工作。

二二一厂地处西北青海，条件恶劣，比不了古都西安，但草原牧歌的意象仍会给未曾到过的人们很多向往。

图 5-4　董海山、李子君和长子董志伟在 "一四二任务" 期间的合影（图片由董海山之子董志伟提供）

1957 年，董海山和同班同学李子君结婚，此时李子君已在北京工业学院担任助教，当年 11 月董海山即远赴苏联留学。1961 年董海山留学归国到九所工作，不到半年，他又奔赴西安参加一四二任务。1962 年 11 月，他们的长子出生。1964 年，李子君调入九所并到西安参加一四二任务，此时，他们全家才算是真正的团聚。自 1957 年起，九年间，他们一家人聚少离多。在古都西安，他们短暂而又非常幸福地团聚在一起，他们憧憬着在西北草原上可以有一个安稳的家，从此可以永远在一起。

1966 年 3 月，董海山一家返回了青海二二一厂。

永远的一四二

1992 年 6 月，绵阳。

历经二十多年后的风雨辗转，一座科学新城坐落在绵阳涪江之畔，九院刚刚迎来了它历史上的第三次重大搬迁，原来北京九所的二室、青海二二一厂第二生产部的炸药研制力量，现在已经演变成中国工程物理研究院化工材料研究所，并且从川北剑门大山深处搬迁到四川绵阳涪江之畔，不过人们还是习惯称其为九院三所。此时的董海山，已经迈入花甲之年。

1992年6月16日至19日，为了纪念一四二任务三十周年，九院三所在四川绵阳科学城召开了纪念大会。当年组织领导和参与了一四二任务的许多老朋友齐聚绵阳，畅谈和回顾往昔的峥嵘岁月。

原北京九所二室的老领导陈能宽作为大会名誉主席参加了纪念大会。兰化所原所长申松昌、金振声、徐康，上海有机所黄耀增所长的代表钱延龙，已更名为西安近代化学研究所的原西安三所的朱春华、吴雄、丁淑瀛，北京工业学院的丁憼、松全才、黄友之和于永忠，北京橡胶研究设计院的程永新，甘肃化工研究院的梁国霖、国遇贤，炸药界的中青年专家冯长根、吕春绪，九院一所的董庆东、陈俊祥，九院三所的李常青、李海文等和一些中青年科技工作者共六十余人参加了纪念大会。时任三所科技委主任的董海山主持了大会。大会出版的纪念文集中[①]，对一四二任务做了如下回顾和评价：

> 一四二任务期间，合成了十几个单质炸药并进行了性能鉴定和筛选，研制了一批塑料粘结炸药。
>
> 与会代表一直认为，一四二任务对我国新炸药这个学科的兴起和发展起了开拓和推动作用，取得了丰硕的成果，培养了大批人才，建立一支炸药合成、分析鉴定、物理及化学性质表征、安全性评定、爆轰性能测试和评价、装药及炸药件机械加工等等学科齐全、技术熟练的队伍。

回顾一四二任务的历史，代表们一致高度评价和肯定各协作单位和单价协作的全体同志从不计较部门或局部利益、团结攻关、大力协同的精

---

① 《纪念一四二任务三十周年及学术报告会议文集》。中国工程物理研究院化工材料研究所，四川绵阳，1992年。

神、恪尽职守。埋头苦干、不计报酬、无私奉献的精神，不畏艰险、为国防科学技术勤奋学习、勇攀高峰的精神。

几天的会议使与会代表们似乎又回到了完成一四二任务的难忘岁月，重温了当年的可贵精神和成功经验。代表们认为在改革开放的今日，当年的可贵精神和经验仍具有积极意义，应该继续发扬光大，以推动我国炸药科学事业的发展。

九所二室的老领导陈能宽院士为纪念一四二任务三十周年欣然赋诗一首：

长安一片月，万户捣衣声。科技催流水，群英会名城。

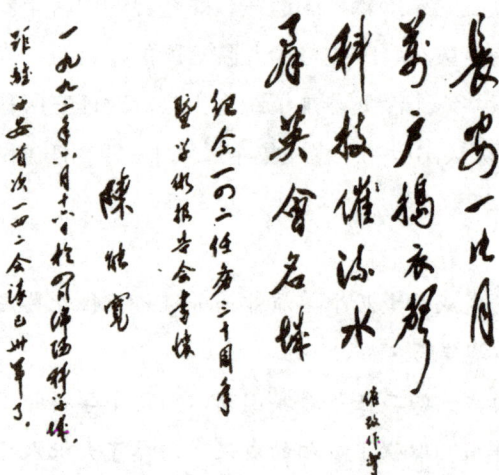

图 5-5　陈能宽院士为"一四二任务"三十周年纪念赋诗的手书原迹（图片由中物院三所提供）

2012 年，朱春华和胡荣祖为纪念一四二任务五十周年和董海山诞辰八十周年，写下了这样一段话，为董海山在一四二任务的贡献做出了历史性评价：①

四年间，董海山博士作为这一研制工作的负责人、学术带头人和领军人物，以他的聪明才智、刻苦、奉献、敬业精神，严谨的学风，高尚的协作风格，留苏掌握的先进技术、经验，成功仿制了一至九号硝仿系高能单质炸药，阐明了以硝仿为酸组分的曼尼希反应机理，发现了伯胺的三硝基乙基 -N- 亚硝基化反应，改进了十号炸药

---

① 朱春华、胡荣祖：追忆董海山院士。《含能材料》，2012，20（5）：513。

的合成工艺，填补了我国研制新型高能单质炸药的空白，促进了以后几十年含能材料合成的发展、高能炸药合成研究室、小型生产试制线的建立，带动了火炸药配方活性添加剂、理化分析、性能测试手段的配套研究，为我国含能材料科学技术和国防建设做出了重要贡献。

随着岁月的流逝，当年参加一四二任务的许多专家已经离去，一四二的往事已经逐渐湮没在时光中，但一四二任务注定要在新中国的火炸药发展史中留下厚重的一页！

第六章
草原烈火

1966年3月，董海山在西安三所完成"一四二任务"收尾工作后，来到了草原，开始了新的征程。至此，距离他从苏联留学归来，已经过去了四年多。四年里，草原发生了巨变，巨变的影响持续而深远；"一四二任务"播下的火种即将洒向草原，它将点燃雄壮艳丽的烈火——无论天空、草原，还是心灵，在这道烈火的映衬下，都会显得那么渺小和脆弱。

熔 铸 辉 煌

我国第一个原子弹研制初期注重的是原理突破，在大的技术方向上选取了较为先进的内爆压缩法，但在若干关键技术方面采取的是较为稳妥可靠的技术路线，在核武器用主炸药和装药工艺的选择上尤为如此，即一开始就选择当时技术上较为成熟的梯黑（梯恩梯与黑索金炸药混合）炸药和熔铸装药工艺。国家决定在青海建设核武器生产试验基地时，也是优先考虑了熔铸装药工房和熔铸工艺设备的配置。

由于董海山到九所不久就接受了"一四二任务"，并于1962年4月到了西安三所，开始了近四年的新型高能炸药攻关工作，他参与第一颗原子弹爆炸试验用炸药研制的时间比较短暂。第一颗原子弹所用的主炸药研制工作，在王淦昌、陈能宽、钱晋、孙维昌、吴永文等人组织领导下，仍然按照熔铸梯黑装药的既定技术路线紧锣密鼓地展开。这项工作，一直从北京长城脚下的十七号工地延伸到了茫茫草原上的二二一厂第二生产部。

1958年，经过中苏专家对比分析，决定将核武器生产与试验基地（即历史上的二二一厂）选址在青海省海晏县。1959年8月，二二一厂动工兴建。按照设计，二二一厂的第二厂区主要承担核武器炸药件生产以及装配任务。二厂区的主要工房有炸药熔铸、炸药压装、炸药加工、炸药检测、装配、理化分析、机修车间和库房等。

九所二室副主任孙维昌等七人于1961年年底最先到达二二一厂工地。1962年11月，二二一工程主体及配套项目基本完工，同年12月，九所二室副主任吴永文带领二室科研人员五十七人先期抵达二二一厂。1963年3月，苏耀先带领爆轰测试、炸药部件研制人员共一百八十人开赴二二一厂，与先期抵达的二场区的化工队合并组建实验部七室，远在西安组织领导"一四二任务"的钱晋被调回，担任主任。1963年12月初，二二一厂成立第二生产部（简称"二生部"，即后来九院三所的前身），钱晋任部主任，吴永文、孙维昌、蔡抱真、王忠英任副主任。随后，国家为加快原子弹研究和核试验进程，又从全国选调一百二十六名科研骨干和一百四十八名技术工人加入二二一厂，至此二二一厂已经初具规模，理论、实验、设计、生产各方人才齐聚，草原大会战格局已经形成，第二生产部的炸药部件研制也即将取得重要突破。

1962年2月28日，第二生产部浇铸出二二一厂第一个梯黑炸药试件，并于12月31日成功进行了第一次爆轰试验，号称"草原第一炮"，这是西北核武器试验基地具有历史意义的一炮。1963年，第二生产部采用新的装药工艺，生产出密度均匀性优良的梯黑炸药缩比部件，并成功用于当年的爆轰试验。1964年4月，第二生产部生产出理论设计所需的全尺寸炸药部件并成功用于爆轰试验，至此，距离我国第一次核试验所要求的炸药部件，只有一步之遥。1964年8月，第二生产部依据新工艺生产了全真全尺寸炸药部件并装配完毕，10 月运抵新疆试验场。1964 年 10 月 16 日，代号为"五九六"的我国第一颗原子弹爆炸成功。

第二生产部的科技人员和技术工人，通过艰苦卓绝的努力，突破了大尺寸熔铸装药的一个个技术难题，研制出合格的炸药球，在五九六核装置中完成了历史性的"快速装配"任务，为我国第一颗原子弹的成功爆炸"熔铸"了功勋！比起震撼寰球、激荡天际的第一次核弹巨响，包裹在核燃料外、由数百公斤梯黑主炸药球发出的爆轰鸣响，则显得微弱渺小，大概很少有人意识到点燃核裂变之前还有这么一缕一闪而过的初火和鸣响。不过，对这缕初火，第二生产部的人是知道的，远在西安参加"一四二任务"的高能炸药的先驱者们是知道的，董海山是知道的——"一四二任务"研制的一系列新型高能炸药，也将在草原上催生和释放出更加巨大的能量。

我国第一个原子弹爆炸成功后，核武器研究所就在中央的指示下，组织力量开始氢弹的研制，而氢弹的理论工作更是在首次核试验成功之前已经开始前期探索。早在 1960 年年末，二机部领导即提出，氢弹的理论探索工作可以由原子能研究所先行探索，当年原子能研究所即成立了"中子物理领导小组"，由钱三强主持，组织了黄祖洽、于敏等人进行热核材料性能和热核反应机理的理论研究。1964 年 10 月，在第一个原子弹爆炸成功后，九所马上安排一部分理论工作者开始氢弹的理论研究。1965 年 1 月，二机部将原子能研究所的氢弹理论小组合并到九所。1965 年 2 月，九所制订了氢弹理论探索研究计划，确定第一步突破氢弹原理，第二步力争在 1968 年前实现首次氢弹试验。1965 年 9 月，于敏带领的小组通过理论计算和分析，发现了自持热核反应的技术关键。1965 年 12 月，二机部召开了 1966 年到 1967 年两年科研规划会议，对氢弹理论设计和原理试验方案的制定进行了部署，会上还决定，设计中尽可能采用已有的部件和已成熟的技术。

根据二机部的规划，"一四二任务"攻关研制的新型高能炸药在氢弹原理试验中还不会投入使用。为稳妥起见，氢弹原理试验以及第一颗氢弹爆炸，仍将使用二二一厂为第一颗原子弹试爆而研制的熔铸炸药部件，因此1966 年和 1967 年，二生部的主要力量还是生产熔铸炸药部件，确保氢弹原理试验取得突破、确保第一颗全当量氢弹爆炸成功。

原子弹和氢弹要成为具有实际运用的战略武器，需要减少核弹头的重量。特别是采用导弹运载的核弹头，体积和重量要大幅度降低，才具有远程投送的可能，而导弹发射所经历的恶劣环境对核弹头的环境适应力、安全性和可靠性都提出了非常严格的技术要求。在氢弹武器化设计的技术条件下，熔铸炸药部件的缺点显得非常突出。尽管熔铸炸药在原子弹、氢弹的原理突破中铸就了辉煌，但是随着技术的进步，它注定将淡出核武器主炸药的舞台，压装型的塑料粘结炸药将成为新的主角。"一四二任务"攻关的成果即将进入核武器设计的新舞台中央。

第一个 PBX 的改性

1966 年 3 月，完成了西安的协作任务后，董海山回到了青海二二一厂第二生产部。经过西安三所近四年的密集研究历练后，董海山在炸药合成方和混合炸药配方研究方面已经积累了相当丰富的经验，但是二二一厂的任务定位决定了他不可能一心一意搞炸药合成研究。

六十年代初，二二一厂第二生产部的主要构成是：二〇一车间，从事炸药熔铸成型工艺研究，裴兆麟担任主任；二〇三车间，主要进行炸药检测，由刘振东负责；二〇九车间，进行炸药压装成型研究，由左汝良负责；二一八车间主要进行炸药理化分析，由赵瑞禾任主任；另外还设有二二〇机修车间，二二九炸药机械加工车间，分别由张从恩和程惠纯任主任，第二生产部的部主任则由钱晋担任。第二生产部没有专门从事炸药合成研究的科室，从西安返回二二一厂后，董海山被分配到了二一八车间，从事理化分析工作，而李子君则分配到了二〇九车间，从事炸药压装工作。

1965 年经过在西安的配方鉴定选型，确定了兰化所研制的 1105 配方将作为氢弹上第一个使用的塑料粘结炸药配方，之后，五机部所属八〇五厂就开始生产 1105 配方的造型粉，生产后的造型粉原料陆续运抵二二一厂

第二生产部。1966年3月，二〇九车间开始压制1105配方的大型药柱。

压制成型的塑料粘结炸药相比熔铸炸药具有更高的密度、更高的力学强度和更高能量等优点。但是在炸药压制中有许多不同于熔铸装药工艺的技术难题，其中一个难题就是压制成型后坯件的力学稳定性问题。对于第二生产部二〇九车间的从事压装工艺研究的技术员们来说，比起二〇一熔铸车间的同行，他们在大型药柱的压装技术方面可谓是从零开始，即便是1965年在西安那次名家云集的配方鉴定会上，大家也未曾料到1105配方在实际应用中将面临的重大难题。

八〇五厂生产的1105塑料粘结炸药配方的造型粉颗粒原料，要制作成核武器所需的炸药部件结构，还得利用油压机压制成型，因此严格意义说，光是造型粉颗粒原料，还算不上是可用的塑料粘结炸药。

压制成型过程中，经过一定升温处理的造型粉颗粒堆积在钢制模具中，在油压机的压力作用下，推动钢制模具中的冲头挤压造型粉颗粒，造型粉颗粒发生弹塑性变形并通过粘结剂牢牢地粘接在一起。当达到需要的密度水平时，停止压制，原来的造型粉颗粒变成和钢模内腔形状一致的圆柱形坯件，俗称"炸药饼子"或药柱，药柱冷却并退出模具后就可以进一步进行机械加工，制造出能产生特定爆轰波形的炸药部件。但是，这个"药饼子"可不那么听话，经常发生的问题就是裂纹，严重时，饼子完全开裂成几块，无法进行后续机械加工。

1966年3月，二〇九车间开始压制1105时，药柱中就出现了裂纹，而且药柱中的裂纹还随着存放时间继续发展，根本无法进行后续的机械加工。对二〇九车间的技术员来讲，裂纹问题是他们碰到的最新、也是最棘手的问题。尽管二〇九车间的技术员早在北京十七号工地时就进行了炸药压装工艺的研究，但只是在小吨位的油压机上进行过初步探索，直到1965年2月，二二一厂二期工程中的压制工房建成，才配置有两千吨大型油压机，而对第一个塑料粘结炸药部件的尺寸与密度要求决定了必须在两千吨大型油压机上进行压制成型，而此时的二〇九车间，并没有多少大型炸药件压制方面的技术经验和积累。

1965年国防工办在西安组织首个核武器用粘结炸药的选型和鉴定，主要是针对配方的爆轰性能、感度特性以及安定性等指标来确定，主要性能测试所用的试样，都是来自小型压机压制成型的塑料粘结炸药，大家并没有意识到炸药造型粉颗粒的成型性能。从工艺流程看，压装装药工艺也比熔铸装药工艺要简单，殊不知，能否用到核武器上，大型药柱的成型质量将最终决定塑料粘结炸药配方的命运。

我国第一个用于核武器的塑料粘结炸药配方，正面临夭折的命运！

1966 年，董海山回到二二一厂二一八理化分析车间，而实际可以承担的分析任务并不多。二二一厂当时能使用的炸药种类少，而熔铸炸药配方和制造工艺经历"五九六"和后续的几次核试验后，已经基本固化了工艺流程，核武器、特别是氢弹的设计师们一直盼着更高能量的炸药能够研制成功和运用，但是鉴于中央要求氢弹试验要加快的指示，氢弹的原理性试验是等不了塑料粘结炸药了。1966 年 5 月，含有热核材料的原子弹试验成功，为氢弹设计提供了重要的数据；1966 年 12 月 18 日，我国再次进行了氢弹的新原理试验并明确了氢弹理论方案；1967 年 6 月 17 日，我国的第一颗氢弹爆炸试验成功。基于我国当时的高能炸药研制水平，这几次事关氢弹原理突破的试验，只能使用原子弹爆炸试验所用过的熔铸梯黑炸药，塑料粘结炸药仍是横亘在我国氢弹武器化大门前的一座大山。

经历了一四二高强度、密集型的攻关锤炼，"再快也不算快"的执着奋斗理念已经根植于董海山心中，二一八车间稍显"轻松"的工作岂能熄灭他心中的执念。1105 塑料粘结炸药发生的裂纹问题，他已有所闻，而且李子君此时也恰好在二〇九车间从事压装工艺研究。实际上在整个第二生产部，董海山是最熟悉 1105 配方特性的人，1965 年 3 月配方鉴定和选型失利的情形，他历历在目，而这一次他将出手，挽救 1105。

董海山没有闲着，先从理论上分析装药裂纹的原因。他发现是装药的内应力大于其抗拉强度，而内应力主要由热应力和回弹性组成，裂纹主要是由于在造型粉颗粒表面之间粘结不牢，致使其抗拉强度低。董海山思索后认为，为了减少热应力和回弹力，应增加造型粉的塑形、降低装药的弹性模量，同时为了提高抗拉强度，应在 1105 造型粉外面包覆一层粘结能力强的粘结剂。[1]

这一段关于董海山对药柱压制裂纹原因的理论分析，是国内解决压装炸药裂纹问题的最早探索，牢牢把握住了裂纹形成的内因和外因。另外，在 1105 的改性中，董海山还添加了微量的 TNT 作为含能增塑剂以改善压制颗粒的流动和塑形变形。

炸药造型粉颗粒压制结束后形成了圆柱坯料，尽管卸掉了压力，但是由于炸药颗粒具有一定的弹性后效特性，压制成型的"药饼子"的弹性变形要恢复，即要发生"回弹"，另外，压制的造型粉颗粒是在一定温度下进行的，药饼子从压机的钢质模具取出后，温度环境会发生变化，药饼子内就有热应力产生，在回弹和热应力作用下，如果应力超过炸药的抗拉强度，就会引起裂纹，这是出现裂纹的外因。而内因则是造型粉表面粘结不牢，"药饼子"自身的抗拉强度不高。董海山在 1966 年形成的分析思路对于认识压制药柱出现裂纹的原因，并寻找解决裂纹问题的技术途径具有普适性的指导意义，他顺着这个思路，找到了解决办法。而在一四二会战中，参加我国第一个塑料粘结炸药配方"比选"的经验以及其他小组的攻关成果和信息，也给他解决 1105 的裂纹问题提供了重要的启示和帮助。

在董海山提出的思路引导下，董海山、王淑明、孙占顺等人对八〇五厂生产的 1105 造型粉进行了改性。1967 年，孙占顺、李子君等人在二〇九车间的二百吨的压机上探索了改性 1105 造型粉的压制工艺。随后，二〇九车间的技术员们乘胜追击，当年即在两千吨大型油压机上取得了突破性进展，获得了没有开裂的大型药柱。1105 的改性研究取得成功，改性后的配方并被命名为"G-1105"，也称为"改性 1105"。"改性 1105"随即在 1968 年的氢弹国家试验中得到成功运用。

2003 年 5 月 29 日，董海山在写给同学、一四二会战的"战友"徐更光院士的书信中，谦虚地回顾了改性 1105 的研制技术思路：

---

[1] 于勇:《20 世纪中国知名科学家学术成就概览——化工、冶金与材料工程卷》，董海山卷。科学出版社，2015 年，第 392-400 页。

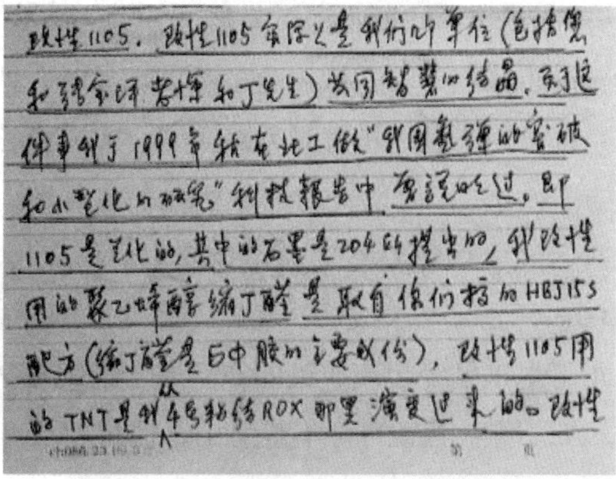

改性 1105 实际上是我们几个单位（包括您和张宝坪、老恽[1] 和丁先生[2]）共同智慧的结晶。关于这件事我于 1999 年在北工做"我国氢弹的突破和小型化的研究"科技报告中曾说明过。即 1105 是兰化的，其中的石墨是二〇四所提出来的，我改

图 6-1 董海山写给徐更光院士的信（2003 年。信中回顾了自己的主要技术贡献，包括 1105 改性的技术路线和思路）

性用的聚乙烯醇缩丁醛是取自你们搞的 HBJ153（缩丁醛是胶的主要成分），改性 1105 用的 TNT 是我从四号粘结 RDX 那里演变过来的。

信件文字中提到的"几家合作单位"，就是二机部为了确保快速突破塑料粘结炸药而集结的三个课题组的所属单位。

就这样，在 1105 炸药的改性研究中，董海山集成了几家合作单位的工作经验和成果，研制成功了 G-1105 配方，用于第一个重要型号武器中。"改性 1105"是新中国核武器上使用的第一个塑料粘结炸药，也是新中国火炸药领域实际投入使用的第一个塑料粘结炸药，具有里程碑式的历史意义。

改性 1105 的成功运用，为我国氢弹武器化设计起到了巨大的推动作用。以改性 1105 压装型炸药研制成功为起点，二〇九车间的技术员以及随后转战到四川九〇二地区的九院三所的技术员们，在压装技术上取得了一个个技术突破。改性 1105 的运用，标志着我国核武器主炸药从此进入了压装型塑料粘结炸药的时代，标志着"一四二任务"的成果之一在核武器设计中得到了首次运用。

---

[1] 恽寿榕。
[2] 丁儆。

1978 年的全国科学大会上，"改性 1105"炸药荣获全国科学大会奖，董海山荣列第一，做出这项重要贡献时，他刚刚三十五岁，距离他初到北京九所，不过六年时光，距离"一四二任务"结束不到两年。1965 年的配方"比选"，他设计的配方落选了，但是，历史选择了有了准备的人，这次，他成功了。不过对于执念于"再快也不算快"的青年董海山，改性 1105 只是又一个成功的起点。按照这样的成功节奏走下去，假如没有 1966 年下半年已经起声、迅即在草原上越刮越猛、持续数年、彻骨入髓的"寒风"，风华正茂的青年董海山，他将取得多大的成就啊！可惜，历史不容"假如"，董海山将迎面于寒风和烈火。前方的路途，无人可以预测，而"一四二任务"播下的火种，还将点燃更猛的烈火。

再向朱光亚汇报

"改性 1105"使用的主体炸药是黑索金，能量水平还不够高，而理论部希望使用更高能量水平的炸药。"一四二任务"攻关中，已经研制出了一系列的新型单质高能炸药，核武器设计的下一步将面临如何选择和使用新型高能炸药的问题。1965 年 9 月"一四二任务"正式宣布结束后，全国参加协作攻关任务的科研人员又各自回到原单位，九所又面临如何提出新炸药研制需求、如何与国内的炸药研制机构继续进行协作的问题。鉴于此，作为"一四二任务"的主要推动者的朱光亚，在 1966 年 10 月安排董海山等人到西安三所、兰化所等地调研新炸药研制情况。调研期间，董海山与曾经一起工作的同事和朋友们交流，了解了"一四二任务"结束以来几个研究所的炸药研究现状和存在的问题，他也对当时炸药研究的状况和发展方向做了深入思考。当年 11 月，董海山专程到北京九所向朱光亚进行了口头汇报，回到二二一厂之后，董海山又撰写了一份书面报告——"高能炸药研究的进展情况和存在的问题"，呈送给朱光亚。

在董海山的报告中，他向朱光亚汇报了西安三所和兰化所近一年来的主要研究成果：两个研究所对十号炸药和二号炸药比较重视，西安三所通过特殊渠道获得美军在越战中使用的响尾蛇导弹装药，表明美军已经在常规战斗部中使用了十号炸药奥克托今，西安三所也仿制了这个装药配方。

围绕九院的需求，西安三所开始研制爆速为9000m/s的塑料粘结炸药配方，主要使用二号炸药为主体炸药，配方的爆速接近9000m/s。分析西安三所的配方，董海山认为其热安定性存在问题。而兰化所的配方路线是选用十号炸药奥克托今，配方的爆速也接近9000m/s，但是董海山认为兰化所的配方和1105一样，成型性能不好，裂纹问题和密度问题不好解决。

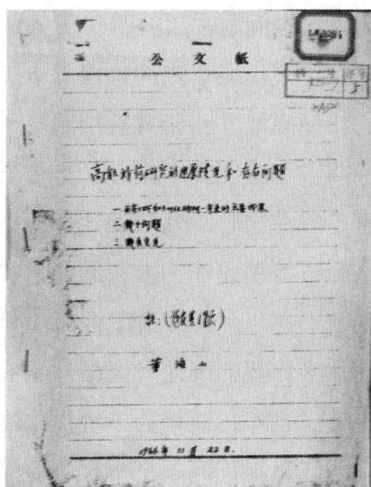

图6-2 写给朱光亚的报告封面（报告总结了自"一四二任务"结束近两年来，几个协作单位在高能炸药的研制方面的情况和存在的问题。图片由中物院三所提供）

在高能炸药生产方面，董海山了解到兵器部已经建立了生产线，具备生产二号、三号和四号炸药的能力。对于十号炸药，西安三所和兰化所都非常重视，两家都在建立生产线。因此，"一四二任务"合成的这几种新型高能炸药都具备大规模运用的条件了。

在单质炸药合成方面，"一四二任务"结束后不久，兰化所又取得了很大成绩。兰化所合成出三个爆速为9200m/s左右的新炸药，三个炸药的晶体密度都超过了 $1.9g/cm^{-3}$，其中一个炸药的密度甚至接近于 $2g/cm^{-3}$。西安三所也合成出一个密度超过 $1.92g/cm^{-3}$、爆速接近9300m/s的新单质炸药。他还了解到，西安三所在新设计的雷管上使用了二号炸药。

董海山提供的这些信息，对于九院在新型高能炸药选择和运用决策方面起到了非常重要的作用，特别是为二号炸药和十号炸药的运用提供了决策支撑。

在这份报告中，董海山还针对高能炸药研制存在的问题做了总结，并表示了一定担忧：第一个问题就是牵引高能炸药研制方向的能量准则问题，这个问题在"一四二任务"攻关期间，就已经引起了董海山的思考。

新型高能炸药的直接需求来自九院、来自核武器，西安三所和兰化所的新型高能炸药研究直接服务于九院，因此，九院提出的高能炸药设计指标或者能量准则（指标）直接影响这两个研究所高能炸药研制方向和研制重点。在当时，九院理论部一直把爆速作为炸药的唯一能量指标。董海山认为，将爆速作为唯一的能量指标，导致协作单位的炸药研究走到了"错误的道路"。董海山在报告中指出，爆压也是一个非常重要的能量指标，而许多炸药的爆速和爆压并不完全一致：有些爆速高的炸药，爆压并不一定高。当然，他认为单纯提爆压也不好作为炸药设计的能量指标。他认为炸药能量指标问题是个相当复杂的问题，而将爆速作为唯一指标，造成协作单位放弃了一些值得探索的炸药设计方向和合成方法，甚为可惜。对于从事新型炸药合成研究的队伍现状，他也表达了担忧。

> 在（西安）三所和兰州化物所对炸药合成力量大大削弱了，三所只剩八人，兰州化物所只剩十二人，而绝大部分技术力量调去搞 HMX 的生产研究了……由于 HMX 的生产工艺已基本定型，已无很多研究工作，如果只用一家去搞生产，另一家把人力去加强合成工作，这对我们的事业的发展才有好处。[①]

这份报告还对协作单位之间的合作，协作单位与九院的关系做了汇报，对九院将来应该开展的工作，包括对造型粉性能指标、能量指标、热安定性和感度指标的提法都提出了很好的研究建议。他建议九院有关单位把各种指标问题作为主要研究课题之一，以便使得协作单位的科研工作方向正确、目标清楚、方法对头，保证我们事业能迅速发展。

董海山在报告最后也提到高能炸药研究到使用的周期太长了：

> 从 1962 年 4 月 21 日一四二（一）会议至今已近五年，但使用的

---

① 董海山：高能炸药研究的进展情况和存在问题，KZF-7，1966 年 11 月 22 日。存于化材所档案室。

仍然是特格（梯黑）炸药，这种速度和我国国防建设的要求很不适应……现在是用高能炸药尽快取代特格的时候了！

为了确保氢弹原理试验的成功和第一颗全当量氢弹爆炸成功，为了稳妥起见，氢弹研制的决策者们在高能炸药的运用方面还是采取了较为稳妥审慎的技术途径。1968 年改性 1105 在国家试验中成功运用，表明在核武器中运用塑料粘结炸药的关键技术已经取得突破，新型高能炸药的运用条件已经具备，距离实际运用的时间已经不远了。

二 号 出 场

改性 1105 取得了成功，但是这个配方并不是核武器设计部门心中的理想炸药。核武器设计部门钟情更高能量的炸药、倾向更高爆速的炸药，而改性 1105 是以黑索金炸药为主体炸药的塑料粘结炸药，还只是第一代塑料粘结炸药中较为初级的配方，这也是"一四二任务"开初研制塑料粘结炸药时就基本确定的配方，因为在当时，核武器理论设计部门在主体炸药方面并没有多少选择。

上一章已经记述，"一四二任务"的第二年，即 1963 年，以董海山为技术领头的科研人员就合成出了一号、二号、三号、四号、五号、六号等单质炸药并测试了性能数据。1963 年 7 月召开的一四二（二）会议上，与会专家普遍认为二号、三号和四号炸药性能较好，其中董海山合成的二号炸药被特别看好，并确定了在泸州的二五五厂筹建二号炸药的生产线，以提供批量的单质炸药供核武器研制单位使用。随后，董海山等人又围绕二号炸药的合成工艺改进和性能测试进行了大量的研究和改进工作。二号炸药在"一四二任务"结束时，已经具备了工程应用的基本条件。

当改性 1105 配方在 1968 年的国家试验中取得成功、理论部对氢弹原理已经成竹在胸、二○九车间的压装技术条件和技术水平取得了较大进展后，研制更高能量的塑料粘结炸药就已水到渠成。二号炸药该出场了！此时，时间已经到了 1969 年。

令人痛惜的是，始于 1966 年的运动之风已经刮向全中国，远离政治中心北京的西北核武器研制基地也不能幸免，及至 1969 年，西北核武器研制基地的运动之风已达癫狂暴怒之态，其凶狠野蛮，大有吹灭赤子心中的雄雄烈火之势。

幸运的是，即便在非常困难的时期，核武器研制的步伐也没有完全停止。1969 年，中央批准了两次非常重要的核试验，两次试验都安排在国庆二十周年庆祝前夕。这两次核试验，无论从技术突破上，还是政治意义上，都非同凡响。1969 年 9 月 23 日的核试验是我国的进行的第一次地下核试验，而紧接着在 9 月 29 日进行的"国庆献礼"核试验中，理论部已经决定使用二号炸药。

根据新的氢弹理论设计方案，炸药能量必须进一步提高。1968 年，朱光亚、王淦昌和郭永怀要求第二生产部组织人员再去西安三所和兰化所调研高能炸药。调研后的结论认为当时我国新合成的炸药中，二号炸药的能量最高，综合性能最佳，而且在泸州的二五五厂已经建立了生产线，研制以二号炸药为主的塑料粘结炸药的条件已经具备。二生部决定与西安三所、兰化所合作，研制以二号炸药为基的塑料粘结炸药。不过，为了稳妥起见，二生部一方面派遣付永乐、唐海涛、王志伟等人到兰化所参加研制工作，另一方面组织人员在二生部开展研制。这一次，研制任务的重担又落在了董海山身上。

此时的二二一厂，已经遭到"文化大革命"运动的严重破坏。

"文化大革命"初期，全国范围的夺权风已经波及九院各个地区和单位。在此严峻时刻，毛泽东、周恩来等领导人对九院采取了一系列的保护措施。为稳定核工业的局面，保证核工业建设和核武器研制能够按照原定计划进行，从 1967 年 3 月到 11 月，毛泽东、周恩来、叶剑英、聂荣臻等中央领导人，向核工业主要生产厂、研究所、建设工地签发了二十二份电报，其中周恩来签发了十一份。电报均明确指出，核工业系统单位的"'文化大革命'只能在业余时间进行"。同年 6 月底到 8 月中旬，中央分三次派出调查组，到酒泉原子能联合企业和西北核武器研制基地了解情况，维持正常生产。

但是，由于极"左"思潮冲击，二二一厂还是于 1967 年间 7 月和 8 月发生了两次派性大武斗，职工队伍一片混乱。1969 年 1 月，二二一厂开展了所谓"清理阶级队伍"运动，许多领导干部和技术员开始受到迫害，董海山未能幸免，被列为控制使用对象。

董海山接到研制以二号炸药为主体的塑料粘结炸药的任务时已经是 1969 年的 6 月，距离预定向国庆献礼的核试验时间只有三个月了。尽管他在改性 1105 上取得了成功，但是二生部在塑料粘结炸药的研制条件方面仍然非常简陋，许多工艺步骤仍需手工操作。作为亲手合成了二号炸药的董海山，他完全了解二号炸药的脾气。二号炸药在一四二攻关中合成出来的一系列单质炸药中，能量水平高，综合性能相对较好，但是感度仍然很高，具有很高的危险性。在 1969 年那样一个混乱的政治气候下，要在短短三个月中，通过几乎是手工操作的方式，研制出合格的塑料粘结炸药配方，其难度和安全风险之高，可想而知。

但只要让他为国家工作，对他来说就是最大的满足。因此，他毅然承担了这项任务。为了抢时间，他的工作组打破在海拔三千二百米的高原不倒三班的常规，实行了三班制。他是负责人，为了及时掌握研究情况，一班、二班他都参加，三班是辅助工作也基本由他包了，一些危险操作，他都尽量自己去做，他站在远离同志们的地方，用擀面杖慢慢地把炸药碾碎。他在实验室吃、住，每天睡眠和休息仅四五个小时。他的身体非常劳累，但研究工作的每一点进展，对他都是极大的心理安慰，都使他内心萌发难以表达的喜悦。

二号炸药的配方体系，借鉴了改性 1105 的成功经验，也借鉴了兰化所的经验，与 1105 配方一样使用了相同的粘结剂——聚乙烯醇缩丁醛，并使用了复合钝感剂降感思路。经过不到 100 天的奋战，董海山小组获得了二号炸药的第一个塑料粘结炸药的配方，参加了 1969 年 9 月 29 日的国家试验，获得了成功。以二号炸药为主体研制出的塑料粘结炸药配方，感度仍然很高，后来，第二生产部陆续对二号炸药的配方进行了改进，改进配方也参加了国家试验。

到 1969 年，董海山已经在两个塑料粘结炸药配方，即改性 1105 和二号炸药配方研制上取得了成功。但是在历史的巨大旋涡中、在草原的癫狂风暴眼中，艰辛获得的技术成果却成了罗织莫须有罪名的由头，接踵而至的迫害给董海山、给第二生产部带来了残酷的打击和损失。

早在六十年代初，由于国际形势的变化，中央出于战略上的考虑，决定对我国国防工业布局进行调整。鉴于二二一厂位置过于暴露，二机部根据中央战略决策，决定在三线地区建设新的核武器研制基地，地址选择在川北一带，即九〇二地区。根据战略考虑，新的研制基地将分散建设，原来研制炸药的二生部将以新的面貌呈现。二生部的带头人钱晋主任带领主要骨干，为未来九〇二地区的三所描绘了蓝图。我国的核武器研制基地面临第二次重大转移，西北核武器试验基地二二一厂的许多人，也将面临人生命运的又一次转变。

1965 年 5 月九〇二选址确定，8 月成立工程建设指挥部，1966 年 9 月下旬，九〇二地区新三所的主要工房的主体工程已经完成，1967 年 6 月，九〇二地区召开生产准备会，核武器用炸药生产研制基地已经具备使用条件，不过由于"文化大革命"运动的干扰，一直到 1969 年 9 月，九〇二地区三所的熔铸、压装生产线才建成，准备迎接二二一厂的搬迁过渡。而此时的二二一厂，已经是一片混乱。

1969 年，林彪插手核工业，指示核工业设施要尽快战略搬迁，此时的二二一厂已经实行军管，第二生产部的主任钱晋已经被打倒，二生部的顶头上司是军委办事组黄永胜的亲信赵启民、赵登程（简称"二赵"）。在此环境下，二二一厂管理混乱、人心浮动、作业失序。1969 年年底，二生部二二九车间在加工炸药球时发生爆炸事故，造成现场几名人员死亡。1970 年 9 月 13 日，二二九车间又发生了一起更严重的爆炸伤亡事故。

火炸药研制和生产是一个高度危险的工作，在世界各国火炸药研制和生产过程中也发生了不少伤亡事故，但是随着人们对炸药特性的逐渐认识并制定出一系列严格的安全管控制度后，在现代的火炸药研制和生产中，伤亡事故已经大幅度下降。但是六十年代后期和七十年代初期，二生部和九〇二地区的三所连续发生了几起严重的炸药爆炸伤亡事故，足见当时混乱的管理状况。

1969年年末的爆炸事故导致二生部的职工一个个被隔离审查，许多人被投入私设的监狱，受尽非人的折磨。1970年4月，二生部主任钱晋被折磨致死。董海山也被关进监狱，受尽折磨，几乎致死。他在二赵的监狱里面被关了将近两年，直到1971年年底才被放出来。在监狱中，他万万没想到的是，远在千里之外、先期过渡到九〇二地区新三所的李子君也受到了非人的折磨，已含恨离世，两个幼小的儿子被遣送回农村。此时的董海山，已经是家破人亡，此时的二二一厂和九〇二地区，满目疮痍。

1971年的董海山，不到四十岁，虽经历过一四二会战、改性1105的成功研制和二号炸药的成功运用，但曾经的赤诚之心却受到了残酷的打击，身心疲惫的他面临着新的抉择。

抉 择

二二一厂经过"二赵"一伙人的浩劫后，人心思变，特别是"二赵"等军管干部在决定二二一厂向四川九〇二地区过渡的人选时，由于执行极"左"路线，造成了二生部技术人员大量流失。军管干部认为政治条件好的二百多人，于1969年9月开始向九〇二地区过渡，认为没有大的政治问题的留在二生部，而认为有问题的一百多人，则要等待调出九院，而这一百多号有"各种问题"的人员中，大部分是技术人员，许多都是二生部的技术骨干。

先期来到二生部的二百多人，技术力量薄弱，加之九〇二地区也是运动不断，新三所的科研生产无法正常进行。三所本来有一次很好的机会充实技术力量①，但是也被当时的主要领导给排除了。一批有才华的火炸药

---

① 1970年，中央为了弥补九院三所炸药研制力量的不足，决定将中科院兰州化学物理研究所（兰化所）研究高能炸药的一百五十余人调入九院三所，其中就包括参加了"一四二任务"的炸药专家于永忠，但是当时三所的极"左"当权派以种种政治审查理由阻挠，致使当中的大部分人无法进入三所。

技术骨干流失，以至于三所很长一段时间都不具备独立研制高能炸药的能力，仍需要依靠兰化所研制。

历经二赵之流的惨痛浩劫之后，许多同事纷纷要求调离核武器研究院。此时的董海山，在国内的火炸药界已经有一定的知名度，特别是在他曾经合作的火炸药研究机构和大学里面，大家都了解和欣赏他的才华。得知他的境遇后，许多单位都对董海山发来邀请，欢迎他去工作。此时的他，由于两年的审查折磨，身体已经极度虚弱，组织安排他去北京治病疗养。面对新的抉择，董海山最终还是选择了留在核武器研究院。1973 年新年，董海山还在北京治病疗养，他给同事和友人李海文写了一封信，表露了他当时的心声：

> 经历一年的疗养，我的身体除风湿症没好，别的毛病都好了。当然经过二赵的摧残大伤了身体的元气，但是最近看来，还是有希望恢复健康的，我也是尽力盼望早日康复并殷切等待彻底解决九院的问题，以便重返工作岗位和老同志并肩战斗！①

1973 年 3 月 10 日，中央在京召开九院"批林整风"会议，对二赵进行清算，形成"北京会议纪要"。九院的冤假错案得以纠正，董海山也得到平反，恢复了名誉和工作。其间，他来到四川九〇二地区，处理了李子君的后事。随后，董海山返回河北滦县老家，在老家的横山上找好了一块墓地，安葬好李子君的骨灰。在亲人的墓地旁，他也为自己备好了归宿。

1975 年 5 月，董海山从二二一厂来到位于川北大山深处的新核武器研制基地的第三研究所②，此时他已四十四岁，而他学术生涯中更加辉煌的后半段旅程才刚刚开始。

---

① 董海山：致李海文关于自己近期身体情况及盼望重返工作岗位的信，1973 年，资料存于采集工程数据库。
② 即九院三所。

第七章
蜀山剑门

1975 年 5 月，董海山经过草原的炼狱之苦、丧妻之痛和抉择之难后，奔赴迁往四川的核武器研制基地九院，进入川北崇山峻岭的新三所。新的核武器基地是我国"大三线建设"的重要布局，张爱萍将军亲自选址，将基地定于剑门山脉之中。剑门山脉为龙门山支脉，横亘于广元市昭化区和剑阁县北境，东南绵延数百里，这里群峰突兀，山涛云海。主峰大剑山，峰如剑插，石壁横亘，森若城郭，峭壁中断，两崖对峙，一线中通，形似大门，故称"剑门"，自古即为秦蜀交通咽喉。在经历动荡后逐渐归于平静的九院三所里，董海山又重新迸发出能量，为炸药家族的多元化发展继续贡献出智慧和力量。

谋　划

1970 年 3 月至 1973 年 3 月整整三年时间是董海山一生难以忘怀的梦魇。在这期间，董海山的身体一度处于崩溃的边缘，不得不治疗病休。对于一直秉承"再快也不算快"理念的董海山来说，这三年宝贵的时光无疑是被命运无情地剥夺了，他感到异常心疼和遗憾。"用这么多时间，可以做多少实验，搞多少研究，进行多少探索啊！"[①]因此，1975年5月来到位于蜀山剑门的九院三所后，董海山兴致勃勃地找到领导要求立即开展研究工作，领导却告诉他暂时还没有指令性研究课题。这无情的现实无疑又当头给董海山浇了一盆冷水。所幸，这盆冷水并没有浇灭董海山的工作热情，反而使他沉静下来，化茧成蝶，最终被造就成了我国含能材料领域的一名战略科学家。

其时，二十世纪七十年代正处于"文化大革命"后期，而在"文化大革命"伊始，全国的夺权、武斗、停产也曾一度波及核工业，所幸毛泽东、周恩来、叶剑英、聂荣臻等国家领导人对核工业采取了一系列保护措施，才避免了灾难性后果。他们向核工业主要生产厂、研究所、建设工地签发了二十二份电报，明确指出，这些单位的"文化大革命"只能在业余时间进行，各个群众组织必须"按行政单位调整改组""不准夺权""不准停产""不准串联""不准武斗""保证工厂绝对安全，保证工厂稳定生产"[②]。从事核工业的九院因其特殊性更加受到中央领导的保护，其组织机构和运行细胞并未遭到毁灭性破坏，围绕国家试验的相关工作基本还在有序运行。然而，"文化大革命"对核武器的事业仍然造成了干扰和破坏，核武器的研究工作虽然一直没有停顿，但"清查"、批斗，使广大科技人员的积极性遭到极大的压抑，影响了工作的进行。[③]比如，关系核武器事业发展的基础研究就基本处于停滞状态。在"文化大革命"中饱受磨难的董海山清楚地认识到这个虽然恢复了工作次序却无研究课题可做的现实，对此感到很无奈。是消极地等待，还是积极地作为，这样的思想斗争在董海山的脑海频频闪现。然而，经历了古都会战和草原烈火峥嵘岁月洗礼的董海山注定是不甘寂寞的，他很快就梳理出了今后的工作方向。那就是一方

---

① 干勇：《20世纪中国知名科学家学术成就概览·化工、冶金与材料工程卷·材料科学与工程分册》。科学出版社，2015年，第392-400页。

② 李觉、雷荣天、李毅等主编：《当代中国的核工业》。中国社会科学出版社，1987年，第74页。

③ 李觉、雷荣天、李毅等主编：《当代中国的核工业》。中国社会科学出版社，1987年，第77页。

面继续进行在"文化大革命"中被迫中断的研究工作，比如炸药能量准则和判据研究，尽管没有课题资助；另一方面就是谋划核武器和常规武器用炸药发展。董海山认为，埋头苦干是必要的，但一味地埋头苦干而不抬头看天也是不可取的。结合十多年研究工作经验，他清晰地认识到在科研工作的各个环节中，最重要的是选题及确定技术路线，并暗自决定今后及相当长的时期内，把他自己的工作重点转移到这方面来——着眼武器应用需求，为全所炸药发展做好战略谋划。

来到四川基地后不久，董海山就担任了研究室副主任，1981年起又担任三所主管科研的副所长，1984年起改任三所科技委主任。新的领导职务和岗位，加上董海山的战略全局观、敏锐的科技洞察力和卓越的判断力，使得他有机会为三所炸药的发展规划出一张张蓝图，并亲力亲为或指导年轻俊杰将之一一实现，使核武器用高能主炸药、新型雷管装药和先进常规武器用混合炸药等领域全面发展，有力地推动了炸药家族的多元发展和行业技术进步。这一阶段，董海山为三所混合炸药的发展谋划的路线如下：

1975年董海山提出发展浇注固化塑料粘结炸药。

八十年代初董海山指导叶华堂、邹品环、唐兴民等开展网络炸药的预研。他建议采取特殊结晶敏化方法提高反应速率，大大降低了熄爆直径，技术达国际先进水平。该项技术获得部委级科学技术进步一等奖。

八十年代中叶，为发展新一代高安全性雷管，董海山提出研制新型雷管始发装药和传爆药。他带领汤业鹏、马召斌等研制成功新型传爆药，该型传爆药具有和钝化太安相同的冲击波感度和高可靠性，起爆能力、安全性、热安定性明显优于钝化太安，机械强度比钝化太安高数倍，可在车床上进行机械加工。使用研制的新型装药的管组合件显著减小了尺寸，不仅用于国家核试验和型号研制，还推广用于多种常规导弹。该型传爆药和起爆传爆序列物理设计方案及其试验研究，均获得部委级科学技术进步三等奖。

八十年代至九十年代，董海山谋划了高能低感炸药、钝感炸药（木头炸药）研制[①]，对我国核武器用主炸药的发展起到关键性作用；谋划了含能

---

① 见第八章。

结构材料的超前探索。

九十年代至二十一世纪初，董海山谋划了我国常规武器用熔铸炸药的改性、升级系列研究；谋划了核武器用钝感高能炸药的设计与研发；谋划了高能量密度材料的发展方向。

这其中，新型始发药和传爆药的研制成功，是董海山追求的能量、安全和可靠性综合匹配学术思想的最初实践，这个思想在后续新一代核武器用高能炸药研制中得到了充分展现。多年之后，汤业鹏在谈到这个问题时，颇为感慨："这个药对改善我们传爆药的综合性能起了比较大的作用，它的起爆、传爆性能跟钝化太安相当，力学性能、机加性能、成型性能，都比钝化太安好得多。"[1]

热固炸药显奇能

在来到川北新基地之前，董海山主要在北京治疗养病。疗养期间，他就一直在思考如何把高能炸药更好地应用于武器，更好地满足核武器发展需要。我国的第一颗原子弹和第一颗氢弹虽然成功爆炸了，但是核武器武器化对炸药部件的能量、力学性能、尺寸稳定性和长期贮存性等方面的要求很高，用于第一颗原子弹的炸药部件还难以完全满足武器化的要求。当时我国的核武器主炸药已经逐渐从熔铸炸药过渡到塑料粘结炸药，部分炸药部件也仍在使用熔铸炸药。如何在确保能量的前提下，提高炸药部件的力学性能和环境适应性成为当时的技术难题。董海山从第一颗原子弹所用的炸药部件的熔铸制作工艺、第一个塑料粘结炸药的热压工艺联想到，可以通过应用液态的热固性树脂粘结高能炸药粉末，从而达到提高力学性能和环境适应性的目的。他利用在北京养病的时间，前往北京工业学院图书馆、北京图书馆和九所的资料室查阅国外文献。

---

[1]　汤业鹏访谈，2016 年 7 月 19 日，绵阳。资料存于采集工程数据库。

通过文献调研，董海山得知，用热固性树脂粘结的炸药在国外被称热固性炸药（thermosetting plastic bonded explosive），有优良的力学性能和环境适应性，并具有可浇注成型和工艺简单的特点。

热固炸药最早是从固体推进剂技术发展而来的。1942年美国古根海姆航空实验室研制了以沥青为粘结剂的第一个浇注型固体推进剂，两年后又研制了聚硫橡胶粘结剂，这是第一个以液体橡胶为粘结剂的浇注固化推进剂。后来又研制了以聚酯、聚苯乙烯、聚氯乙烯、环氧树脂为粘结剂的固体推进剂。1950年美国代聚硫橡胶公司研制了端羧基聚丁二烯（CTPB）用于固体推进剂配方，并逐渐成为当时的主流。借鉴固体推进剂技术，国外开始热固炸药的研究应用[①]。这类炸药具有机械强度高、模量高的特点，热安定性和环境适应性等比熔铸炸药有明显提高，可满足高性能导弹战斗部装药的需要。

经过综合分析，董海山决定先用环氧树脂进行探索性试验。在北京治疗结束后，1974年，董海山曾短暂返回青海二二一厂，他和李怀祥等人用环氧树脂和固化剂粘结黑索金做可行性试验，结果表明这条路子是完全可行的。在得到可行性验证之后，董海山安排李怀祥和徐维强继续调研热固炸药的文献，并于1974年10月形成了"关于用热固性树脂粘结炸药：讨论"的报告，建议开展热固炸药研究。这份报告为后来在新三所推广和发展热固炸药技术研究奠定了基础。

方向明确了，技术上也是可行的，是不是就领着一帮人从头开始研究起来呢？这个问题困扰了董海山一段时间。沿着自己的想法扎实地做下去，对于个人的学术成长、成果、学术影响等无疑是更为有利的，但是这也意味着得花较长时间才能获得较满意的结果，在核武器武器化对高能混合炸药迫切需求的大背景下，所有新技术的运用都需用尽可能短的周期达成，同时，董海山还有一系列非常重要的谋划需要他亲自参与。思之再三，他毅然决定寻求外援，充分利用国内的优势力量攻克这个山头。

1975年5月，董海山从青海二二一基地转移到四川基地后就着手寻

---

① 即第一类热固炸药。

求外协来研制热固炸药。当时，国内研制高能混合炸药条件最好的单位主要包括五机部西安二〇四所①、兰州化物所和北京工业学院等，考虑到地域关系和一四二会战期间建立的良好合作关系，董海山决定请西安二〇四所参与协作攻关。1975 年 8 月 10 日，董海山亲自撰写了科研外协委托任务书②，任务名称就叫"热固性树脂粘结炸药的研究"。

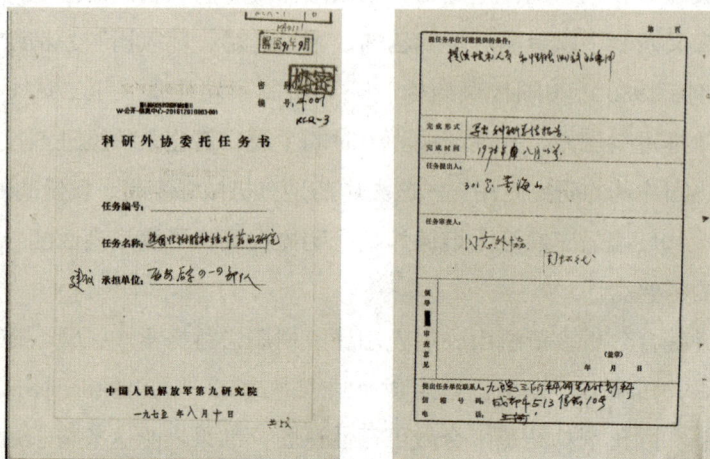

图 7-1 有关热固性树脂粘结炸药研究的科研外协委托书
（封面和封底由中物院三所提供）

1975 年 12 月 12 日，在西安二〇四所接受协作任务后四个月，董海山带队去西安二〇四所调研、学习与交流热固炸药的研究成果，其时西安二〇四所已经初步获得热固炸药的配方和工艺，可称为第一代热固炸药。同行人员有李怀祥、黄树钦、刘书元、徐维强③。通过为期二十五天的交流与学习，董海山认为西安二〇四所研究的热固炸药配方和工艺基本满足要求，可以将该成果引用到九院三所。同时认为该炸药的性能测试不全，在配方、工艺和设备等方面还存在一些问题。特别是应用的各种问题尚未充分暴露，还需做大量的研究工作。为此，调研结束后，董海山向所领导

---

① 原西安三所，一四二会战的基地。

② 董海山：科研外协委托任务书，KCR-1-6，1975 年。中物院化工材料研究所科技档案。

③ 董海山、李怀祥等：调研报告，KYF-070102，1975 年。中物院化工材料研究所科技档案。

建议由三所三〇一室和三〇二室的有关同志组成项目组从事该炸药的后续研究，促进配方定型；并建议定型后的最佳工艺条件由三〇二室单独承担。以此为发端，自 1976 年开始，九院三所开展了热固炸药的系列研究工作，短期内就完成了炸药配方和工艺的定型和鉴定，这项工作成果不仅应用到核武器，还对后续常规武器装药发展奠定了重要基础。

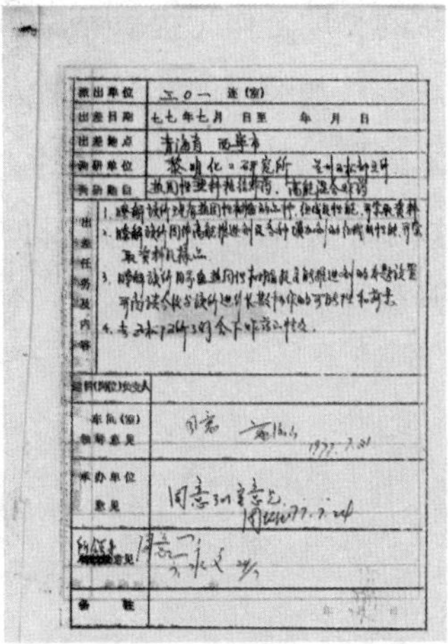

为开发更多的热固炸药品种，董海山于 1977 年 3 月派遣李怀祥、徐维强去四川省化工局和晨光化工厂调研。调研的目的主要有两个：一是了解国内热固性树脂的研制生产情况并索取有关粘结剂样品；二是参观学习挤压固化、注塑成型工艺及设备[①]。四个月后，董海山又于派遣金翠英、曾昭雄去青海西宁和甘肃兰州调研粘结剂品种和推进剂的有关情况[②]，希望把推进剂的技术更好地应用到热固炸药中。这次调研的重点是了解黎明化工研究所（当时位于西宁市）热固性树脂的品种、组成及性能，高能固体推进剂及各种添加剂的组成及性能，以及热固性树脂及高能推进剂的专题设置，并商谈双方进行长期协作的可能性和前景。同时，也去兰州五机部五所了解了含 F 炸药的有关情况。这次调研收获颇丰，为热固炸药的发展以及后来与黎明化工研究

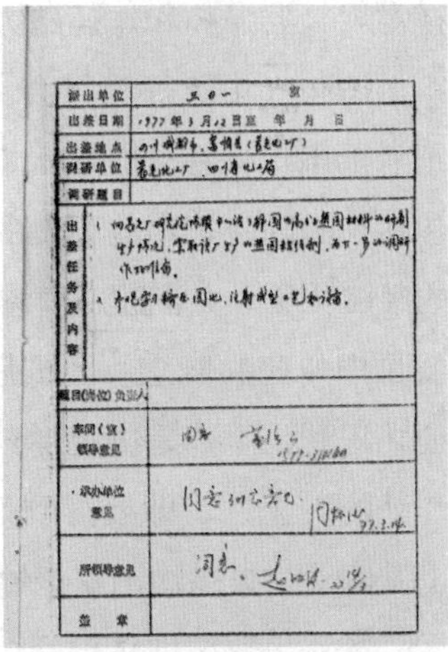

图 7-2　去四川省化工局和晨光化工厂调研的出差任务书

图 7-3　去黎明化工研究所和五机部五所调研的出差任务书（以上图片由中物院三所提供）

---

① 李怀祥、徐维强：科研出差任务书，KCR-1-5，1977 年。中物院化工材料研究所科技档案。

② 金翠英、曾昭雄：科研出差任务书，KCR-1-7，1977 年。中物院化工材料研究所科技档案。

院的长期合作（提供粘结剂）奠定了基础。

从董海山萌生用热态橡胶粘结炸药的想法，到想法的可行性实验、寻求外协，从第一代热固炸药的研制到应用，只用了短短几年的时间。初步显示了董海山成为含能材料专家的诸多奇能：战略性、敏锐性、前瞻性、开放性、执行力……

发展低易损炸药

在瞄准应用和国内技术现状的同时，董海山也时刻关注着美国和欧洲在常规武器弹药和炸药研究方面的动态。1982 年 5 月，董海山到西德参加第十三届 ICT 火炸药年会。在这次国际会议上，董海山了解到美国二十世纪六七十年代在处理、贮存和使用弹药时发生了多起弹药意外爆炸事故，包括几次因弹药事故引发的航母灾难性事故，造成了大量人员死亡和极大的经济损失，如何提高弹药的安全性成为国外研究的热点，国际上提出了低易损弹药的概念。回国后，董海山也在思索弹药安全性这一重要问题。他认识到，炸药是决定弹药安全性的关键，要提高弹药安全性首先得提高炸药的安全性，即要得到低易损的炸药。为此，他在国内刊物《火炸药》上发表了"提高炸药安全性和生存能力的途径"。[①]

董海山敏锐地认识到，要提高炸药的安全性、开发出低易损炸药，研发具有类似于橡胶特点的弹性炸药是一个重要途径。于是，董海山把目光瞄准在以端羟基聚丁二烯（HTPB）为粘结剂的热固炸药上。HTPB 是国外于六十年代研制出来的一种液体橡胶，并于七十年代用于固体推进剂。国外研究表明 HTPB 为基的推进剂性能优于 CTPB 基推进剂，自 1972 年起，HTPB 就成为固体推进剂中最广泛应用的粘结剂，七十年代末国外开始研究以 HTPB 为粘结剂的浇注固化炸药。国内黎明化工研究院也于八十

[①] 董海山：提高炸药安全性和生存能力的途径。《火炸药》，1983（01）。详见本书第十章。

年代开发出 HTPB 并在固体推进剂中应用。

董海山提出将 HTPB 应用于炸药的粘结剂，这一想法在国内尚属首次。由于以 HTPB 为粘结剂的炸药具有类似橡胶的特性，具有低模量和良好的弹性，能够提高弹药承受破片和枪弹冲击的能力，而在遭遇火灾时，又能按吸热的热解反应分解，分解放出的气体形成内压使弹壳破裂，从而使炸药处于非密闭状态，只燃烧不爆炸，对于提高弹药的安全性具有重要的意义。

但是，由于 HTPB 的密度较低（ $0.9g/cm^3$ 左右），且为惰性物质，以它为粘结剂必然会带来能量的降低，如何在保证安全性的前提下不显著降低能量，即如何匹配能量与安全性成为研究的难题。董海山分析认为，要提高浇注固化炸药的能量，除使用高能量的单质炸药为固相填料外，应尽可能地提高固相含量。然而，固含量的增加必然带来浇注药液流动性问题。要解决这些矛盾，必须深入系统地研究浇注炸药体系的流变特性。

厘清了新型热固炸药的关键技术问题后，接下来就是如何实施了。此时，董海山虽然由三所副所长改任所科技委主任，但仍有不少行政事务缠身，而在科研上还有两件非常重要的谋划是他必须亲为的：一是钝感炸药 TATB[①] 的合成，这是决定核武器安全性最关键的材料之一；二是某新型传爆药的研制。反复思量之后，董海山最终决定物色和培养一个得力的年轻人来实现他研制新型热固炸药的构想。

一个个当时新分配的大学生从董海山脑海中闪过，最后定格在刚毕业几年的年轻大学生黄辉的身上。黄辉，1982 年毕业于太原机械学院（现中北大学）后分配到三所三〇二室，主要从事炸药成型技术研究。由于专业对口，机敏好学，黄辉很快就在科研上崭露头角。1986 年，董海山指导黄辉开展 HTPB 基浇注炸药体系的流变性研究。董海山对黄辉的指导除选定一个正确方向外，对开题报告的撰写和研究实施都进行了具体细致的指导。黄辉在访谈中回忆起当年的情景时，深有感触[②]：

---

① 三氨基三硝基苯，该炸药感度非常低，也被称为"木头炸药"。

② 黄辉访谈，2017 年 8 月 18 日，绵阳。资料存于采集工程数据库。

　　我们就在董院士的指导带领下研究浇注固化炸药。当时他让我先写一个开题报告，那时候都是手写，没有电脑。我学的是合成，写得不得要领，他总是不满意。后来董院士还专门给我拟了一个提纲，我们存档的第一份论证报告就是董院士拟的这个提纲。我觉得董院士立意很高，对我开拓思路有很大的帮助……董院士对于科研工作不只听汇报，他要到现场去。所以每一次他都叮嘱我做实验的时候要把他叫到现场，他要实地去看一下。比较关键的试验我都会提前告诉他，他每次都会到现场。我们很深刻地感受到这一点。

　　经过两年的深入研究，基本突破了匹配能量和安全性的关键技术，获得了新型高能浇注固化炸药样品。机会总是眷顾有准备的头脑，正是这两年的预先基础研究，为某先进导弹战斗部的研制奠定了坚实的基础。

　　1988 年，国家立项研制一款技术指标具有国际先进水平的反舰导弹，这种导弹战斗部对装药的要求十分苛刻：一方面要求炸药具备高能量，能够击穿数层舰船钢，并在船舱内爆炸产生较高的冲击波超压；另一方面对炸药的安全性要求也很高，战斗部在穿透数层舰船钢靶期间不允许提前爆炸。当时已有的混合炸药配方均不满足要求，而董海山指导黄辉完成的新型热固炸药的预先研究则排上了大用场。在董海山的进一步悉心指导下，经过六年研究，黄辉等人研制的两个新型低易损高能浇注炸药，其性能达到国际先进水平。这两个炸药不仅爆速达到每秒八千米以上，而且在遭遇子弹撞击、火灾的意外刺激下不会发生爆炸反应，装填这两个炸药的战斗部在击穿数层舰船钢的过程中保持安定，不会提前燃烧和爆炸，充分显示了高能高安全性的奇异性能。这两个炸药分别于 1993 年和 1994 年通过鉴定并得到应用。两个炸药的研制成功，迅速开拓了国内高能低易损炸药学科新方向，大大提升了我国先进常规武器装药的安全性水平。后来，九院三所又陆续研制了系列炸药装药产品，在先进导弹战斗部中得到广泛应用，极大地促进了我国常规火炸药装药的技术水平。

含能结构材料

虽然处在川北大山这个闭塞的环境中，董海山的思想却一点也不闭塞，相反，他时时关注着相关领域技术的进步，思考着如何将新技术与含能材料结合，提高含能材料的应用水平和应用范围。

早在 1980 年，董海山意识到，武器中有不少起支撑、衬垫、紧固等作用的部件都是不含能的。经过反复思考与酝酿，董海山匠心独运，于 1980 年提出了含能结构材料的概念。[①] 这种材料在弹药引爆以前起着结构材料的作用，而引爆以后又可释放大量化学能，可显著增加武器弹药的毁伤能量。含能结构材料概念提出之后，得到了陈能宽院士[②]的高度赞赏。在陈能宽院士的支持下，九院三所开展了用作含能基板的木头炸药研制，取得了一些进展。但是，由于该混合炸药的力学性能和机械加工性能较差，机械强度远低于工程塑料，离实际应用尚有相当大的距离，相关工作没能继续进行下去。尽管初步尝试未成功，但证明了董海山提出的含能结构材料的概念是可行的。"大匠无弃材，船车用不均"。董海山并没有灰心，仍然关注着高分子材料领域的进展和含能结构材料可能的应用需求。

时隔八年后的 1988 年，针对"863"课题对含能结构材料的需求，董海山亲笔撰写了开题报告，正式向九院三所申请开展含能结构材料研制。在开题报告中，董海山提出研制三类含能结构材料并提出了相应的技术指标。

含能结构材料研制课题由董海山、黄辉、邹品环共同负责实施。经过一年研究，通过对"123"树脂粘结体系的优化、炸药填料的颗粒级配和碳纤维增强技术获得了抗拉强度达 13MPa、抗压强度达 71MPa 的高强度含能结构材料，证实了研制第一类含能结构材料是可行的。但是，由于要集

---

① 董海山：含能结构材料的研制开题报告，KZF-25-04，1988 年。存于化工材料研究所科技档案室。

② 陈能宽，院士，"两弹一星"荣誉勋章获得者，1987 年任国家 863-410 主题专家组首席科学家。

中精力研制高性能导弹战斗部的低易损主装药[1]，高强度含能结构材料的研制不得不暂时搁置。

以今天的现实来评判，国内外仍然没有一种复合炸药的力学强度达到当初获得的含能结构材料的水平，国际上也只有 1995 年美国提出的反应材料[2]的力学强度达到了第一类高强度含能结构材料的指标要求，而碰巧的是此类含能材料后来也被称为含能结构材料，2000 年以后，学术界又开展了含能结构材料替代武器中惰性结构材料的热门探索。

第二类弹性含能结构材料由于在高性能导弹战斗部中也有应用需求，得以持续研究，获得成功，并在先进导弹战斗部得到应用。相关技术获得 2005 年国防专利授权。[3]

第三类含能结构材料由于最终没有获得高技术专家组的合同，根据专门应用需求的泡沫炸药研制未开展。但是，泡沫炸药实际上在几年前就研制成功了[4]，只是应用需求不同，技术指标也不同罢了[5]。

董海山于八十年代提出的含能结构材料概念，虽然既不为世人所熟知，后来也未取得多么亮丽的成果，但是，这正映射出他作为含能材料领域的战略科学家的远见卓识和充分利用学科交叉融合进行科学研究的过人之处，是董海山学术成长历程中的重要一笔。

助推熔铸焕新生

董海山一方面着力推动高能炸药家族的多元化发展，另一方面也非常

---

① 参见本章第三节。

② 由两种或几种非爆炸性物质组成的亚稳态材料，典型的反应材料是以聚四氟乙烯为基体、铝粉为填料，经压制烧结而成的一类含能材料，其抗拉强度约为 30MPa，抗压强度 100MPa 以上，在经受猛烈撞击时会发生激烈的放热化学反应。

③ 黄辉、董海山等：含能垫层材料与制备方法。国防发明专利，2005 年，01100989.6。

④ 1976 年董海山四十五岁，组织领导泡沫炸药的研制，经雷开学、李文才同志的努力获得成功，为爆轰试验提供了低爆压新材料。

⑤ 雷开学访谈，2016 年 7 月 19 日，绵阳。资料存于采集工程数据库。

关注当时我国常规武器弹药的主流装药一直存在的技术问题，熔铸炸药的改性研究就是一个典型的例子。

在第六章我们介绍了，熔铸炸药是炸药先熔化再凝固而成的铸件，其成型方法类似于金属铸造，通常指梯恩梯或以梯恩梯为连续相的混合炸药，如美国的 B 炸药、苏联的特格炸药和我国的梯黑炸药等。我国第一颗原子弹使用的主炸药就是熔铸炸药。

熔铸炸药具有工艺简单、产能潜力大、效率高、成本低等优点而广泛应用于各种常规武器，如大中口径炮弹、航弹、巡航导弹、水中兵器以及导弹战斗部中。但是熔铸炸药感度较高、性脆易裂、凝固过程收缩大、装药容易出现孔洞、环境适应性较低，这些缺点降低了弹药的使用安全性和作战效能。美国在六十年代至八十年代期间就发生多起装填熔铸炸药的弹药事故，这些事故促使美国于 1984 年实施以高聚物粘结炸药为核心的钝感弹药计划，九十年代，十五个北约国家也纷纷跟进这个计划。

钝感弹药计划试图逐渐停止应用梯恩梯基熔铸炸药，但是要淘汰熔铸炸药，也绝非一朝一夕之功。即便是美国，在推进钝感弹药计划三十年后的今天，其炮弹的装药仍然使用了梯恩梯，这可从 2013 年美军在内华达州实战演练发生迫击炮膛炸事故得到证明[①]。考虑到我国的实际国情，在很长一段时间，我国的常规弹药的装药都还将使用熔铸炸药。董海山多次提到，考虑到实际战争的大规模弹药消耗量，保持和发展熔铸炸药技术是非常具有国防价值的。

董海山一直忧心于我国的熔铸炸药技术现状，对熔铸炸药性能进行改进，是他心中保留了几十年的夙愿，他在这方面也进行了多年思考。等到实际开展这项工作时，已经是他离开川北深山，迁入绵阳涪江河畔的新三所后。在他生命的最后一刻，他仍然心系熔铸炸药的发展。

三所在熔铸炸药研制方面有非常深厚的积淀，有多名研究人员进行了熔铸炸药的改性研究，也取得较好的效果，但是要彻底解决熔铸炸药的问

---

① 据 2013 年 3 月 19 日《参考消息》报道，当地时间 3 月 18 日晚上 10 时左右，内华达州霍恩兵站的一次实战演练中一枚迫击炮意外引爆，致使第二陆战师七名海军陆战队队员丧生，另有多人受伤。这次事故促使美军下决心于十年内淘汰 TNT 装药。

题仍然有较长的一段路要走。董海山为解决熔铸炸药的技术缺陷规划一个"三部曲"式技术方案：第一部是熔铸炸药的改性；第二部是寻找梯恩梯的替代物；第三部是针对两种体系的增韧增弹。他试图通过三部曲式的研究使熔铸炸药能焕发新生。①

2000年，董海山指导他的研究生黄亨建申请了题为"B炸药②的钝感和增强方法的探索研究"中物院科学基金课题，这个课题涉及的研究工作正是黄亨建毕业论文的主要内容。在这项课题研究过程中，学生黄亨建深深地为董海山朴实的学术思想和踏实的研究作风折服。黄亨建至今还清晰地记得董海山是如何指导他巧妙地设计研究方案的。董海山传授给黄亨建的学术思想概括起来主要有三点：③

一是切中要害。对熔铸炸药的钝感通常是向熔铸炸药中加入1%左右的钝感剂，如美国的B炸药就是外加1%的石蜡。但是，仅仅1%的钝感剂分散在熔铸炸药体系中并不能获得很好的降感效果，要获得更好的降感效果，就得增加钝感剂的用量，这势必带来炸药能量降低的问题。既要限定钝感剂的用量，又要获得良好的降感效果必须另辟蹊径。为此，董海山分析后对黄亨建说道：梯恩梯的感度其实是很低的，不需要浪费钝感剂在梯恩梯上，所谓好钢要用在刀刃上，我们能不能集中力量只降感黑索金？黄亨建听后恍然大悟，设计了用钝感剂包覆黑索金的研究方案，详细研究了钝感剂的种类和用量对降感效果的影响，并获得了一些规律性认识。④

二是高效实用。效果较好的钝感剂通常是一些熔点低于100℃的相变材

---

① "现在想来，当时董老师对熔铸炸药就已经有一整套的规划……针对这个方向，他倾注了很大心血，而且考虑到很长远，规划了三部曲。第一就是把B炸药用起来，对其进行改性……第二个就是寻找TNT的替代物，当时也有相应的研究课题，包括他后面带的博士生张学梅的一部分工作就是做TNT替代物的合成、指导夏云霞做低共熔物流动相。第三个主要是瞄准侵彻武器中应用熔铸炸药的需求……对熔铸炸药增韧增弹以期用在侵彻类武器中。"见黄亨建访谈，2017年8月18日，绵阳。资料存于采集工程数据库。

② B炸药，美国叫composition B，是RDX和TNT的混合物，含有少量钝感剂，其标准组成是RDX/TNT/蜡=59.5/39.5/1（重量%），根据钝感剂的不同，又分为B-2、B-3、B-4炸药，B炸药在我国的标准化命名为钝黑梯-1炸药，简称梯黑炸药，而俄国则称为Т/Г炸药。

③ 黄亨建访谈，2017年8月18日，绵阳。资料存于采集工程数据库。

④ 黄亨建、董海山、张明等：添加剂与RDX的界面作用及对撞击感度的影响研究。《爆炸与冲击》，2003，23（21）：169-172。

料，在熔铸炸药浇铸成型过程中容易熔化而降低降感效果，如果是这样的话，就跟直接加入钝感剂没什么区别了，那么好钢用作刀刃上的意图就会化为泡影。怎么办？黄亨建苦思了两天无果，后来，董海山再次启发黄亨建说：我们能不能给它穿件衣服呢？在此启发下，黄亨建提出了高能炸药内包钝感剂外包高分子材料的深钝感包覆概念，并获得了深钝感黑索金颗粒，既保证了用量低于1%以下的钝感剂对黑索金的高效降感，又具有实用性。

三是多功能综合匹配。对 B 炸药的改性研究要达到如下目标：降低感度、提高力学性能、防止渗油[1]、抑制尺寸长大、防止产生裂纹等。提高力学性能需要添加高分子材料，防治渗油也需要添加高分子材料，抑制尺寸长大还是要添加高分子材料，而不同的高分子材料具有不同的功能，要解决 B 炸药的诸多缺陷，是不是要添加多种高分子材料呢？添加种类繁多的材料不但会降低炸药的能量，还可能带来相容性问题，此外，炸药制备工艺也会更加复杂。黄亨建思虑及此，又一次陷入了泥潭。正在黄亨建苦思冥想之际，董海山再次点醒道：能不能寻找一种多功能的高分子材料，一举解决诸多问题？仅此一语，犹如当头棒喝，敲醒了梦中人——解决问题的关键就在于黑索金深钝感包覆的高分子材料优选。黄亨建最终找到三种芳香嵌段共聚物，在改性 B 炸药上具有显著效果[2]。获得的改性 B 炸药与未改性的相比，力学强度提高一倍以上，渗油率降低 50%，轴向尺寸长大率降低75%，感度显著降低，爆轰性能相当[3]。选择的芳香嵌段共聚物因其优良的力学性能而显著提高了改性 B 炸药的力学强度并有效抑制了尺寸长大，因其吸附梯恩梯的渗出物而防止了渗油，因其与渗出物形成的凝胶具有增塑剂的作用而防止了药柱产生裂纹，可谓一举多得。对学生黄亨建的指导，体现出董海山的多功能综合匹配的学术思想。

熔铸炸药的改性虽然取得了较好的效果，但这毕竟是治标不治本的办

---

① 指 TNT 和以 TNT 为基的炸药的一种固有缺陷，经过较长期贮存后，TNT 中的低熔点组分会渗出来，色呈黄褐，状似菜油。

② 黄亨建：RDX 的钝化和 B 炸药改性研究。中国工程物理研究院北京研究生部，硕士论文，2002 年。

③ 黄亨建、董海山、张明、习彦：高聚物改性 B 炸药研究（Ⅱ）。《含能材料》，2005，13（1）：7–9。

法。因此，董海山的目光又瞄准在探寻熔铸炸药连续相梯恩梯的替代物上。梯恩梯自身有几大缺点：第一是毒性大、蒸汽压较高，空气中最大允许浓度为 1.5mg/m^3，吸入梯恩梯会导致中毒性肝炎、贫血、白内障等疾病；第二是能量较低，只相当于奥克托今的 60%；第三是容易发生渗油、缩孔等弊病。因此，研究毒性小、蒸气压低、能量较高的 TNT 替代物，一直是研究的热点。

2006 年，董海山起草了中物院发展基金重点项目申请书"熔铸炸药连续相升级换代的探索研究"，次年又将题目进一步修改为"高能钝感炸药的探索合成及含能共熔物的研究"并获得资助。在这项课题中，董海山一方面指导博士研究生张雪梅、徐蓉等开展可用作熔铸炸药连续相的新型含能化合物合成研究；另一方面，又指导孙杰、夏云霞、黄明、李洪珍等开展"新型分子间炸药"的系统研究。

在这项研究中，董海山有着通盘的考虑。首先，作为熔铸炸药连续相的含能化合物必须满足适合于蒸汽加热熔化（熔点最好低于 100℃）的条件，并且热安定性要好，其受热分解温度至少高于熔点 60℃；其次，要替代梯恩梯，就应该在能量上高于 TNT，且没有 TNT 的毒性、收缩大等缺点；最后，如果合成的含能化合物不满足熔点低于 100℃ 的要求，则需要采用形成共熔物的手段使之适合于做连续相。

显然，合成是基础，但是考虑到每一项工作都需要解决诸如分子结构的设计、能量与安全性的匹配、组成结构与热安定性等性能的关系等技术基础问题，因此在工作安排上实际是齐头并进、交错进行的。在含能化合物的合成方面，课题组主要在含能离子化合物和多硝基芳香族化合物两方面开展合成研究，取得的主要成果包括以下几方面：

第一方面，合成了 4- 氨基 – 三唑苦味酸盐（ATPA）和 4- 氨基 – 三唑 NTO 盐（ATNTO）两种当时未见文献报道的含能离子化合物，其熔点在 200℃ 以下。

第二方面，首次用环境友好的亲核氨化反应（VNS）方法合成了多种三硝基芳香族化合物，其中 3- 乙氧基 -2，4，6 三硝基苯胺、1，3- 二氨基 -5- 乙氧基 -2，4，6- 三硝基苯和 1，3- 二氨基 -5- 甲氧基 -2，4，6-

三硝基苯三个化合物当时未见文献报道，申请了国防专利。此方法避免了传统方法中使用敏感的四硝基苯胺引起的潜在危险，操作简单，后处理容易，产率大幅提高。

第三方面，较系统地探索了甲苯类硝基衍生物、苯酚类硝基衍生物、苯基烷基醚类硝基衍生物的分子结构与性能的关系，在后三者的分子结构与热安定性的关系方面有了新发现：多硝基化合物中引入氨基后前线轨道能级与实验热分解峰值温度均存在平行一致的递变规律，即前线轨道能级差越大，热分解峰值温度越高，热安定性越高，可为此类物质热安定性设计提供参考依据；三硝基苯酚、三硝基苯甲胺及其氨化产物撞击感度与芳香性指标 NICS、NBO 键级存在较强的线性关系，可为此类物质撞击感度设计提供参考依据。

第四方面，发明了三种热安定性好，感度低，能量高于 TNT 的含能共熔物，它们可以替代 TNT 用于熔铸炸药装药。其中 3- 氨基 -2，4，6- 三硝基苯甲醚与 1，3，3- 三硝基氮杂环丁烷（TNAZ）形成的低共熔物做功能力为 151%TNT 当量，114%RDX 当量，同时解决了 TNAZ 蒸汽压高的缺点。

生命不止，战斗不息。董海山在完成了对熔铸炸药的改性和熔铸炸药新型连续相的探索两部曲研究之后，在生命中的最后一年即 2010 年，董海山获得国家基金委联合基金重点项目的资助，又开始了第三部曲的研究，就是针对传统的梯恩梯和新型连续相两种熔铸炸药体系的增韧增弹研究。起因就在于，考虑到熔铸炸药是一种低强度脆性材料（其拉伸强度小于 2MPa，延伸率小于 0.1%），其弹性、韧性差，大大限制了其在侵彻弹药中的应用。因此必须对其进行增韧、增弹。董海山设定的研究目标是：获得适用于熔铸炸药体系的增韧增弹以及降低黏度的改性剂；掌握熔铸炸药增韧增弹和降低黏度的关键技术，揭示其机理，为提高熔铸炸药的爆轰能量，改善其力学性能和安全性提供技术途径。通过该项目研究，把熔铸炸药的工艺简单和价廉的优点与浇注固化塑料粘结炸药的高弹性、高韧性、高安全性的特点结合起来，形成一类高能钝感熔铸塑料粘结炸药，为深层钻地弹、侵爆弹、反航母导弹以及大型航弹等先进常规武器战斗部的研制奠定技术基础。研究的核心思想是对低强度的连续相增韧增弹；具体措施是设计制备与连续相互溶的热塑性弹性体（包括含能化合物），发展熔铸型 PBX，降低药浆黏度；难点在于仅用低于 2% 的改性剂大幅度提高弹性和韧性；关键在于如何设计和选择增韧、增弹剂。

联合基金重点项目于 2010 年 11 月 29 日正式启动，但是遗憾的是仅仅两个月后，董海山驾鹤西去了，带着对事业的眷念、对熔铸炸药未竟工作的遗憾走了！

在先生无私精神的感召下，他的后辈们沿着先生指引的方向，继续前进。在黄亨建、舒远杰、郑保辉、温茂萍、金波等同志的努力下，2015 年该基金项目顺利结题，并在中国工程物理研究院基金委组织的验收考评中获评优秀，大家努力的结果终于可以告慰董海山先生的在天之灵。

其实，董海山在蜀山剑门的谋划与研究不仅使九院三所在武器起爆传爆序列、主炸药序列方面为国家交了一份完美的答卷，也带动了国内同行业的技术发展。

北京理工大学化工学院周智明教授曾高度评价董海山对学院发展的帮助[1]：

> 董院士对母校，很有感情。当然他的眼光和科研成果，还是着眼于全国。九院三所他带着，北理工他也挽着。他希望我们国家炸药合成的研究能够有起色。

曾经有过密切合作的南京理工大学肖鹤鸣教授谈到董海山对双方技术的发展作出的贡献时也十分感叹[2]：

> 董先生是把我带到核武器领域的一个带路人、带头人，他的贡献，就是把量子炸药化学与核武器炸药结合了，后来我们拓展成整个计算材料领域。他给我们选定了一个更加契合于、服务于核武器炸药的启蒙方向。到

---

[1]　周智明访谈，2017 年 3 月 1 日，北京。资料存于采集工程数据库。

[2]　肖鹤鸣访谈，2017 年 2 月 27 日，南京。资料存于采集工程数据库。

后来的 NSAF 项目，给我们经费、给我们启蒙、给我们好的苗子，然后又及时地一步一步地走下来……只有重视人才培养，高瞻远瞩，才能够做到这一点，所以他是一名先行者。

第八章
一生夙愿

1975 年，董海山来川北大山深处的新三所后，对炸药的多元化发展有过全面的谋划。在这些谋划中，关于核武器用主炸药的发展又是重中之重。核武器用主炸药的发展，有一条从高能到低感、再到钝感并一直抵达钝感高能的认识脉络和发展愿景，这是董海山基于对高能炸药多年的认识、探索和实践而得出的真知灼见和重要学术思想，深刻地影响了我国核武器用高能炸药技术发展路线。在核武器中最终应用上钝感炸药可以说是董海山毕生的心愿。而这一夙愿终于在二十一世纪得偿。回顾这一充满争论、奋斗、螺旋式攀登的艰辛历程，的确令人荡气回肠。

关于炸药指标的论争

1964 年 10 月 16 日和 1967 年 6 月 17 日，我国先后成功爆响了第一颗原子弹和第一颗氢弹。原子弹和氢弹或者说核弹，要具有实用价值，需要和武器平台结合才能实际应用。这个平台可以是飞机，可以是导弹等，美国 1945 年 8 月 6 日和 8 月 9 日投送到日本广岛和长崎的"小男孩"和"胖子"两颗原子弹就是用轰炸机投送的。而我国在第一颗原子弹和第一颗氢弹爆炸成功之后，就紧锣密鼓地开展了核弹的武器化工程。1965 年进行的核航弹试验取得成功，1966 年进行的导弹核武器发射试验取得成功，标志着中国有了可用于实战的原子弹。[①]氢弹武器化也在七十年代初期完成，随后九院开展了新一代核武器研制攻关，在 1982 年至 1988 年突破了系列关键技术，使中国核武器的发展步入了新的阶段。[②]九院前院长邓稼先充满豪情的一首七绝正是对这一阶段的写照：

　　　　千钧核力动地摇，红云冲天照九霄。二十年来勇攀后，二代轻舟已过桥。

　　在核武器武器化和新一代核武器研制中，董海山研制的炸药起了重要作用。核武器武器化的根本要求是小型、机动、安全、可靠，其中小型化尤为重要，不仅对武器的射程有重要影响，而且直接关系到机动性。而核武器小型化的关键就在于炸药部件及其相关组件的小型化。原子弹的基本原理是利用炸药爆轰产生的瞬时高温高压气体将核材料压缩到超临界状态，引发核材料的连锁核裂变反应释放巨大能量摧毁目标。就能量而言，一公斤 U235 如果完全发生核裂变释放的能量相当于两千五百吨优质煤完全燃烧的能量，其爆炸力相当于两万吨梯恩梯炸药的爆炸威力，也就是说相同质量的核材料发生核爆的能量是相同质量 TNT 炸药的两千万倍，这意味着在核爆炸杀伤目标的巨大能量中，炸药爆炸的能量完全可以忽略不计，因此，核弹的威力取决于核材料的多少，但核弹的质量和尺寸主要取决于炸药及相关组件。

　　炸药部件小型化的关键就是高能化。在本报告第五章我们记述理论部对炸药设计的指标主要是密度和爆速，要求这些指标参数要尽量大，比如

---

　　① 谢光、陈丹淮主编：《当代中国的国防科技事业》（上）。当代中国出版社，1992 年，第 218-220 页。

　　② 谢光、陈丹淮主编：《当代中国的国防科技事业》（上）。当代中国出版社，1992 年，第 222-223 页。

爆速要在 9000m/s 左右，满足不了这些要求的炸药是不能应用的。董海山和同事们也深知这个关键，无论是改性 1105，还是基于一四二任务的硕果之一的二号炸药和以奥克托今为基的最初几个炸药配方都是围绕这些指标研制出的高能炸药。但是，科学的认识总是要经过一个过程，武器的理论设计者最初只关注炸药的爆速等能量指标，而炸药研制者的重点也集中在如何满足能量指标上，而对意外刺激下的安全性还未重视，然而 1969 年至 1974 年期间发生在二二一厂第二生产部和川北新基地的几起高能炸药意外爆炸事故无疑给了炸药研制者和应用者当头棒喝（见第六章记述）。至此，关于炸药安全性的讨论和争论也逐渐拉开序幕。

1972 年 7 月 23 日，还在董海山于北京养病期间，中国火炸药界在京召开了一次学术研讨会，会议名为"高能炸药座谈会"。会议的主要目的就是针对核武器用炸药使用中出现的安全问题展开讨论，反思炸药能量与安全如何协调。参加会议的有国防科委、五机部机关、兰化所（其时对外名称为二一四所）、八〇五厂、北京工业学院、二二一厂和九院相关人员。会上，九院三所周怀德根据炸药在使用中出现的问题，对高能炸药的技术要求进行了交底，提出了研制以十号炸药（即奥克托今）为基的塑料粘结炸药的建议。

这次会议形成了三项纪要：第一，鉴于十号炸药的安全性优于二号炸药，同时也可满足使用要求，决定五机部在八〇五厂投建十号炸药生产线，同时研制以十号炸药为基的新炸药配方；第二，由于二号炸药的机械感度高，其使用已难以为继，但考虑到二号炸药的能量高，需要兰化所进一步改进二号炸药为基的塑料粘结炸药配方，提高安全性；第三，在后续规划中，建议新炸药的研制在满足爆速指标大于 9000m/s 的基础上需同时要兼顾安全、相容、力学等指标。

为了深化会议精神，落实《高能炸药座谈会纪要》，1973 年 4 月 2 日，由兰州军区国防工办和甘肃省国防工办在兰州主持召开了高能炸药技术协调会，也称为"七三一会议"，其主要目的就是兰州化物所承担研制十号炸药为基的混合炸药，需要各方进行技术协调，尤其是炸药指标的进一步协商与对接。①

　　高能炸药座谈会的第三条纪要的指标和 1963 年一四二的第二次会议提出的指标很类似，但补充了关于安全性等性能的要求，以我们今天的眼光来看，要实现这个指标仍是非常困难的。

　　董海山于 1975 年来到三所，他也看到了这个纪要，但他敏锐地发现这是一个几乎不可能实现的两难问题。对于参加了一四二会战并有丰富的炸药配方研制经验的董海山，他已经充分认识到炸药能量和安全性存在相互制约的关系，能量越高，安全性越差。这就意味着要提高炸药的安全性就得牺牲部分能量，要在爆速大于等于 9000m/s 的前提下，显著提高安全性几乎是不可能完成的任务。好在大家对提高炸药安全性上有了共识，这就有了讨论的基础，因此，在董海山的建议下，三所和九所多次召开"三九"联合会议②，专题讨论核武器用炸药指标的问题。

　　在"三九"会议上，董海山多次作报告，指出要重视炸药安全性，并表达适当降低对炸药能量指标的要求。而九所的理论设计者虽然赞同提高炸药安全性，但就是不降低炸药爆速指标。这就是"三九"会议争论的焦点所在，九所有九所的理由，三所有三所的道理，谁也说服不了谁，这一争论大约持续了两年，直到董海山系统进行关于炸药能量准则的研究并给出新的、令人信服的能量指标和判据，三所和九所才在 1979 年左右达成了关于核武器用炸药指标的初步共识。

---

①　曾任九院三所所长的雷开学曾经回忆："那个时候在这个行当，美国、苏联、中国用的主装药都是敏感炸药，我们一开始用的是二号炸药，这些炸药安全性能都不行，包括美国也都出了事。这个时候实际上我记得是七三年，有个七三一会议，七三一会议就是九院向五机部提交研制十号塑料粘结炸药的任务书，当时我有个想法就是我们能量不能降太多，感度要降下来，因为感度不降下来，对于我们来讲危险比较大。"见：雷开学访谈，2016 年 7 月 19 日，绵阳。资料存于采集工程数据库。

②　三所和九所联合召开的会议，最初称为"三九"会议，后来一所、四所陆续加入进来，就称为"一三九"会议和"一三四九"会议，是九院富有特色的跨所、跨专业技术讨论会。

能 量 准 则

早在一四二任务期间，董海山对炸药的能量问题和能量指标就进行了思考。能量指标是设计和评价新炸药的重要指针，对新炸药的合成和配方设计以及应用都起着重要的牵引作用。早期核武器理论设计部门对炸药的能量评价指标是爆速，一四二会战期间，董海山已经意识到单纯的爆速指标存在局限。1966 年 10 月，回到二二一厂不久，他又受朱光亚委托重返西安和兰州对新炸药合成现状进行了调研，在给朱光亚的书面总结报告中，他又对炸药的能量指标问题提出了看法。

直到八十年代前，九院使用的核武器用高能炸药仍主要依靠协作单位[①]的力量进行研制。因此，提出科学的能量指标对于指导和评价协作单位的高能炸药工作有重要意义。董海山一直期望有条件对炸药的能量指标开展系统深入的研究，以便建立科学的能量准则，提出正确的能量指标和判据，科学地指导炸药的设计和评价。

1967 年，在二二一厂期间，董海山对炸药能量指标开始了初步的探索。在意识到爆速作为能量指标的局限后，先是采用密度和爆轰热[②]的乘积即能量密度作为评价炸药的能量指标判据。董海山和常振武等人合作，利用炸药爆轰推动金属飞片的方法研究了一些炸药的能量特征。由于爆轰热无法直接测定，能量密度是用爆速和理论推导的多方指数间接计算得出，结果发现飞片速度与能量密度的关系毫无规律可循。董海山认为炸药在爆轰波阵面后继续释放的能量，对于飞片的加速也有贡献，因此在能量密度的计算公式中用爆热弹测定的爆炸热来代替爆轰热，发现飞片速度与之有较好的线性关系，证明使用爆速或者能量密度作为能量指标局限性是很大的。不过这项工作由于"文化大革命"被迫中断。1975 年，董海山来到了四川地区的九院三所后，他有机会重新开展这项中断了近十年的研究

---

① 主要是兰化所。

② 在爆轰波波头上释放的能量。

工作。此时，董海山认为炸药能量准则和判据研究需要解决两个问题[1]：

在应用中，用什么方法来评价炸药的能量最为合适？解决了这个问题，才能正确地选用炸药。炸药的能量与哪些参数相关，及其判据是什么？它与炸药的元素组成和分子结构有什么关系？解决了这个问题，才能指导提高炸药能量的研究方向。

在 1967 年的研究中，董海山采用的试验方法是测试炸药加速金属飞片的方法，到了 1976 年，国外文献又陆续报道一些新的试验方法，包括球形试验、推板试验、平板试验、板痕试验和圆筒试验。董海山认识到圆筒试验中获得的比动能可能是一个合适的能量评价方法，此时，九院还没有建立圆筒试验方法和多方指数测试方法。董海山一方面继续以飞片试验为主测试了十余种炸药的爆轰参数，另一方面他收集分析了美国发表的系列炸药的爆轰参数及标准圆筒比动能的数据。在分析飞片试验数据时，他发现飞片比动能与爆压有较好的关系，特别是与爆压与密度的比值之间有相当好的线性关系，同样在圆筒试验中，比动能和爆压与密度的比值也有很好的线性。至此，他得出重要结论，炸药的爆压以及爆压和密度的比值能很好地表征炸药加速金属的能量特征，是较好的能量判据。董海山还发现，对于无氢炸药，上述准则又不适用了。

1978 年前后两年多时间，董海山对能量准则和能量指标的深入研究，再次验证了此前一直思考的观点，即以爆速或能量密度作为炸药能量指标的输入是有很大缺陷的。这期间，董海山曾经到多个岗位亲自进行操作学习，深入理解和掌握了多种试验方法的原理和测试方法，并在三所带动了对炸药能量问题进行研究的小热潮。李怀祥、李鲜明和徐维强等人展开了多方指数对炸药能量的影响研究[2]，曾昭雄提出了功率密度的概念来表征炸药能量[3]。这些研究对于重新反思和修正炸药设计中的能量指标、新炸药的合成与配方设计具有很强的指导意义，也推动了圆筒试验、爆压测试和多

---

① 董海山：关于炸药能量的评价和判据。国防科学技术报告，GF-04，1999 年。存于九院三所档案室。

② 李怀祥：科研总结报告，KSB-11-8。存于三所档案室。

③ 曾昭雄：科研总结报告，KSB-44。存于三所档案室。

方指数测试方法的建立。

到八十年代初，董海山等人对核武器用高能炸药的能量问题、加速金属能力和炸药爆轰能量利用效率等问题的认识达到了一个新的高度。这些研究结果也多次在"三九"会议上报告，也正因如此，三所和九所才逐渐在核武器用炸药能量指标和安全性的匹配方面达成共识，为低感高能炸药和钝感炸药的研制和应用廓清了认识上的误区。1982年，董海山将研究的部分结果撰写成"高级炸药的性能及工艺"一文，在《爆炸与冲击》上以专题讲座的形式发表[①]，使更多的理论工作者和工程技术人员认识到炸药的能量与安全性问题。

在炸药能量准则和能量指标研究中，董海山曾经有过系统的思考和规划，除提出利用圆筒比动能和爆压与密度的比值作为宏观能量指标外，作为炸药合成领域的先驱者，他更希望能从炸药元素组成和分子结构的微观角度去深入理解爆轰和能量问题，以便于更好指导新炸药的合成。因此他在1979年的研究方案中提出寻找多方指数与炸药密度及产物的关系。可惜这一想法需要大量的试验和数据积累分析工作，而一些新的试验方法还处于摸索阶段，条件还不完全具备，因此能量准则的研究仍然是一项未完成的任务。此时，时间到了八十年代初，高能炸药的设计理念也在悄悄发生变化，董海山敏锐地认识到并助推了这个变化——核武器用高能炸药的设计开始从单纯注重能量到能量与安全并重的方向。董海山将在新一代高能炸药设计中展出超前的战略眼光和不懈奋斗的力量，此时他已年届五十，而他科研生涯的第二次春天才刚刚开始。

低感高能混合炸药

在三所和九所关于核武器用炸药指标取得共识的基础上，1979年，在

---

① 董海山：高级炸药的性能及工艺。《爆炸与冲击》，1982（3）：86-95。

九院计划会议上三所提出了研制低感高能炸药的预研课题，并开展可行性研究工作。1980 年 4 月，在院新一代武器炸药研制座谈会上，三所、九所又进一步提出改善炸药的安全性，得到了院领导的支持。自此，炸药研制的着眼点开始由单纯追求高能逐步转向"能量与安全兼顾"。

为满足新一代核武器的设计需求，提高炸药的安全性已是不可回避的重大问题。基于此，核工业部六局于 1980 年 4 月在北京召开了"新一代核武器高能炸药座谈会"，三所周怀德、董海山、刘长录、曾昭雄，九所符鸿元、朱建士、孙锦山，兵器部科研局和二一四所的梁国霖等参加了会议。这是高能炸药发展史上一次极为重要的会议。

这次会议上，董海山做了"研制低感高能炸药"报告，在报告中他提出了研制能量不低于兰化所研制的以十号炸药为主体的炸药配方的 95%，安全性能与 TNT 相当的新型低感炸药。新型炸药的原型配方采用兰化所的配方。董海山提出的研制思路是采用一种极为钝感和安全的炸药三氨基三硝基苯[①]部分取代原型配方中的十号炸药，从而得到一种兼顾能量与安全的低感高能炸药。

董海山提出的研究思想不仅得到了与会专家的肯定，而且在此基础上，专家们进一步拓宽了新一代核武器用主炸药的发展思路。即根据新一代武器的特点，应更突出炸药的安全性能，并且针对不同阶段、不同型号对能量提出不同要求，分步实施。

这一思路中，TATB 是一大亮点[②]。此后近二十年时间里，董海山倾尽心力，带领团队完成了 TATB 的合成及以其为基的新型低感高能炸药、钝感炸药和钝感高能炸药的研制。

1981 年 6 月，九院一七二会议提出了在短期内研制以 HMX 为主炸药的低感高能炸药的任务目标。新的低感高能炸药的技术指标特点是，允许在能量上相对现有配方有所降低，但感度要有大幅度下降，机械性能与之相当。根据董海山提出的研究思路，由三〇一室的曾昭雄、郑培森具体负

---

① 简称 TATB。

② 阮庆云编:《中国工程物理研究院化工材料研究所发展史（1958—1998）》。未刊稿，2001 年。

责以 TATB 为含能钝感剂的低感高能炸药配方研制工作，参加研制的人员包括：徐维强、谢声遐、贺巧渔、文方武、周玉琪、付永乐、李秉仁、李鲜明、吴春芝、廖鸿铭、金翠英等[①]。经过三个月的努力初步获得了"低感一号"配方。

在这三个月中，他们做了两百多个研究配方，并从中初步筛选出五个试验配方。对这五个配方的爆轰性能、安全性能、力学性能、工艺成型性能进行考核后，经过综合评定，决定以 L-1618 配方为基础再兼顾其他配方的优点继续做工作，并将该配方代号命名为"低感一号"[②]。

在对"低感一号"进行公斤级放大试验时，发现其摩擦感度不稳定，于是又进行了改性，得到"低感一号 A 型"配方。1987 年 1 月 6 日，"低感一号 A 型"通过院级鉴定，并在核武器中得到多次应用。

今天，我们知道中国核武器用炸药经历了四步战略，即高能、低感高能、钝感、钝感高能，而这一发展脉络与美国核武器用炸药发展历程相似。美国核武器在发展之初使用的高能炸药也出过系列事故[③]，后来才逐渐使用钝感炸药。[④]

在低感高能炸药研制报告中也记载着这么一段话：[⑤]

> 据报道，美国在发展核武器过程中也曾一度追求过炸药的高能量。他们曾使用过 PBX-9404、LX-04、LX-09 等。美国于 1959 年因连续发生了两起伤亡事故而废除了 PBX-9404 在核武器中的应用。

---

① 徐维强、曾昭雄：低感高能炸药低感一号 A 型配方研究，KQH-0310106。中物院化工材料研究所内部资料。

② 阮庆云编：《中国工程物理研究院化工材料研究所发展史（1958—1998）》。未刊稿，2001 年。

③ 陈生玉、王少龙、陈增凯等：《美国核武器安全管理与可靠性》。国防工业出版社，2002 年，第 313—321 页。

④ 据曾任九院三所总师的蒋道建回忆："这一条脉络，应该是非常清晰的。就是从以黑索金为基的熔铸炸药，到 2 号，再到奥克托金为基的，再到 TATB，实际上展现了咱们核武器用主炸药的一条脉络，就是从能量到安全，从单纯的能量，单纯的安全到追求综合性能优良这样一个脉络。"见：蒋道建访谈，2016 年 3 月 31 日，绵阳。资料存于采集工程数据库。

⑤ 徐维强、曾昭雄：低感高能炸药低感一号 A 型配方研制总结，KGG-B0104。中物院化工材料研究所档案。

但是，就在从"能量到安全"的第一步，即中国的核武器用第一个低感高能炸药配方研制之初，航船却是在一片争论中起锚的。争论的起因是"TATB 到底在配方中的降感效果有多大"。①

为扬清去浊、解惑释疑，董海山从两个方向开始了他的研究。

第一个方向，展开全面的文献研究。此间，不仅他自身调研、查阅大量文献，同时建议九院三所情报室开展广泛的文献调研工作。经众人不懈努力，终于发现美国核武器用主炸药一些新的发展动向，而这些动向亦是美国从一系列惨痛的安全事故教训得来的。董海山等人不仅发现了美国从上世纪六十年代开始，就已将 TATB 作为耐高温的钝感材料，用于提高炸药配方耐热稳定性的关键组分；而且，更重要的是他还发现在美国新研制的核武器主炸药某些配方中使用了 TATB，而配方中引入的 TATB，其理由可能是用于提高配方的安全性。同时，他又发现了一个有趣的现象，即同时期美国与核武器研制相关的 PATEX 炸药工厂、洛斯·阿拉莫斯国家实验室发表了相当数量的关于 TATB 合成工艺改进以及配方性能研究的文章。由此，董海山敏锐地判定美国核武器用主炸药中，TATB 将扮演极为重要的角色②。

从上世纪七十年代末，九院三所就重要研究方向开展大规模文献调研的传统得到了传承③。八十年代改革开放之初，人们虽努力地睁大眼睛想了解外部世界，但是，信息的来源管道依然稀少，尤在核武器尖端科技领域更是如此。其时，董海山带领团队和情报室人员广开渠道，多方努力，一

---

① 蒋道建访谈，2016 年 3 月 31 日，绵阳。资料存于采集工程数据库。蒋道建（1963- ），四川人，1984 年毕业于北京工业学院。毕业后由国家计划分配至九院三所，初入三〇二室从事火工炸药研究，1986 年初服从所里决定内调至新成立的三一五室，半年后担任 TATB 合成攻关小组组长。其后调院机关，后又历任九院三所总师、所党委书记等职，现任中国久远高新技术装备有限公司董事长、总经理。

② 关于这个细节，李海文曾回忆："此间，董海山院士从院里拿来一份由美国专家提供的'TATB 与 TATB 配方的感度'的文献资料，由我室周芬芬译成中文。"参见《李海文回忆录》中的《我与董海山同志一起工作和相处的回忆》，资料存于采集工程办公室。

③ 1977 年，九院三所情报室编辑出版所刊《化工动态》《资料导报》《化工译文》。1981 年，所学术委员会决定统一出版所刊《炸药通讯》，1982 年一季度出副刊号，并成立了编委会和编辑部。

篇篇文献终于聚少成多，汇流成河，并在 1994 年出版了一部以 TATB 为主题的《钝感炸药译文集》。

第二个方向是展开小试验证研究。消除争论最好的办法就是用实验数据验证 TATB 的钝感效果。早在 1978 年，董海山就了解到兵器部二〇四所易景缎等人在实验室采用氨气法成功合成出了 TATB。基于在"一四二会战"期间保留下的良好协作关系基础，董海山向二〇四所索取了 0.5 公斤 TATB，交与曾昭雄、李怀祥等人用于十号和二号炸药的降感研究。根据董海山的最初设想，TATB 是被作为含能钝感剂来使用的，而起因则源于他从文献中了解到 TATB 的晶体结构和石墨类似。①

事实证明，TATB 在配方中的钝感效果十分优异，否则新研制的炸药配方也不会以"低感一号"冠之，自此，人们心中尚存的一丝疑虑被一扫而空，就这点蒋道建先生在其回忆中给出了明确的答案：②

> 虽然，最后 TATB 的加入量有限，但是从试验结果来看，TATB 的降感效果是很有效的。

这里，蒋道建所说的"加入量有限"，是指采用较少的 TATB 作为添加剂来部分取代原型配方中的 HMX。之所以这样考虑，缘于新配方设计的能量指标要求。

从董海山于 1978 年萌生用 TATB 作含能钝感剂，到第一个低感高能混合炸药鉴定，经历了将近十年时间，在这十年的每一过程中，董海山如对初生婴孩般，精心呵护中国核武器用第一个安全主炸药配方的成长；而每一过程中，无不凝聚着董海山巨大的心血和智力付出。结出的果实证明了董海山"以 TATB 作为含能钝感添加剂用于改进高能炸药安全性能"的设计思路是确然无疑的。

---

① 九院三所所史中记载：董海山等人通过文献了解到 TATB 的晶体结构类似于石墨，摩擦系数小，因此提出将其用作含能钝感剂。参见《中国工程物理研究院化工材料研究所发展史（1958—1998）》，第 72 页。

② 蒋道建访谈，2016 年 3 月 31 日，绵阳。资料存于采集工程数据库。

木 头 炸 药

第一个低感高能混合炸药的研制成功为提高核武器的化爆安全性是一个很好的开始，董海山并不止步于此，他的夙愿是要完全使用钝感炸药。作为炸药合成出生的董海山，深知合成钝感单质炸药的重要性，正所谓巧妇难为无米之炊，董海山在把目光聚焦在钝感混合炸药这个大餐的同时，实际上已着手规划如何先种出系列优质的"大米"。

1984 年，在董海山的主导下九院三所开始论证高安全单质炸药的发展方向，此后几个安全性能优异的单质炸药逐渐浮出了水面。

就炸药的分类与品种而言，数量非常之多，但是能确立下来用于武器的数量则相当少，尤其符合高安全特性的数量则更少。时至今日，在千余个炸药品种中，得到实际应用的亦不过十余种。所以，对名目繁多的炸药进行比较、筛选、反复论证变得尤为重要。而今，随着新炸药个数的急剧增加，新炸药的筛选工作正在变得愈加重要、愈加艰巨。

虽然，1979 年董海山在"研制低感高能炸药"报告中着力推荐的首位高安全单质炸药是 TATB，但它毕竟只是候选对象之一。事实上，同期还包括了另外几个候选对象，如硝基三唑酮（NTO）、硝基胍（NQ）和二氨基三硝基苯（DATB）。

除此之外，董海山的目光并非只盯住主炸药这个一亩三分地，对于核武器安全极为重要的新型雷管的始发药也是做了详尽的规划，并在后续工作中得以实现。

1986 年 9 月，九院三所正式成立两个攻关小组，一是 TATB 攻关小组；二是 NTO 攻关小组，分别由蒋道建、杨克斌担任攻关小组组长。其时，董海山已担任九院三所科技委主任，但是他仍然亲自挂帅两个攻关小组的主要负责人兼技术指导人。①

　　董海山不完全是一个技术指导人，应该说是主要负责人、技术指导人这两个角色都有。

　　TATB，化学名三氨基三硝基苯，能量约为 HMX 的 65%，分子结构近似于平面，晶体结构类似于石墨的层状结构。1887 年，美国人 Jackson 和 Wing 首次合成出来后，因其太钝感，那时的人们并没有意识到它是一种炸药，而是把它当作黄色染料来使用。之后才发现它是一种十分安全的钝感炸药。美国通过对炸药安全性的反思，首先将其用于核武器主炸药，TATB 因此得到了巨大发展。

　　TATB 因其安全性能十分优异，而被人们戏称为"木头"炸药。② 但是，这块"木头"于九院三所的发展初始也并不顺利。

　　1978 年，在董海山提出"用 TATB 作钝感添加剂来提高高能炸药安全性能"的建议后，不少人持怀疑态度，而这种怀疑甚至影响到当时做合成研究的技术人员心态，只是后来做出来效果很好，才重视起来。③

　　可以看出，即便是对合成工作"重视"起来，当时的目的亦只是希望

────────────

　　① 蒋道建攻关小组的成员主要是蒋道建、董海山、林元明、郭莉。这个小组中蒋道建属于新到的大学生，林元明虽是老同志，参加攻关小组前主要从事压药工作，郭莉是一名年轻的辅助工人。因此，这一小组的技术决策及思路几乎全部出自董海山。杨克斌攻关小组的成员主要是杨克斌、董海山、李顺秀、尹莉莎。这个小组中李顺秀和尹莉莎都是辅助工人。因此，这一小组的技术决策及思路也几乎全部出自董海山。NTO 的研制经历与 TATB 相似，据蒋道建回忆："因为我们当时都在一起，只是两个不同的实验室，组是在一个组里面，所以说经常可能前半段讨论 TATB，后半段就转 NTO，或者是前半段讨论 NTO，后半段就转 TATB。"NTO 研制成功以后，由于它的酸性问题无法解决，后来就没有再做下去。

　　② TATB 是以共轭的苯环为骨架，环上间布三个致爆基团硝基和三个稳定基团氨基，相邻的氨基和硝基之间通过分子内的氢键联结，这大大提高了分子的稳定性；不仅如此，由于分子呈平面结构，分子之间又通过分子间的氢键连接成面网结构，因此整体看 TATB 的稳定性很好；另外，这种层结构在受到外部刺激时，层和层之间可以通过滑移消减外部刺激的作用，进一步提高了 TATB 的稳定性。迄今，TATB 被认为是最稳定的炸药，性如"木头"，其因正源于此。

　　③ 据田野回忆，"当时我们也陆陆续续知道西安三所在合成 TATB，当时董主任建议我们是不是也做一下，当时做的一个目的就是以后在西安三所订货的时候好报指标，你自己不做心里就没底，比如说感度你提多少，纯度多少，灰度提多少合适。所以我们合成组就开始合成 TATB，当时也就是随意地做，没有太用心地去做这个……后来听他们说做了以后效果很好（此指 TATB 用于低感一号降感研究），随后我们才重视起来。"见：田野访谈，2016 年 7 月 19 日，绵阳。资料存于采集工程数据库。

更多地了解 TATB 的技术指标，以便于将来向西安二〇四所订货的时候心中有底，甚或占据主动。所以，在研制低感高能炸药的同期，九院三所并没有打算真正开展 TATB 的合成研究，而等到真正下决心开展合成研究时，时间已经到了 1986 年年末了。究其原因，主要源于两个方面：

第一，基于分工协作的原则，主要利用外来产品研制低感高能炸药。在研究低感高能炸药"低感一号"的初期，TATB 的降感效果尚不明朗，九院事实上很难真正铺开摊子开展 TATB 合成研究。按照九院一贯的"走一步、看三步"研究战略，即使要研究也不会仅仅只研究 TATB 一个炸药，必然涉及其他的高安全单质炸药合成研究。

另一层原因是二〇四所已经在实验室合成出 TATB。在九院三所所史有如此记载：[1]

> 兵器部二〇四所易景缎等人在实验室采用氨气法合成 TATB 炸药取得成功……1978 年，（董海山）向二〇四所索取了 0.5 公斤 TATB。

二〇四所合成 TATB 的方案是氨气法，此后该所将合成技术转让至湖北宜城的五二五厂，并在五二五厂建立起了生产线，这是一条十公斤级的生产线，九院三所最初研究低感一号时，所用的 TATB 正是来源于五二五厂，或者说这条小型生产线正是为核武器用炸药原材料需求量身定做的。

随着低感炸药研制工作不断推进，外购 TATB 的问题逐渐显现。一是外购的 TATB 价格高昂，二是质量和供货周期又难以得到保证，在九院已然做出"加快钝感炸药研制步伐"的背景下，外购 TATB 成为严重的阻滞，形势逼迫三所不得不考虑自行合成生产 TATB，而董海山又一次成了关键人物。中物院前院长朱祖良[2]在访谈中回顾了这个情况。

> 但是那时候的 TATB 都是从外面买的，当时兵器部也已经开始研

---

① 阮庆云编：《中国工程物理研究院化工材料研究所发展史（1958—1998）》。未刊稿，2001 年。

② 朱祖良访谈，2016 年 10 月 24 日，上海。资料存于采集工程数据库。

究 TATB 了，三所自己也制备过 TATB，这个也是老董提出来的，因为毕竟受制于人嘛，这个就不好办……所以老董坚持要搞，我也坚持要搞，我当时已经当所长了，我当副所长的时候我们也经常在一起讨论，一定要自己搞……后来我们就上了 TATB 的生产线了。

TATB 合成的攻关人蒋道建[①]也道出了缘由：

> 我们当时也没有太想自己做，毕竟别人已经有生产线了，就想跟他们（五二五厂）商量，一方面提高质量，保证供货周期，一方面把成本降低。因为成本很贵，贵到什么程度？八十年代中期，一千块钱一公斤。当时的人均工资是什么水平，当时的话九院职工一个月的平均工资也就一百来块钱，所以当时真的是非常昂贵的价格。另一方面他的质量不稳定，供货周期有时候好，有时候又供不上，当我们觉得 TATB 可以比较大规模使用的时候，您要供不上货就比较要命了，影响就比较大了。就有这么几个想法跟他们商量，但是接洽了几次、商量了几次之后，没达成一致，而我们这边应用又迫在眉睫，就打算 TATB 确实应该作为攻关重点。

TATB 研制之初，采用了两步反应：一步硝化，一步胺化。

硝化于炸药合成而言，永远是一步危险的工序。在合成 TATB 的硝化反应中，这一步就是要把三氯苯置于高温环境中，用硝酸和硫酸混合物完成硝化反应，这是一个高温下长时间的三段反应，产物为三氯三硝基苯。这个过程，现在看来工艺虽然比较稳定，但在当时实验室摸条件时，该过程的工艺参数和安全边界条件完全不清楚，操作控制必须慎之又慎。

通常，炸药的硝化温度越低，反应越安全，但这样势必延长反应时间，反应才会更彻底；当然，也不能为了保证安全就努力降低温度，否则反应无从进行。这是因所有的化学反应都必须越过一个"化学能垒"，只

---

① 蒋道建访谈，2016 年 3 月 31 日，绵阳。资料存于采集工程数据库。

有当反应温度到达一定程度，才可能越过"化学能垒"从而得到产物。所以，为保证炸药硝化反应的发生并确保安全，提高产品得率，必须严格协调硝化反应的温度、时间、搅拌状态以及投料顺序。而这一过程中，反应时间往往较长，实际上这也是做有机反应的特点。董海山当时已经担任所科技委主任，但他经常下到实验室和课题组一起攻关。①

在实验室研究中，董海山还有一项重要的使命是传承他的经验和智慧，培养年轻人。② 他经常与参与课题的年轻同志讨论实验方案，研究反应条件对得率和质量的影响。作为"文化大革命"后董海山指导的第一代弟子，蒋道建曾经讲了一个生动的事例："比如从常温升温到 70 度，那么什么样的一个速率合适啊？这些就要靠经验来判断，不能说轰一下就升上去，那肯定是不行的。在这些比较重要的技术关键点，董先生就会到实验室来提醒我们，等我们做得比较稳当了，他就会来的少一点。"

事实上，三氯苯在高温硝化时，一旦温度超过 175℃，反应速度将不可控制，如不采取紧急卸料等措施，将极易引起爆炸，但如果硝化时间不够或硝化温度不够，产品的副产物亦会增多，又会导致产品纯度低、得率低。这在实验室小试时比较容易解决的问题，在量级增大时其解决难度亦随之增大。董海山利用他的丰富的知识和经验，在纷繁复杂中找到解决问题的关键，这在蒋道建的回忆中有一段精彩描述：③

---

① 蒋道建访谈，2016 年 3 月 31 日，绵阳。资料存于采集工程数据库。

② 1975 年，董海山重新投入工作后，最初以参加者、合作者身份开展工作，如低感一号研制过程中，他担当的是技术指导人角色，"文化大革命"后开始指导年轻人的是在 TATB 和 NTO 两个攻关小组中。其时蒋道建等人参加工作两年左右，本身非常优秀亦渴望得到名师指导，北京工业学院的老师陈博仁曾向董先生书信推荐过他。据蒋道建回忆："参加工作之后，我对做实验比较感兴趣，对写文章没什么兴趣。当时做完了之后，董院士也跟我们说，你们不能光一天到晚在那做实验，你们还得把东西总结出来，尤其是你们要写一些文章，去参加学术交流会，跟咱们同行多接触。后来董先生就专门找到我，要我把 TATB 的合成写一篇文章，在《兵工学会》上发表，在香山要开个会，要去参加。就作为一项任务下给了我。后来他就对我们进行指导。写了一稿先生修改。过几天，他就把稿子还回来了。上面改得可真多，拿回来的稿子有点像重写的。在他改的基础上，我又认认真真地写，有些参数还有存疑的地方，董先生上面打了问号，我又在实验室重做验证。然后就把这篇文章投到了《兵工学会》，去参加学术交流，最后我得了优秀青年论文，还给我发了一个证书。跟董先生在一起可以学到很多东西。"

③ 蒋道建访谈，2016 年 3 月 31 日，绵阳。资料存于采集工程数据库。

在我们百克量级放大的时候，虽然说以前有小试，但由于在硝化过程中是用高温，所以最初我们在做的时候特别小心，并且调整了物料比，还有加入物料的顺序，而这些对安全、质量、得率的影响非常大。记得当时我们硝化三氯苯的时候，小试得率大概可以达到百分之八九十。但是转到百克量级的前几次，得率都只有百分之六十多，这样实际上后处理没法弄，因为它就是一个混合物，非常难提纯，这个时候确实面临着一些问题。后来在讨论的时候，董老师看到我们的一些试验记录，一些试验数据，他就给我们指出来，大概就是我们硝化温度控制是有问题的。我们温度升得太快，升得太快了之后就会导致一阶段硝化快，从而产生很多副产物，因为硝化反应是一个硝基一个硝基上，升温过快就出现了上硝基带来副产物的问题，所以他就针对温度控制提出了他的考虑。按照他的思路，我们试验后，确实感觉到硝化温度对得率的影响非常大。这一段攻关时间还比较长，就攻得率这件事，开始只有百分之六十多，后来攻到了百分之九十多。

合成 TATB 的第二步反应是胺化。

研制之初，董海山也拟采用五二五厂那样的氨气法方案，但是由于当时实验条件十分简陋，氨气作为一种有害气体极易散发到周围环境，不仅影响健康，还导致实验条件难以控制。为解决这个问题，在董海山指导下，课题组反复摸索、试验，终于找到了一种分解时可产生氨气，却不产生其他有害物质的优良胺化剂——碳酸铵。[①]

自 1986 年 9 月，九院三所正式成立 TATB 合成攻关小组，再至 1987 年完成实验室攻关，又至 1988 年上半年完成百克量级放大。至此，九院三

---

① 蒋道建曾回忆："我们四个人那段时间是想尽一切办法来做，摸了几种材料，后来感觉碳酸铵是一种比较合适的材料，它在 40 度就可以分解，分解之后是二氧化碳、水和氨气，没有其他危害性产物，对于保证 TATB 的质量是非常好的，另外它还有一个最大的优点，在几十度的温度、常压下它就可以释放出氨气来，再跟三氯三硝基苯反应就可以得到 TATB，这样就去掉了高压反应，安全也就有保障了，储存氨气的瓶柜也不需要了，因为碳酸铵在平常情况下是固体。"见：蒋道建访谈，2016 年 3 月 31 日，绵阳。资料存于采集工程数据库。

所终于用上了自己研制的 TATB。正如蒋道建所言："这一段的攻关，我印象比较深刻。因为那段时间，我们几个人基本上天天就在实验室倒班儿。"

千淘万漉虽辛苦，吹尽狂沙始到金。更可喜的是，九院三所自主研制的 TATB 质量超过了五二五厂的产品①。这令时任九院三所生产科科长的刘明德欣喜不已，随后他找到项目组要"签订协议"，并给予奖励，这在当时立刻引起全所震动，皆因发生了"三所头一例让课题抓紧攻关，任务完成还要给奖励的事"。

科研的动力源于科技人员头脑的创造性思维并践于行动，从心底燃烧起对科研的热爱并愿意为之付出，这种董海山身上所具的特质，我们在其第一代弟子身上也看到了传承。②

1989 年年底，九院三所评估认为："攻关组生产出来的产品质量，完全满足今后混合炸药发展，特别是核武器主炸药发展的需要"。

新型雷管始发药

1988 年年末，就在九院三所用上自主研制的 TATB 当口，又一个新型炸药正在孕育。这个炸药即苯并三氧化呋咱，俗称 BTF。董海山的著作中，有一本极重要的书籍《高能炸药及相关物性能》，这是一本从事炸药研究的学者之必备参考书，书中第四章介绍的第一个炸药就是 BTF，其中几句话是这样的：③

---

① 当时的产品叫"低氯"产品，产品中的氯含量千分之三左右，兵器的大概是百分之一点几，比兵器的少一个数量级。因质量上乘，随后三所督促工艺放大并与项目组签订协议。氯含量是 TATB 产品的一个重要指标，产品中的无机氯有腐蚀性，对核武器主炸药而言，氯含量越低越好，最好是无氯。

② 蒋道建访谈，2016 年 3 月 31 日，绵阳。资料存于采集工程数据库。

③ 董海山:《高能炸药及相关物性能》。科学出版社，1989 年第一版，2005 年再版，第276 页。

BTF 的合成首次发表于 1931 年。它是第一个被考虑用来代替桥丝雷管中泰安的炸药。

事实上，BTF 的研制应用，是董海山卓越智慧与高尚风格的又一次淋漓尽显，通过他带领的团队的深入研究，使得因安全问题被美国弃用的 BTF 得以在新型安全雷管中得到应用。

1988 年年末，从九院三所所地合办学校"代课"的技术员田野回到了研究岗位。[①] 此时的她急切希望确定自己的研究方向，但这对经验不足且疏离岗位甚久的年轻人而言谈何容易。所幸的是，董海山给这位年轻同志指明了方向。他给田野一篇简单的资料让她看后申请课题，不久，田野就写了一份基金申请报告。

田野所说的基金即"芳香族氨基氧化呋咱化合物的合成"，1991 年结题时获院内"优秀基金二等奖"。

在 BTF 的基金研究中，田野亦可算得董海山于"文化大革命"后指导第一代弟子的代表。对于黄辉、蒋道建、田野这样的第一代弟子，董海山真可谓倾尽智力，用心尤深，如田野所言："他指导得非常细，然后就是经常去看我脱氮的试验。因为脱氮时间比较长，他就坐那儿跟我们聊天呀。所以我觉得这是一个特别可敬的长者，他的知识面特别宽。"基金工作结束后，田野并没有意识到这项工作的延续性，她回忆到："董主任特高兴，我也很高兴，我当时就以为结束了。"[②]

但董海山并没有停留在"优秀基金"的喜悦中。这个时候，他做出了两个重要决定：一是研究 BTF 的精制方法；二是进行 BTF 的放大合成并开展性能研究。因为其独特的眼光，才有了后来将 BTF 运用于新型安全雷管的基础。

---

① 其时，九院三所老点为解决职工和附近村民的子女就学问题，与地方协商合办了一所中学。为了解决学校师资力量不足、"提高学校教学水平"，一般刚入所的大学生会被安排入学校代课，比如上文提到的参加 NTO 攻关的杨克斌就曾在学校代课，这一"文化特色"也是九院自青海二二一厂起，由于院、所封闭难与外界沟通，不得已而为之的举措。自然，这些未经专业教学培训的大学生的教学效果也就难以保证。

② 田野访谈，2016 年 7 月 19 日，绵阳。资料存于采集工程数据库。

当时，文献报道 BTF 的机械感度甚至比 HMX 还要高，安全性很差，在压制过程中就可能爆炸。根据董海山的意见，解决这一问题的关键在于提高产品纯度。事实上，这是一个极富战略思考的意见，一如"一四二会战"期间研制十号的精制方法一样。其时，董海山已意识到炸药的感度与炸药晶体所含的缺陷有很大关系，炸药的纯度愈高，晶体愈趋于完美无缺陷，其感度也就越低，使用起来也就越安全。

当时我们的精制水平已经超过了文献上的，因为我们用了一种新的苯络合方法。美国之所以淘汰这个炸药，就是他们在压药时候爆炸了，然后就没有继续发展，实际上主要是因为它的纯度不够。[1]

在《高能炸药及相关物性能》手册中，记载了董海山课题组通过研究"提高 BTF 的纯度，进而降低感度的数据"：[2]

用苯重结晶后，其特性落高为 28cm；用氯仿重结晶后，其特性落高 59cm。

炸药的特性落高是衡量炸药机械感度的重要指标，特性落高越大，炸药的安全性也就越高，意味着用氯仿精制 BTF，其安全性竟可增加一倍以上，提高了 BTF 的纯度和晶体完美程度，BTF 才得以在后续应用中被推广。之后，董海山继续推动 BTF 百克级放大工艺研究，更求进一步摸清其性能。董海山曾告诉田野：

不能停在这儿，之前做的都是小试样，基本数据有了。而炸药合成有几个阶段，实验室阶段的一些最基本的数据有了，还要放大探索。董主任说的话我后来才体会到，我们还是要向前发展，把它的爆轰数据，所有的数据弄清楚，因为这个在国际上都没有发表过。要想把它推到武器应用的话，就必须至少做百克量级、公斤量级的，否则测不了那么多数据。就打一个小的圆筒比动能试验，30 发的话至少都

①　田野访谈，2016 年 7 月 19 日，绵阳。资料存于采集工程数据库。
②　董海山:《炸药及相关物性能》。科学出版社，1989 年第一版，2005 年再版，第 279 页。

得两公斤。所以要继续进行放大，继续看发展。[①]

田野回忆起往事，依然对董海山的渊博学识和敏锐眼光赞叹不已：

> 他当时看到这个炸药在起爆方面特别有特长以后，他就说这个药有可能用到新型雷管上。他非常的敏锐，这跟他的学识和经历是分不开的。

此后，在董海山的带领下，田野、刘春等人完成了百克量级放大，然后把当时能够做出来的爆轰数据全部拿到手了。董海山从所得的 BTF 爆轰性能数据中看到用于新型雷管的可能性，亲自带队拜访九院五所耿春余[②]，向其介绍了 BTF 的性能与特点。自此，两家团队密切配合，共同促成中国核武器用第一个新型安全雷管的诞生。

钝感混合炸药

当低感高能炸药低感一号 A 型研制临近尾声，开始鉴定应用之际，时间已经来到八十年代末。而此时，国际核军备领域泛起了一股巨大的暗涌：[③]

二十世纪八十年代中后期开始，美、苏两个核大国为了保持自己的核优势，限制别人的发展，竭力推动核裁军、核禁试谈判。1986 年上半年，邓稼先、于敏联名上书国防科工委，向中央提出加快我国新一代核武器研制步伐的重要建议。这个意见得到朱光亚（时任国防科工委副主任）的认可和支持。由他会同院有关领导、专家分别向中央专委、中央军委汇报

---

① 田野访谈，2016 年 7 月 19 日，绵阳。资料存于采集工程数据库。

② 耿春余：火工品研制专家。九院搬迁至绵阳九〇二地区后，1993 年，原分属五所和三所的火工品研制统一合并至三所。其时，董、田找耿时，两家单位尚未合并。

③ 朱祖良：我国核武器事业的组织者和领导者。见：《朱光亚院士八十华诞文集》，原子能出版社，2004 年，第 12 页。

"核武器发展规划设想"。党中央适时做出了重大决策。终于赶在 1996 年《全面禁止核试验条约》签订之前，圆满完成了预定的核试验任务，铸就了我国新一代核武器攻关的一系列新辉煌。

就在美、苏推动核禁试的同期，九院三所的炸药专家们也认识到全物理意义上的钝感炸药（IHE）[①]对于提高核武器安全性的巨大意义，而这正得益于在七十年代末，由董海山倡议的、在九院三所开展对 TATB 以及以其为基的炸药配方大规模文献调研。根据调研，三所的炸药研究学者了解到美国开发了一个 TATB 占比达到 95% 的塑料粘结炸药 PBX-9502。这一次没有任何争议，大家一致认为应当研制类似于美国 PBX-9502 的钝感炸药。三所所史里有这样的描述：[②]"为提高核武器安全性，美 LANL 和 LLNL 分别研制了以 TATB 为主炸药的 IHE 配方 PBX-9502 和 LX-17，并于 1979 年用于核武器主装药。鉴此情况，在院召开的历届'一三九'爆轰专业会上，三所科研人员曾多次发表有关钝感高能炸药的论文和文献综述，以表明三所对炸药安全性能的重视。"

尽管三所上下取得了要研制钝感混合炸药的共识，但是究竟应该提什么指标？涉及什么关键技术？研制进度如何确定才能赶上核禁试之前应用？这些问题的研究无疑又落在了时任三所科技委主任的董海山肩上。1989 年 3 月 27 日，董海山申请获批了一项院基金课题"用于新一代核武器的炸药及起爆传爆系列的软科学研究"，其中关于钝感炸药和安全起爆器的研究内容主要包括三方面：第一，IHE 的技术指标、技术关键、技术路线和研制进度；第二，安全起爆器的技术指标、技术路线和研制进度；第三，IHE 的起爆、传爆等爆轰方面的关键技术和解决途径。[③]这个基金课题仅仅用了六个多月时间就完成了研究和结题。结题报告中写道："为满

---

① 此指满足"十一项安全试验要求"的炸药。美国能源部规定用于核武器的钝感炸药必须通过十一项鉴定试验。换言之，只有全部通过这些试验考核的炸药才能称为"钝感炸药"。因此，"钝感炸药"可以定义为是指整体上能爆轰，但在非正常条件下产生意外引爆或从燃烧转变为爆轰的可能性几乎可以忽略不计的炸药。

② 阮庆云编：《中国工程物理研究院化工材料研究所发展史（1958—1998）》。未刊稿，2001 年。

③ 董海山：用于第新一代核武器的炸药及起爆传爆系列的软科学研究申请书，KJN-029-01-01。存于三所档案室。

足 IHE 参加热试验的需要。IHE 的配方必须于 ×× 年底确定。……然后于 ×× 年进行全面性能测试。除常规性能外，还需测定 POP 图、雨贡纽参数、反应速率函数、反应区宽度，并进行二维爆轰的引爆传播和驱动研究。"[1] 可见，董海山对 IHE 炸药及其起爆传爆系列进行了详尽地规划，正是有了这个研究结果，后续工作得以按部就班地实施。

1990 年，董海山作为所级技术负责人带领团队正式开始钝感混合炸药配方研制，团队成员包括廖鸿铭、周玉琪、郑培森、李大海等。事实上，在此之前几年董海山及其合作者们就开始了探索研究。早在 1986 年，董海山带领李秉仁、廖鸿铭等人开始 TATB 钝感炸药的应用研究。起初，为稳妥起见而采用循序渐进的办法，逐步增加 TATB 的占比，摸索 TATB 与 HMX 混合炸药系列配方的安全性能，以期更深入认识 TATB 对 HMX 的钝感作用。1988 年，研制团队得到了一个安全性能大幅改善的配方，它是一个 TATB 与 HMX 近等比的低感高能炸药。

之所以仍然将这个配方称为低感高能炸药，而不是钝感炸药，这是因为一个炸药要被认可是钝感炸药，它必须满足美国能源部建立的十一项 IHE 安全试验要求。这些试验几乎涵盖了炸药在应用环境中可能遇到的各种偶发或人为的刺激条件。董海山深知建立钝感炸药试验方法对于研发钝感炸药的重要性和必要性，几乎在研制第一个低感高能炸药的同时，就建议并推动三所建立相关试验方法。其中的苏珊试验、滑道试验、枪击试验这三项评价核武器用炸药安全性最重要的方法于 1982 年由阮庆云、朱祖良、陈启珍等人建立起来。朱祖良在采访中谈到这些方法的建立还颇有感慨：[2]

> 当时美国人已经搞钝感炸药了，模拟感度跟钝感炸药关系很大。比如苏珊试验模拟了撞击场景，滑道试验模拟了摩擦环境，包括枪击试验模拟子弹撞击场景……这些试验也是当时董海山提出要做的，当时我们一起讨论过，就说怎么样对炸药感度能够做一个比较全面的

---

[1] 董海山：KJN-029-01-02，存于三所档案室。

[2] 朱祖良访谈，2016 年 10 月 24 日，上海。资料存于采集工程数据库。

系统的评价，而且可以根据不同的应用对象，用不同的方法来给评价……董海山基本上从立项、项目论证开始，就一直跟我们一起，指导我们进行这个工作。主要是根据当时美国人已经建立的一些方法，来指导我们今后研究感度，要能够确切地跟它的使用状态对照起来。

为了更好配合钝感炸药研究，1989 年方乃相[①]进一步提出了在已建方法基础上建立健全 IHE 试验方法[②]，时至今日中物院三所已经建立了十一项 IHE 试验方法并形成了国军标。

1986 年，新研制的炸药配方不能完全符合十一项 IHE 安全试验要求。为了解决这一问题，董海山再一次指导团队，研制出了安全性能符合"十一项 IHE 安全试验要求"的新炸药 TA-01。

熟悉炸药配方研制的学者都知道，研制一个能量和感度符合预期指标的新配方并非易事，研制中并非是几种组分的简单加合，还必须考虑组分之间的相容性和炸药成型后的力学特性。

虽然，新研制的配方 TA-01，无论是能量还是安全性都与美国的 PBX-9502 类似，而且作为中国第一个钝感炸药配方，事实上技术水平已然十分接近美国。但是，这一配方仍存有瑕疵，这就是配方中使用的粘结剂，导致了炸药的成型性能稍嫌不足：[③]

（TA-01）能量与国外 PBX-9502 相当，但成型性能不理想。因此1991 年又对 TA-01 药柱进行了正常化处理方面的研究。

其时，新炸药 TA-01 的研制进程时间已经来到 1992 年。但是，那时候的中国已经参与到国际核禁试谈判中，时间在快速流逝，研究必须加快。

1992 年 1 月，九院召开新型核武器安全性能的专题研讨会，三所在

---

① 方乃相，时任九院三所科技委副主任。董海山时任科技委主任。

② 方乃相：关于建立钝感高能炸药安全性能检测方法系列规划报告，1989 年。存于三所档案室。

③ 组分之间的相容性和炸药成型后的力学特性是炸药应用的关键技术参数。炸药的相容性是指复合炸药的组分之间不发生反应，不反应即称"相容"；炸药的力学性能是指炸药成型后的强度、韧性等，是炸药的环境适应性之关键。

会上介绍了上述两个配方及其性能数据。通过讨论，与会者进一步认识到研制钝感炸药的迫切性，确定了"一步到位"的原则，拟研制一种钝感炸药，争取用于中国最后一次核试验。从此钝感炸药被列入院、所重点研究课题，在研制经费上给予了充分支持。经过四年努力，终于在 1996 年 4 月 1 日通过了鉴定。自此，媲美 PBX-9502 的钝感炸药在中国横空出世。董海山身为九院三所科技委主任，他以巨大的热情全程负责这一工作的技术指导，与团队协作攻关，再次成就辉煌成果。

今天看来，从 1977 年到 1996 年，二十年时光，董海山又一次将自己的心血和智慧凝聚在中国新型核武器用炸药研制中。自此，中国两代核武器用主炸药都镌刻下董海山的名字。多年后，蒋道建回忆起董海山带领团队攻关 TATB 的时光，依然感慨万端：①

> 董院士的贡献是非常大的。因为他当时作为三所科技委的主要领导，论证我们核武器的炸药应该往什么样的方向发展，提出路线图，得到了所里、院里的认可，并且是大力支持。因为时间非常短。我们到了八十年代末才在实验室做出来，但是全面核禁试是 1996 年，这个区间非常短，要从实验室到工程，要做完，因为这个窗口很短。所以这个技术路线的制定，并且一以贯之是不容易的。在这中间，董先生做了非常好的工作，应该说是主要的领导者之一。

钝感高能炸药的探索

钝感混合炸药终于赶在核禁试之前参加了热试验，实现了董海山和同事们的愿望。但是董海山并没有止步，他的目光又紧紧盯在钝感高能炸药

---

① 蒋道建认为 TATB 的成功有三个意义：一是具有完全的自主知识产权，可以对质量、供货能力做到完全可控；二是打通了从实验室到批量生产的流程，是迄今为止九院最早一个从实验室到批量生产全线打通的炸药；三是通过这个工作培养了一批人，包括蒋道建自己。

上。按照董海山的设想，就是要在安全性满足十一项 IHE 标准的基础上，炸药能量比现有钝感炸药有一个较大的提升，比如 20% 以上。满足 IHE 标准就能满足核弹头在各种热的、机械的意外刺激下不发生化学爆炸，比如核弹头在万米高空跌落，炸药释放的能量不超过相同质量 TNT 释放能量的 10%，就不会形成化学爆炸，从而不会造成核材料的扩散污染，对于核武器的安全性具有十分重要的意义；提高炸药的能量有利于核武器的小型化，对于增加核武器的射程具有重要意义。这一点董海山在"高能量密度材料的发展及对策"一文中给出了诠释："潜射战略导弹的射程增加 10%，就会使潜艇隐蔽的海域增加数百万哩。因而会大幅提高战略武器的生存能力。"因此，钝感高能炸药对于提高核武器的综合性能至关重要。而董海山的这个设想通过三所广大炸药研究者的共同努力，尤其是依托 2007 年立项的国家安全重大基础研究项目，通过与国内同行的集智攻关下基本得以实现。

董海山布局钝感高能炸药的研究始于 2000 年左右，也就是大约在钝感炸药获得应用的四年后就开始考虑了。董海山深知，要实现钝感高能的长远计划还得从原材料即单质炸药设计合成着手。为此，2002 年董海山亲自撰写了院重大基金项目"高能钝感炸药的分子设计及合成研究"申请书并获批准。当时，董海山作为退休返聘人员不适宜当课题负责人，他是作为总体策划者和技术参谋指导时任三所党委书记的黄奕刚、弟子李金山和王军等人完成的。获得的几种新炸药基本是根据董海山凭借几十年的经验设计的分子结构合成出来的，这项课题于 2005 年结题并被评为优秀，为钝感高能炸药的探索奠定了良好的基础。2007 年获批的中物院发展基金重点项目"高能钝感炸药的探索合成及含能共熔物的研究"也是一脉相承的工作，相关情况在第七章中有记述。

2006 年 6 月，董海山首开中物院在国家安全重大基础研究方面的先河，组织编写综合论证报告及课题申请书，经过多次迭代，"钝感高能炸药设计理论及安全性评价方法研究"国防"973"项目于 2007 年 11 月正式立项，这也是中物院获批的第一个国防"973"项目。该项目的技术首席黄辉在采访中谈到，如果不是因为考虑董海山年龄的原因，技术首席应该由董院士来做。①

董海山虽然没有担任技术首席，却亲自承担了课题一和专题一的负责人，带领他的团队进行低感高能单质炸药合成和高品质炸药结晶研究。在专题一的开题及前两年的年度总结报告都是董海山亲自报告。在研究工作中，董海山根据几十年的经验和思考提出了低感高能炸药分子设计准则：②

晶体密度需在 $1.8g/cm^3$ 以上的，为此以笼型化合物及 N 杂环较好；在分子中 $-NO_2$ 应与 C 相连，而不能与 N 或 O 相连；在分子中应具有提供电子的 $-NH_2$ 或基团，而且这些基团应把两个 $C-NO_2$ 隔开；分子应当对称性好，没有薄弱环节。

在这个准则的指导下，课题组成功合成两个能量相当于 RDX、感度与 TNT 相当的低感高能单质炸药，为今后的钝感高能混合炸药的发展奠定了基础。同时，在董海山的指导下，项目组也成功获得高品质降感 HMX、新型钝感高能混合炸药等系列先进炸药材料，新型钝感高能炸药的研制朝着董海山指引的目标前进。

---

① 黄辉在采访中回忆："虽然我是第一个'973'的首席，但如果不是董院士年龄的原因，这个首席应该是董院士来做的。我也不是谦虚，'973'项目的论证立项实际上是经过了三个阶段，第一个阶段的论证主要是董院士来主持提出的，但是后来的方向和当初立项的方向稍微有所不同，当时董院士提的方向主要是针对常规弹药，改进安全性，主要是针对常规弹药的一些基础共性问题，作为一个重大项目来进行立项，这里面也反映了董院士对国防事业一种高度的责任感……但是，发展到一定阶段以后，这个论证还是遇到一些困难，毕竟常规弹药的装药主要不是在九院，所以在跟机关沟通的时候，机关也给我们善意的建议，希望我们还是能够结合院里的特点和实际来开展论证……因此第二阶段对'973'的论证进行了一些适用性的调整，主要是追求共性技术，还是要服务于我们核武器装备的重大瓶颈问题，董院士也一直在直接指导，他在钝感高能炸药的设计理念方面应该说是有一种心愿，我们炸药的设计以前多半是依靠经验，现在要多发展理论，这种愿景和大思路也是老先生一直在教导我们的。那个时候老先生年龄也比较大了，'973'管理上也有一些规定，前期跟机关报告，董院士都直接参加，机关同志都有点不好意思，说您请那么大年纪的老院士跟我们汇报，好像不太妥当……在请示朱院长的情况下，后来才是我牵头论证第二阶段、第三阶段的工作，让我来做这个首席。其实这个首席理论上应该是董院士来做的。"见：黄辉访谈，2017 年 8 月 18 日，绵阳。资料存于采集工程数据库。

② 黄辉、聂福德、黄亨建等：钝感高能炸药设计理论及安全性评价方法研究总结报告，973-25-1。存于中物院三所内部资料室。

未 来 之 路

作为我国含能材料领域的著名专家，董海山时时仰望星空，时刻关注着我国含能材料的发展，时刻关注着国际相关技术的最新动态。董海山的学生在纪念文章中写道：[①]

> 董老十分关注科技的最新动态，并对学科发展做出准确的判断。2003年，我去江油华丰村参加院基金03学科结题答辩。吃饭时，我坐在董老左边，在上菜之前，董老就向坐在他右边的傅依备院士请教和讨论反物质的问题。我当时还挺纳闷，董老不是化学化工专家吗，怎么关注起物理问题了？一年后，我才恍然大悟，原来董老一直在寻找高能炸药的出路。一年后董老在2004年化学化工年会上作了题为"高能量密度材料的发展及对策"的大会特邀报告。

文中提到的化学化工年会是中物院化学化工学科每一年度召开的学术研讨会。这次报告之后，董海山又将报告加以完善，在2004年11月16日于厦门召开的"第二届全国含能材料及钝感弹药学术研讨会"上再次作了大会特邀报告。该报告在《含能材料》杂志增刊和《中国科学技术前沿》2005第1期上发表。几年后，董海山在厦门会议上提出的"金属氢炸药"成为某专项立项的重要支撑。

董海山从归纳总结和理论推导出发，指出传统的CHNO含能材料发展到今天存在三大局限性[②]：一是发展速度十分缓慢；二是能量与感度及稳定性之间存在本质矛盾；三是爆轰能量提高的潜力相对HMX只有30%。针对传统CHNO炸药的三大极限，董海山为含能材料的出路开出了几个处方：

处方一，以Si、B、F取代传统含能材料分子中的C、H、O得到新结构。

---

① 黄亨建：董老的几件小事。见：《董海山诞辰八十周年纪念文集》。
② 董海山：高能量密度材料的发展及对策。2003年。资料存于采集工程数据库。

如果 CHNO 类炸药的燃料组分 C、H 用 B、Si 代替的话，其热值可获得大幅度提高；作为炸药组分的氧化剂，如果以 F 代 O，热值也会提高；因这些元素的原子量均比 C、H、O 大，由此获得的含能材料密度也会提高。当然董海山也看到此方向存在不少问题，如含氟单质炸药已合成出来上百种，热安定性和相容性都不太理想；B-Si-F 单质炸药尚未见文献报道。为了探索此方向的可行性，不如采用混合方法，如制备几纳米的 B、Si 微粉，然后再与含氟氧化剂混合均匀，进行性能测试，但这也需要解决安全性和稳定性问题。

处方二，研发全氮化合物。

氮的原子量比碳大，比氢更大，因此以氮代替碳的化合物必然会有高的密度，这种化合物分解时会生成氮气，正是良好的做功工质，如果这种化合物有大的正生成焓，那么它就是高能炸药了。目前为止，理论计算发现可能稳定存在的氮族化合物有 N_4、N_8、N_{10}、N_{12}、N_{60} 等。但是在实际研发中，肯定还会遇到很多艰难险阻，情况还很难预料。

此外，董海山还根据国际上科技发展的新动态提出了金属氢、反物质、核同质异能素等几个高能量密度材料发展的方向。董海山在结论中指出：

一方面，要想成倍、成量级地提高炸药的能量，必须采用新的原理和新的贮能方式，合成多氮化合物以及对一些气体元素（如氢）施加压缩功，使之金属化，变成原子态转化为内能贮存起来，有可能达到此目的。但这些材料在常温常压下的稳定性和应用的可行性可能存在问题。此领域是化学炸药的前沿，建议加强理论研究，并进行适当的实验研究。

另一方面，基于核技术的超高能量密度材料（如反氢、同质异能素），如能研制成功，将对战略武器和战术武器系统发生惊人的革命性变化。我国在此领域几乎是空白，比美、俄、法及其他无核国家如德、日落后很多。等到人家找到了适用的同质异能素，并研制成功了新式武器，我们才起步，那就落后太多了。最后，老院士以一句富有感染力和号召力的话"落后就要挨打！"结束报告，获得了全场经久不息的掌声。

董海山就是这样，时时登高远望，思索着、探寻着新型含能材料和高能量密度材料的出路。

第九章
火与犁

1978 年，改革开放带来了中国经济建设的春天，党的十二大提出"二十世纪末使我国的经济接近世界发达国家水平"，振兴经济，实现四化，成了全党和全国人民一切工作的中心，科学技术工作必须紧紧地围绕这个中心。

在经济体制和国防工业体制改革的大潮下，核工业部确立了"军民结合，平战结合，军品优先，以民养军"十六字方针作为国防科技工业改革的战略指导方针，这深刻揭示了当时国防科技工业的发展规律，国防科技事业必须服从于国家整个经济建设。

随着国防军工单位的事业费逐步削减，有些单位甚至无法自给。在军转民席卷神州大地的时代大潮中，九院各研究所也纷纷踏上了军民结合之路。作为一个长期以火炸药为主要研究领域、曾经用高能炸药之火点燃过核燃料的专业研究所，也不得不鼓励各基层研究室在民用领域寻找经济增长点。二十世纪八十年代到九十年代中期，三所创建了农药厂、热缩制品厂、节能灯厂等多块军转民"试验田"。作为我国高能炸药的拓荒者之一，时任三所科技委主任的董海山，积极协助所行政领导贯彻国家军转民号召，开展了深入的调查研究。董海山根据三所的专业特长，特别关注和推动了炸药的民用拓展和新型农药开发两个领域。

"千淘万漉虽辛苦，吹尽黄沙始到金"，经过时间的洗礼和实践的检验，三所众多的民品项目经过历史沉浮而结局不一，而董海山负责的几个项目可谓独树一帜。

风 雨 核 华

八十年代初期，九院通过一次次成功的核试验，获得了宝贵的原理数据，1983 年，按照中央军委的部署，随着"三线建设"的整体步伐，进行建设布局调整。随着"八三九"工程的推进，陆续相对集中到绵阳。

除了地域调整，工作内容和格局也随着全国经济建设的任务而发生了变化。按照当时核工业部文件精神，鼓励研究机构、设计机构、高等学校企业之间的协作和联合，并使各方面的科学技术力量形成合理的纵深配置，因此在当时与企业和高校增加合作，利用民品提高研究所经济收益，是一项广泛的选择。

1984 年，董海山担任三所科技委主任，为了协助行政领导贯彻军转民的方针，他主动与民品开发卓有成效、作风又朴实的华东工学院化工系联系，探讨协作。经过一些调研，董海山就联合的优越性对所党委作了论证、汇报，并获得了一致赞同。①

1985 年 1 月 12 日，中物院三所和华东工学院化工系共办的"联合应用化学研究所"在南京召开了成立大会，1985 年 3 月 13 日，江苏省正式批复该研究所成立，命名为：核华联合应用化学研究所科技咨询服务公司②（1985 年 11 月 11 日，申请变更为"南京核华应用化学科技咨询服务公司"，均简称其为"核华研究所"）。董海山和华东工学院教授萧学忠任所

---

① 董海山：为我国核事业的发展而献身，1986 年。资料存于采集工程数据库。

② 三所《剑光报》，1985 年 1 月 23 日。资料存于采集工程数据库。当期的报道文字记载："南京召开成立大会，江苏省科协、化工局等十八个单位的领导参加了大会。新华日报、南京日报记者临场采访并做了报道。我所党委书记吴永文、副所长朱祖良、科技委主任董海山等同志专程前往参加会议。"

图9-1　在联合应用化学研究所成立仪式上合影（左二董海山、左三唐兴民、左四肖学忠。图片由中物院三所提供）

长，聘请王泽山、汤明钧、李伟民、陆才正、周志高、吴永文、孙占顺、周怀德、朱祖良、方乃相等十位同志担任联合研究所技术委员会委员，王泽山、吴永文两位同志任技术委员会主任。两家初步商订了合作项目，同时确定了共同开发民品的课题。

其后，核华研究所以协议书的形式明确了军用及民用炸药、破甲及爆炸技术、有机化工材料、高分子材料和复合材料、烟火剂和火药、安全、环保技术等具体合作方向。并且将任务、机构和职责、经费、科研程序、成果和权益、人才培养、章程修改等写入了联合研究所章程。

董海山认为，搞民品要突出一个"快"字，否则就没有竞争能力，联合研究所成立后马上进行推广安全鞭炮药的工作，很快取得了一些经济效益。在此期间，董海山广泛开展了国内炸药民用与民品开发情况的调研，不但关注其中的技术问题，同时对经济效益也进行了认真的研究。1985年3月18日，在与华东工学院座谈时，董海山就拆船业的利润、行业的前景、国内外的水平等与参会人员都进行了探讨。

那个时候我国海滩上常有沉船，由于沉船体积大，直接打捞难度很

图 9-2　董海山和同事在江阴参加切割螺旋桨工作（图片由中物院三所提供）

大，开发高效、经济的打捞技术是国家需求，市场较大。董海山敏锐地抓住这个需求，并且意识到定向爆破、水下切割等技术可用于高效打捞，而相关技术华东工学院化工系已经有一定的基础，因此核华研究所成立以后，立刻着手定向爆破和拆船的研究。

1985 年 4 月 17 日，以"为加速我国拆船事业的发展，新技术研究中心利用研究所优势技术力量，着重研究拆船新技术、新工业，其中包括爆炸切割技术、水下切割技术、油轮爆炸开窗技术、船只设备综合利用、环境保护措施以及拆船工业科学化管理工作。新技术研究中心将首先开展实验，提高我国拆船的技术水平和经济效益"为宗旨，正式建立核华应用化学研究所拆船新技术研究中心，肖学忠任董事长，董海山与王敏任副董事长。

1985 年春节前，通过多方渠道，核华研究所联系到某拆船厂急需解决切割螺旋桨的工作，董海山立即组织人力、物力，和同志们一起加工炸药，制作切割器，然后奔赴江阴现场，在泥泞的长江滩头，起早贪黑的工作。仅用三天时间，就试验成功了爆炸切割螺旋桨技术。第四天，董海山又带领作业队赶赴南通，做了土方爆破试验，签订了定向爆破合同，不久即爆破成功。有了这次成功的经验，核华研究所看到了行业的前景，积极寻找开展拆船工作的场所与实体合作单位。

1985 年年底，核华研究所与南通市如皋县四号港闸管理站签订协议成立共同投资建设"南通市核华拆船技术研究开发公司"，公司性质为全民与集体联营，主要从事拆船技术的研究开发和推广应用，公司设在南通市人民中路 190 号。经过勘测和选址，当年的 12 月份确定了将拆船基地设在如皋县又来沙岛。又来沙岛是如皋县长江中段的江心岛，紧邻长江主航道，江面宽阔，水深岸陡，土质坚滑，可保证数万净吨巨轮顺利冲滩，是冲滩拆船的最佳良港。

有了初步成功的探索，有了可开展研究的场地，但由于成本、技术等多方面的限制，拆船和打捞沉船工作都在艰难中进行。

在全国军转民大潮带动下，1986年年初，九院加紧部署军转民系列工作，院召集各所（处）领导干部会议，传达军委领导批示：九院今后要实现军用向民用的转移，在此精神指导下，各所不遗余力推动手头业务。

1986年2月16日董海山起草了"核工业部民品开发项目借款申请书"，借款三百五十万元，用于拆船新技术开发及应用。当时，又来沙岛的拆船厂的土建工程已完工，急需三百万元购买器材、设备及旧船，以便尽早开工。按照设想，拆解旧船的劳务收入，按每年拆解一万吨计，可得利二十万元左右，销售拆解下来的旧钢板、废金属、设备等物资，按每年拆解一万轻吨计可获利八十万元左右。

1986年9月，中物院三所与浙江省象山县二轻钢窗厂签订了打捞沉船工程技术服务协议，董海山等负责该项目的技术工作。同年年底，核华研究所接受了在浙江象山县打捞"世航二号"沉船任务，这项任务是三所1987年民品开发的重点项目之一，也是联合研究所承担的任务。

到此时，爆炸切割和爆破技术已基本掌握并且力争进一步打开局面。爆破技术等取得了一定的经济和社会效益，1986年三所整体的民品产值达八十七万元，超额完成院目标。然而，由于成本、外汇等层层壁垒，拆船和打捞沉船项目总体上并不乐观。在"联合研究所召开第二次技术委员会（扩大会）"的材料中，这样分析了当时的情况：

这两项工作（拆船和打捞沉船）对于核华研究所来说，经验在于扬双方之长，也总结了不怎么成功的教训——没避双方之短。这项工程对核华研究所来说，是一个极大的挑战，也对今后的决策产生了深深的影响："我们已尽了最大努力，实践证明，我们所采取的方法和步骤基本上是正确的，也取得了较大的成绩。但是，他的风险太大，且非我方所长。故今后遇到类似工程，应当十分慎重，一般不宜承接，如要承接，也必须调查论证之后，再去签订合同。"①

在此期间，董海山多次带领工作人员到现场工作，艰苦的条件都不是最大的挑战，背负着研究所的责任才是最大的压力。历经七个月的艰苦努力，1987 年 6 月底，"世航二号"终于成功被拖上海滩，并且取得了很大的社会效益。

董海山将其归功于"领导同志们的重视和同志们的艰苦努力"，他认为，"这些都是开始，大量的工作还在后面，并体会到要搞好民品开发，对我们国防科技人员来讲，更需要付出勤奋的、高效率的创造性劳动"。②

在各种总结和汇报材料中，董海山对该项目的难度和本人发挥的作用提及甚少，但当时同在核华研究所共事，比较了解情况的同行对他的工作给予了高度的评价。

> 沉船竖直插入海滩，要拆卸首先得把它拖动，在当时难度非常之大。董院士亲自测算了一下，经过他的论证运算，轻松就给拖出来了。后来这个工程进行的很好。在这里也看到董院士的科学实力，就是理论功底和果断的精神，这些一般人很难决策的，相当于很大的项目，影响也很大，他都能做出决策。③

项目成功带来的经济效益和社会效益给核华研究所带来了一线希望，但现实的压力从未减轻，1985 年至 1987 年，两年间三所不仅自筹五十万元，并贷款一百万元以作买船用的备用资金，而且为联系购买船只而派人走南闯北，仅差旅费就花去一万多元。华东工学院化工系也派工作人员，并多次去北京、广州、东北等地联系外汇和购船。

除拆船、拖船以外，当时象山县政府有意与核华研究所加强合作，提

---

① 联合应用化学研究所第二次技术委员会（扩大会）会议纪要。资料存于三所档案室，《三所文件》，1986 年第 55 卷。

② 董海山：为我国核事业的发展而献身，1986 年。资料存于采集工程数据库。

③ 王泽山访谈，2017 年 2 月 27 日。南京，资料存于采集工程数据库。

出组成以爆破土石方为主的爆破公司，主要承接省农垦厅的有关工程。对此，核华研究所决定，可以组成一个松散的联合体，研究所主要进行技术投资，象山县政府则可用研究所的技术优势，合作时以每个具体项目独立核算单位，由核华研究所负责爆破设计。并收取总承包费中的一两成的爆破设计费，总承包和施工由象山县政府负责，小的爆破项目由华东工学院干，如有较大项目，则由联合研究所双方派员参加。

1989 年，中央决定清理高校、研究所办的企业，此时九院与华东工学院方面均按照上级部门要求开展清理整顿工作。华东工学院方面 1989 年 12 月 16 日以公函形式提出：

> 核华研究所注册资金是学院的资金，成员均是学院的在职人员，用全民资金，按集体经济性质模式办的，不符合这次清理整顿公司的政策。现化工学院的科技开发、项目承包可以通过原科技开发处进行。因此，学院意见：停办，并对该公司的债权、债务和财产由学院组织进行清理。

收到来函以后，三所立刻做出回应：

> 贵院认真贯彻落实中央、江苏省、南京市的有关决定，清理整顿贵院所属公司，我们积极配合。并表示尽快处理，派董海山前往处理。

核华研究所历经风雨，最终随着国家政策的调整和时代的大潮而消散，然而这短暂合作，为两家单位日后长期合作打下了坚实的基础，华东工学院化工系[1]与中物院三所的友谊保留至今，双方持续地推进了人才培养、项目合作等事项，一起为中国高能炸药和新型火工品的研制和发展作出了很多贡献。

---

[1] 现南京理工大学化工学院。

一枝独秀的利尔化学

二十世纪八十年代末的几年，是九院探索军转民一个艰难的阶段，当时在九院流传着"搞原子弹的不如卖茶叶蛋的""得国家一等奖不如年轻人演一场"的说法，可见，当时经济困难给九院的发展带来了一定的影响。

三所当时兴办了节能灯具厂和热缩制品厂、利尔公司以及推出技术服务等，诸多探索，百花待放，步履维艰，但在时代的大潮下，一直未达到百花争艳的繁荣景象。

八十年代末，为了进一步执行保军转民的方针，三所三○五室开始着手研制代森锰锌农药。代森锰锌（英文名：mancozeb）农药是一种广谱的叶面保护用有机杀菌剂，广泛用于果树、蔬菜以及田间作物防治多种重要的真菌病毒，最先由美国研制开发，然后工业化（产品 bithane M-45），后来苏联、德、日也研究生产并且推广。

图 9-3　三所在四川省广元市剑阁县创办的农药厂外景（图片由中物院三所提供）

1988 年，三所自行设计，因陋就简安装了一条三十吨的中型试制生产线。

由于当时农药行业长期存在产品毒性大、结构不合理的现象，化工部拟定"八五"农药新品种科技攻关规划，将高效、低毒、广谱定为当时我国农药的发展方向。

三所生产的代森锰锌农药，在 1989 年 4 月取得了四川省化工厅颁发的农药生产证，已达到三千吨的年生产能力，市场投放很受欢迎。又开始生产"乙酰甲胺磷"农药。

董海山非常关注农药的研制和生产，他认为三所应向开发国内尚不能生产的农药"乐斯本（LORSBAH，又名毒死蜱）"发力，他认为研制方向和产品门类的选择可直接影响研究所农药产品的发展。

乐斯本在有机磷中属于低毒，其产品也属于高效低毒，广泛适用的农药，美国DOW公司在六十年代开发的，属于先进品种，1980年进入中国市场，在市场农药

图 9-4　三所在四川省广元市剑阁县创办的农药厂设备（图片由中物院三所提供）

图 9-5　代森锰锌农药和甲胺磷农药（图片由中物院三所提供）

产品中销量第一，但当时国内尚不能生产，全靠进口，当时大连地区售价为五六万元每吨，若国产化可降至三四万元每吨。但在当时，这项技术国际上只有不多的几个国家拥有。

1990年，三所正式开始调研论证农药杀虫剂乐斯本，同年6月，向国家申请了一千五百万元的国家级火炬计划贷款，董海山任项目负责人。

当时，九院认为甲胺磷农药研制项目符合国家产业政策，能充分发挥该所的专业优势，对推动九院军转民工作将起重要作用，因此将农药列为重点民品开发项目。1990年4月到11月，三所通过院里经四川省国防工办、

省计经委国家计委逐级上报，申请将"有机磷系列农药技术改造立项"列为国家"八五"计划项目，随后获得批准，从此时开始农药被定为三所重要的民品发展方向。

正是董海山对方向的正确把握，直接为三所农药生产研制技术引进以及利尔化学公司成立和壮大带来了一个良好的开端。

1991 年苏联解体，俄罗斯面临着经济的考验，卢布贬值严重，有些军工单位甚至存在无法发放工资的窘境，因此当时的俄罗斯非常积极地对外出售和转让技术或者设备，经济正在复苏的中国也成为他们技术转让和设备出售的对象。董海山自留苏归国后，从 1988 年起又恢复出访俄罗斯考察和交流，因此他对俄罗斯的情况非常了解。

董海山在调研中发现，乐斯本的主要中间体五氯吡啶，在俄罗斯已通过中试，俄方也愿与三所合作；原苏联研制并早已投产生物农药，技术先进，无毒、无污染，拟引进；莫斯科植保所研制的第三代农药——高效杀虫剂和除草剂已通过中试，愿与三所合资建厂。1992 年 8 月底，由董海山带队，与雷开学、田秋查三人赴俄罗斯具体商谈合作，经过协商，签订了一项合同、三项协议，达到了预期的目的。[①]

同行的雷开学这样回忆了本次出访：

> 由于三人中只有董海山一人懂俄语，这一次的出访中，他既是技术顾问又是翻译，非常辛苦。俄罗斯方面希望要么买技术，要么合作，谈判持续了三天三夜，最终才达成了一致的意见。第二年我又陪老董（董海山）去了，把这个技术从化物所（俄罗斯科学院物理化学研究所）引进过来，于是谈判合作。同年，俄罗斯科学院物理化学研究所的所长到我们三所老点了，谈了几天几夜，最后谈成了。对方要求对半摊，三所投资对方投技术，对方占一半的股份。谈到最后，俄方占了四分之一。[②]

---

① 赴俄罗斯考察访问汇报材料。存于三所档案室，《三所文件》，1992 年第 83 卷。
② 雷开学访谈，2016 年 7 月 19 日，四川绵阳。资料存于采集工程数据库。

这次出访无疑是非常重要的，也是非常有收获的。1992年，12月27日，三所向院里报批从俄罗斯引进新农药技术有关事宜。

而时任三所所长的朱祖良回忆起乐斯苯的引进过程，认为其中董海山对农药品类选取和技术引进发挥了至关重要的作用。他认为利尔化学是董海山首先建立的，对于跟苏联合作，他们有一致的认识，后来在所里研究就通过了。①

在后续的出访中，围绕氯化吡啶系列农药方面，董海山和朱祖良参观了中试线，查阅了上级主管部门的鉴定意见，双方在商讨了共同开发的可能性及原料解决、产品销售等问题后，就两所建立合资企业的协议进行了广泛的讨论，并签署了在中国建立合资企业的初步协议。待合资企业的章程及建立生产线的经济技术完成后，签收正式合同。与此同时，起草了合资企业章程，协商了建立合资企业的工作程序和进度安排等有关事宜。②

1992年11月14日，中国工程物理研究院化工材料研究所③、绵阳市轻化工业局、绵阳亚太企业总公司举行了与俄罗斯合建四川利尔事业有限公司的筹备会议，三所党委书记王运耕、所长朱祖良、副所长雷开学、科技委主任董海山等参加了会议。雷开学代表筹备组就乐斯苯农药及其系列产品的市场前景、项目的可行性和赴俄罗斯开展设备技术以及与俄方的初步谈判等情况作了详细的汇报，会议就下一步工作进行了研究。

---

① 据朱祖良回忆："当时我和董海山出访俄罗斯，参观了化学物理所（俄罗斯科学院物理化学研究所），就看到他们在搞农药，这个农药是那种低残留度、环保型农药。我和老董（董海山）参观这个除草剂实验室时，他们实验室已经把整个化学合成都搞完了，很快就做环保试验，实验室只做几十克的量级，他们所的环保试验就在实验室的几百克的放大，还不是工艺放大。这时，董海山提出了建议，他认为这个低残留度的农药可以做一个发展方向，我们可以搞。我们在苏联的时候，我就支持他这个建议。回来以后我们就开会跟所里汇报，汇报完了以后，我所（三所）提出可以跟俄罗斯化学物理所合作来搞这个农药开发，后来俄罗斯同意了。随后1992年我和董海山专门为了这个出访，并且邀请他们（俄罗斯科学院物理化学研究所）的所长带了一个技术团队一起过来讨论，后来两家非常快的就达成一致的共识。"见：朱祖良访谈，2016年10月24日，上海。资料存于采集工程数据库。

② 赴俄罗斯考察、访问、汇报材料。存于三所档案室，《三所文件》，1992年第83卷。

③ 即中物院三所。

图9-6　中外合资四川绵阳利尔实业有限公司合营合同签字仪式(1992年12月。左二安剑波、左四董海山、左八朱祖良、左九雷开学，图片由中物院三所提供)

　　1992年11月30日，三所办公会决定投资建立四川绵阳利尔实业有限公司。并于同年12月召开董事会第一次会议。会议选举了董事长、副董事长，任命了总经理、副总经理，讨论了公司近期计划，讨论了在俄罗斯组建"四川利尔贸易公司"等事宜。会议任命了朱祖良、雷开学、蒋新民、安剑波，绵阳亚太企业总公司委派的戴旭东、吴苏川、陈铸富，俄罗斯科学院化学物理研究所委派的阿多申、沙夫钦科九人组成董事会。朱祖良任董事长，戴旭东、阿多申为副董事长。这次会议中，时任三所科技委主任的董海山担任了语言翻译。

　　在董海山的争取下，1993年2月，绵阳高新区技术产业开发区管委会正式批复同意立项建设利尔化学公司，明确了该公司由中国工程物理研究院化工材料研究所、绵阳亚太企业总公司与俄罗斯科学院化学物理所联合组建，公司性质属于"三资"企业，主要从事杀虫剂、除草剂、杀菌剂等农药的开发、生产。项目总投资四百万美元，注册资本二百四十万美元，其中，中物院三所出资一百零八万美元，占注册资本的45%，绵阳亚太企业总公司出资七十二万美元，占注册资本的30%，俄罗斯科学院化学物理研究所以技术、原料、设备作价六十万美元，占注册资本的25%。公司同时在绵阳和俄罗斯注册，享受中外合资企业开发区的有关优惠政策。

公司主要生产开发高效、低毒、广谱的利尔系列新农药（又名：乐斯苯、毒死蜱），合资公司总部设在绵阳市经济技术开发区，乐斯苯农药厂建在绵阳市塘汛镇。项目投产后生产规模为：毒死蜱系列农药年产一千吨，产品 30% 返销俄罗斯。投产后预计效益：年产值九千万元，利税每年一千八百万元。合资公司合同经营期限为十五年。[①]

1993 年，应董海山主任的邀请，俄方专家 Alemaskin S. G. 博士来华短期工作，Alemaskin S. G. 博士从事有机合成与农药研究，是中俄合资企业利尔公司副总经理。主要负责指导工作，和有关农药生产技术交底与研究工作。

图 9-7　董海山在利尔董事会期间与俄罗斯专家交流
（左一董海山、左二阿多申、左三龙新平、左四曾俊玮，
图片由中物院三所提供）

对于合作企业的选址，董海山不仅作为指导人，还亲力亲为地从头到尾跑现场，投入了很多心血，关于这部分朱祖良这样回忆到：

　　这个选址过程，开始谈合作的过程，老董（董海山）是从头到尾在参加，后来建厂开始以后，就建立了专门的班子，就正式设立工厂了，老董（董海山）就作为一个指导人，有时候去做一些工作，去提提建议，其中他们碰到一个氯化工序，这个工序经常出问题，就是经常堵管子，就做不下去。后来董海山就建议把陈学林推荐到厂区当厂长，然后由他来组织一帮科技人员来攻关，后来他们把这关攻下

---

① 绵阳高新技术产业开发区管委会关于同意"四川绵阳利尔实业有限公司"在开发区立项建设的批复。存于三所档案室，《三所文件》，1993 年第 87 卷。

图 9-8　三氯吡啶生产工艺报告会合影（左一黄涛、左二田秋查、左三董海山、左四雷开学、左五李秀榕、左六曾俊玮；第二排：左三阿列马斯金。图片由中物院三所提供）

来了。①

　　四川绵阳利尔实业有限公司②实行董事会领导下的总经理负责制。董事会由合资三方组成，董事长、总经理由中方担任，同时中方还将出任副总经理。副董事长、另一副总经理由俄方担任。但是，利尔化学成长之路并不顺利。

　　1993 年，第一阶段甲胺磷技改在国家专项贷款资金未到位的情况下，三所自筹资金进行了技改，完成了原生产线的技改、扩线工作，其生产能力已达到年产甲胺磷一千吨，产值一千二百万元以上，当年实际完成了产值四百三十万元，三所筹集国家专项贷款计划六百万元，又自筹四百万元，投入二阶段——乐斯苯生产线的技改工程，开始进行基建，技改完成后，可形成千吨级、产值达亿元的生产能力。③

　　1993 年年底，完成项目基建投资二百三十七万元，但是资金的缺口是制约项目的瓶颈。到此时为止，亚太公司的投资迟迟未到位，仅到位了

---

① 朱祖良访谈，2016 年 10 月 24 日，上海。资料存于采集工程数据库。

② 简称"利尔公司"。

③ 1993 年院军转民工作总结。存于三所档案室，《三所文件》，1994 年第 109 卷。

十五万二千元，一直未能履行合营合同。根据本次董事会的约定，如果1994年2月5日前不能按照规定出资，则需要办理退股手续。①

1994年，十四届三中全会《决定》明确要求，国防军工科研单位要继续贯彻军民结合方针，在保障国防建设的前提下，加强军民两用技术研究开发，积极推进军工技术向民用领域转移。

这为院探索"二次创业"指明了方向。当时九院提出，要积极贯彻"稳住一

图9-9 中外合资四川绵阳利尔实业有限公司旧貌外景（图片由中物院三所提供）

图9-10 中外合资四川绵阳利尔实业有限公司旧貌设备（图片由中物院三所提供）

头，放开一片"的方针，促进军民分流，转换机制，实行多种经营方式，不拘一格地发展民品生产和第三产业，大力加强院内联合和协作，稳妥地与地方连个，扩大开放，参与竞争，开拓国内国际两个市场。②

另一方面，在国家"八五"重点技改项目的推动下，三所1994年利

① 四川绵阳利尔化工有限公司第三次中方董事会会议纪要。存于三所档案室，《三所文件》，1994年第112卷。

② 院党委关于抓住时机加快发展民品的意见。存于三所档案室，《三所文件》，1994年第109卷。

用对有机磷系列农药的技术改造项目抓紧实施建设了乐斯苯农药生产线。自 1993 年破土动工，到 1994 年 11 月底竣工交付了建成面积六千三百多平方米，包括综合楼、化验分析楼、动力修配车间等。1994 年 11 月底，又签订了订货合同二十五份，采购并到货设备八十八台，其中部分设备从俄罗斯进口。① 这一年，利尔公司正处于"八五"重点技改项目的实施过程，一方面要维持老点农药厂的生产和搬迁的准备工作，另一方面又要完成新厂建设的计划。任务重、时间紧，流动资金短缺、步履艰难。②

1994 年 1 月，由于朱祖良工作调动，不再担任董事长职务，由雷开学接任董事长。同年绵阳亚太总公司，中途退出，造成应当投资的四百三十二万元无法落实，俄罗斯方面由于一些原因，也无法履行最初的约定，中方出资七点二万美元购买俄方部分技术，相当于俄方投资数额为零，相当于利尔公司的合资完全成了九院三所的独资公司，因此，利尔化学的资金运转遇到了很大的问题，在当时的三千万元总投资中，银行贷款就达到了二千二百五十万元，造成企业负债比例过大，仅技术改造部分，一年应付银行贷款利息二百四十七点零五万元。③

1994 年 10 月，根据三所老点农药厂的经营情况，尤其是服从利尔化学建厂以及日常生产的需求，三所做出决定，对原农药厂大集体职工进行安置。根据三所的安排，代森锰锌生产线暂留老点④，甲胺磷相关的生产设备、管道等进行了拆迁，搬迁到利尔化学公司后经过除锈上漆，安装调试。

在这几年期间，为了洽谈合作细节，设备购买，原料供应，产品返销

---

① 化工材料研究所一九九四年军转民工作检查。存于三所档案室，《三所文件》，1994 年第 110 卷。

② 关于短期流动资金贷款的请示。存于三所档案室，《三所文件》，1994 年第 117 卷。

③ 关于利尔化工有限公司资金到位与使用情况的报告，工行发［1994］38 号。存于三所档案室，《三所文件》，1994 年第 112 卷。

④ 四川省广元市剑阁县。

等，董海山多次带队赴俄罗斯开展洽谈工作，每次出访董海山仍然发挥着技术负责人和语言翻译的双重作用。此外，由于当时设计的所有图纸和关键设备都是从俄罗斯运过来的，作为利尔公司的技术顾问，精通俄语的董海山对图纸的解读和设备使用说明和翻译功不可没。

1994 年 12 月 18 日到 30 日，董海山、田秋查、张俊、左军组团赴俄罗斯化物所和圣彼得堡工学院结晶研究所，为利尔公司设备订货、设备验收与人员培训、农药制造技术合作等事宜与俄方进行访问交流和洽谈，此次访俄由董海山任团长。访问洽谈中，进行了利尔公司除草剂技术设备的考察，与俄方讨论和签订了农药技术协议、返销协议，签订了购置设备合同，落实了次年设备验收与技术人员的培训事宜。[①]

双方专家就设计的生产图纸进行了详细的讨论。根据三所与俄罗斯科学院化物所建立合资企业的合同和章程，俄化物所进行了年产六百吨除草剂生产的工艺设计，并对水、电、汽、冷等公用工程及自动化控制、仪表仪器、理化分析提出了设计要求，制定了操作文件。此前俄方已经向利尔化学提交了设计图纸，因此这一次，根据设计、施工和运行中的问题，董海山一行带着图纸与俄方进行深入讨论。

根据合同和章程，利尔公司同俄罗斯联邦巴什喀托斯坦共和国科学院实验工厂签订产品销售协议（正式合同前的），协议中俄提出了产品的指标、包装等要求。协议中明确，1996 年 2 月起至 5 月初，分五次提供产品，每批十吨，共五十吨。1997 年起，利尔公司应每年向俄销售一百至一百五十吨产品。正式销售合同于 1995 年 9 月在绵阳签订。此行中，访问团还在俄化物所对生产需要的一种主要原料样品进行了分析和鉴定，并对另一种原料进行了调研。

1995 年，董海山与雷开学一起与俄方谈判成立了"莫斯科利尔公司"，并与俄方代表一起负责了抽检工作。

由于"文化大革命"的迫害，加上年龄的增长，1995 年，董海山的身体状况已经大不如前，高血压、冠心病、房颤等病症一直困扰着他，但

---

① 化材所关于赴俄科学院化物所的工作汇报。存于三所档案室，《三所文件》，1994 年第 60 卷。

他仍然事事以工作为先，并且总是细心地为他人考虑，只想为三所多做点事，而不想给组织和同事添一点麻烦。

> 我们出去的时候，看他（董海山）的一个小包，小包里面全是药，小瓶子装上，写上字，防止吃错了。还带一个血压计，每天要坚持测几次血压，如果血压降下来太低，马上发生房颤，血压太低太高都不行。胃也不太好，他把自己缝的棉坎肩放到他胃上。在路上他一晚上没休息好，一下火车，房颤发生了，他在站台上躺着，说没关系，他的师兄都来接他，他说躺休息一下就好了，起来就又继续工作。①

由于在俄罗斯时该农药生产技术仅限于实验室研发，到合资公司放大试验中，生产线胶化、堵塞、泄漏等问题层出不穷。由于技术的问题，1995年生产线建成后，利尔公司一直未能大批量正式投产，而是少量地生产和销售着产品。为此，三所不断输送技术力量开展攻关，在此过程中董海山也是常赴现场指导工作。

在技术和设备引进工作逐步推进的同时，利尔公司的资金缺口问题一直存在，截至1996年，各种贷款三千二百万元，经济危机不断。此外，因原料二氰基吡啶的主要销售方Nepera与利尔产品的主要竞争对手Dow公司的结成长期合作关系，拒绝向利尔公司售卖原料，利尔公司险些停产。

虽然问题不断、考验迭出，九院和三所在实践考验中坚定地合力推进了利尔公司的发展。利尔公司历经风雨，通过院、所的政策、技术和资金支持，加上全体员工的辛勤工作，自1999年起，技术问题取得突破，2000年公司的经营状况取得改善，首次实现了年度盈亏平衡，并在随后的几年中，不断转好，效益稳步提升，逐渐壮大成国内该领域的知名企业，2007年公司以"利尔化学"的名义在深交所正式挂牌上市，成为绵阳市的明星企业。

---

① 雷开学访谈，2016年7月19日，四川绵阳，资料存于采集工程数据库。

目前利尔化学公司从事氯代吡啶类、有机磷类等安全农药的研发生产和销售工作，是中国最大的氯代吡啶类生产基地，也是国内最大的草胺磷生产企业，产品销往五大洲三十多个国家和地区。

利尔化学的成功经营，国家政策、九院以及三所的领导层决策发挥了非常重要的作用，但是在技术引进和研发方向上的选择上，可以说是董海山的前瞻性和独到眼光为这个企业从无到有、从弱到强指出了一条光明之路，成为三所乃至九院军转民探索中的典范，也成就了董海山这位炸药专家一生诸多贡献篇章中别具特色的一页。

第十章
碧海青山

　　1978 年，董海山担任九院三所三〇一室的副主任，1981 年 3 月，董海山被任命为九院三所副所长。1983 年，九院成立院科学技术委员会，陈能宽担任九院第一任科技委主任，各研究所也相继成立所科学技术委员会。1984 年，董海山卸任副所长职务，担任三所首任科技委主任，他在此任上一直到 1997 年，"董主任"也成为许多同事对他多年的尊称。

　　担任所级领导职务后，董海山依然保持着一个科技专家的本色，长期亲临一线组织领导新型单质炸药、新一代低感高能炸药、钝感炸药和先进常规武器炸药的研制工作。同时，他也在对外交流合作、学科发展和著述育人方面发挥了更大作用。

飞 跃 重 洋

　　1961 年 6 月，董海山从苏联留学回国，而他再次走出国门，则是改革开放后的 1982 年 6 月，此时时间已经过去二十余年。

　　由于核武器科技事业的特殊性，核武器科学技术的对外交流有其敏感性和局限性，加之国际风云变幻和国内一段时期政治形势的影响，自中苏关系破裂到"文化大革命"结束前这一段时期，九院的国际交流与合作基本处于停滞状态。但是，无论是从国际政治关系，还是科学技术自身发展的规律要求上，核科学技术的发展也不能走封闭发展的路子，历史经验也表明，国际交流和合作在我国的核科学技术发展上起到了非常重要的作用。

1955 年，我国与苏联签订了一系列友好协定（《关于苏维埃社会主义共和国联盟援助中华人民共和国发展原子能核物理研究事业以及为国民经济需要利用原子能的协定》）[1]，其中一条，应中方请求，苏联决定开放一些大学涉密专业给中国留学生，董海山得以就读列宁格勒苏维埃化工学院的炸药化学与工艺学专业，可以接触到苏联高能炸药合成方面的最前沿的技术。这一段留学经历对董海山一生的学术成长具有非常重要的意义。[2]

在对外交流的大门开启之前，获得火炸药国际研究动态的最佳途径就是文献调研。在科研工作中，董海山非常注重外文文献的调研。他精通俄语和英语，并能借助字典阅读德文文献。在长期的科研实践中，他练就了极强的技术敏锐度，特别善于在文献中捕捉、分析出有价值的信息。

1965 年，一四二任务正如火如荼地在西安三所开展，主要目标是合成一到九号单体炸药，这主要基于董海山留苏时掌握的技术信息来确定的合成方向。自第二次世界大战结束到二十世纪六十年代初，美国也合成并报道了上百种新炸药，但对于美国核武器中到底使用什么主体炸药，当时还是保密的，好在美国有较多的公开文献可以查阅。在西安三所工作期间，董海山阅读了大量的美国公开文献，通过文献分析，他得出一个非常重要的判断：美国核武器使用的主体炸药很可能就是奥克托今（HMX）炸药。董海山得出这个判断后，马上申请课题并着手 HMX 的合成并推动了中试工艺的完成。HMX 在一四二任务合成的炸药序列号中名列第十，简称十号炸药。后来，美国陆续解密了各型号核武器用主炸药部件，几乎都是采用以 HMX 为基的塑料粘结炸药。十号炸药的合成与生产，不仅有力地推

---

① 李觉:《当代中国的核工业》。中国社会科学出版社，1987 年，第 19 页。

② 这一段详细经历可以参看本书第三章和第四章。

动了我国核武器用主炸药的技术发展，对我国常规武器用主炸药的技术进步也是意义非凡。

1972年，董海山因在二二一厂遭受迫害，健康状况极差，组织上安排他去北京治病和疗养。在疗养期间，他进行了大量文献调研工作。在这期间，他针对炸药能量准则问题进行了调研分析。关于如何评价炸药的能量是他在一四二任务期间和在青海二二一厂时重点思考的问题之一，这次调研使得他对炸药的能量问题和能量准则有了进一步的认识。后来他从二二一厂转移到四川九〇三所后，曾专门立题研究了炸药的能量准则。

1977年年初，董海山来到九院三所满两年，此时他已经从"文化大革命"的迫害中走出来，工作和生活已经趋于稳定，九院的文献保障条件也逐步得到了恢复。1977年三所的情报调研工作中发现，美国为提高核武器的安全性，使用了TATB炸药，这引起了董海山的高度重视，为此他提议组织针对TATB以及高安全性炸药开展全面的文献调研。在此期间，董海山获得一份来自美国、题为"TATB与TATB配方的感度"的研究报告，他将此报告交由三所科技信息室的周芬芬等人翻译并全文刊发在三所内部刊物《化工动态》[①]上。这篇报告非常详实地综述和评价了1977年之前，美国核武器国家实验室关于TATB合成及含TATB的炸药配方的感度和危险性试验结果。这是一篇非常重要的文献报告，对于三所后续合成TATB和应用TATB为基的主炸药具有深远的影响。董海山再次展现出他敏锐的判断力和卓越的战略眼光，当年，董海山即提出建议研究TATB、硝基胍和六硝基芪等具有高安全性特征的炸药，得到了研究所的重视，并立题开展研究。

从文献中可以跟踪和获取有价值的信息，但是要深入、直接地了解国外的研究动态，特别是要深入了解西方研究所的最新技术进展，借鉴先进的科研模式，学习西方科学家的思维方式和理念，走出去、面对面的交流就非常有必要，特别是对于封闭了将近二十年的核武器研究所的科学家们，重启对外开放和交流的大门显得尤为紧迫。

①《化工动态》刊，第三研究所情报资料室，1977年。内部刊物。资料存于采集工程数据库。

1972 年，中美关系解冻，我国的对外开放，特别是在科学技术交流方面，逐渐从严冬中慢慢转暖。当年，美籍华裔物理学家杨振宁、李政道、吴健雄等人陆续访华并受到国家领导人的亲切接见。1975 年，法国原子能委员会代表团访华。由于领域的特殊性，我国在核科学技术领域的国际交往发展非常缓慢，直到 1978 年后，核科技的对外交流才得以迅速发展，此时的九院隶属于核工业部，对外交流活动受核工业部统一领导和指导。1980 年、1982 年，核工业部先后与意大利、联邦德国签订了和平利用原子能的议定书，双方都互派了专家开展了学术和技术交流以及科技合作[1]。

　　二十世纪八十年代初，九院逐步开放，对外交流的大门逐渐打开。1982 年，董海山获准出访联邦德国，参加由联邦德国火炸药技术研究所[2]主办的第十三届国际火炸药（ICT）年会，这是他"文化大革命"结束后首次走出国门参加国际学术交流活动。

　　德国在火炸药研究方面有非常强的实力，也具有相当深厚的研究底蕴，炸药家族中最具代表性的两种炸药梯恩梯（TNT）和黑索金（RDX）均由德国人发明。德国火炸药技术研究所是德国弗朗霍夫应用研究技术协会下属的研究机构，成立于 1959 年，是在卡尔斯鲁厄工学院化工研究所的基础上建立的炸药研究所，地址位于卡尔斯鲁厄市郊外。ICT 研究所每年 6 月底到 7 月初定期举办国际火炸药年会。联邦德国举办国际火炸药年会有独特的优势，在冷战时期，东西方两大阵营的

图 10-1　在德国卡尔斯鲁厄参加 ICT 国际会议的留影（1982 年。右一为董海山。图片由中物院三所提供）

---

[1]　李觉：《当代中国的核工业》。中国社会科学出版社，1987 年，第 525 页。
[2]　后更名为德国化工技术研究所，研究所名称的英文缩写为 ICT。

第十章　碧海青山　　*179*

学术交流并不畅通，而联邦德国（西德）与民主德国（东德）以及苏联有地缘政治上的联系，又属于西方阵营，因此每年的火炸药年会，都能吸引到东西阵营两个超级大国以及英法等国从事火炸药研究的专家到会。因此，ICT 国际年会是火炸药领域非常重要的国际学术交流会议。

对于"文化大革命"后的第一次的出访交流机会，董海山做了充分的准备，对参会期间获取的交流信息和参观情况作了详细记录。[①] 回国后，他对此次交流获得技术信息进行了详细总结，并撰写了总结报告发表在三所主办的内部刊物《炸药通讯》1982 年的增刊上，[②] 报告的一部分内容后来又公开发表在《火炸药》[③] 杂志上。比如，董海山在报告指出，"当前炸药研究与发展的主要奋斗目标是提高安全性和生存能力"。董海山在报告中列举的美国航母发生弹药安全事故的例子在此后几十年中一直被众多文献和报道反复提及，其中关于低易损弹药 LOVA（low vulnerability ammunition）的概念也是在这份报告中第一次引介到国内。报告还介绍了国际上正在研究的提高炸药安全性和生存能力的技术途径，这些技术途径包括使用 TATB 作为含能钝感、使用低成本的硝基胍来代替昂贵的 TATB、利用分子间炸药、浇注固化 PBX 替代熔铸 B 炸药等。报告还对国际上已经建立的炸药安全性试验方法进行了总结。这份报告中总结的国际火炸药研究方向、研究热点信息对国内炸药研究产生了重要影响。

此次出访中，董海山还参观了会议主办机构西德火炸药研究所（ICT）、联邦化工研究所（BICT）、西德航天与航空研究院化学推进与化学工程研究所、MBB 公司、波恩大学及慕尼黑技术大学的化学实验室。

这次出访联邦德国，董海山还有一个重要收获就是结识了一些国际上知名的炸药专家，并和其中几位保持了长期联系和友谊，这当中包括德国 MBB 公司著名的爆轰技术专家 M. Held 博士、捷克帕尔杜比采大学（Pardubice University）的 Zeman Svatopluk 教授等，这几位专家后来多次应

---

① 董海山：参加第十三届德国化工技术研究所国际年会（ICT），以及聆听第八届国际爆轰会议参会人员回国报告的笔记。1982 年。资料存于采集工程数据库。

② 董海山：参加第十三届 ICT 火炸药年会的技术报告。《炸药通讯》，1982（增刊），内部资料。

③ 董海山：提高炸药安全性和生存能力的途径。《火炸药》，1983（1）：17-23。

邀访问中国、开办学术讲座并长期保持着与中国同行的学术交流，为国内火炸药界带来许多先进的学术思想和技术发展动态。ICT 年会从此成为董海山了解含能材料国际前沿动态的重要学术渠道之一，他在世时曾多次参加 ICT 国际年会。1997 年，董海山邀请了 ICT 的前任所长 Fited Volk 博士来三所进行访问讲学。

二十世纪八十年代初，九院虽已逐渐开放，但能出国访问交流的机会仍然不多，此时的九院仍隶属于核工业部，出国交流需要核工业部审批。距离 1982 年首次出国参加学术交流，董海山第二次出国已经是 1988 年了。这一年九月，他到联邦德国、瑞典、法国和苏联进行了高能炸药技术考察。此次出访苏联，是他自 1961 年从列宁格勒化工学院毕业回国后再次踏入苏联国土。这次出访主要是进行火炸药技术考察，考察的单位主要是德国、法国的几家国际知名的防务公司和火炸药公司，包括西德的 MBB 公司、法国的 SNPE 公司等。这次考察过程中，西方发达国家的军工技术水平、火炸药新工艺技术、测试技术以及管理模式给董海山留下了深刻印象。西德方面的邀请人是董海山在 1982 年 ICT 国际年会上认识的国际著名爆轰技术专家 M. Held 博士。Held 博士供职于 MBB 公司，由他亲自为在 MBB 公司考察的董海山做讲解。董海山在笔记本上记载了 MBB 的简况、主要装药工艺、测试方法和性能评价方法，[①]对于一些重要测试仪器的用途、厂牌和价格，他也做了仔细记录。在瑞典则是由波弗斯公司（AB Bofors）的 Alf Prytz 博士邀请。Alf Prytz 博士后来在回忆董海山的纪念文章[②]中记录了这次访问瑞典波弗斯公司的情况。董海山回国后，将考察情况向核工业部外事局领导做了汇报，在汇报中，董海山谈到了引进外国人才的建议。此后，陆续有一些外国专家来到了九院所在地绵阳进行学术交流和学术讲座。

关于 1988 年这次四国考察之一的苏联之行，没有详细的文字记载。四国考察之后，即从二十世纪九十年代初开始一直到二十一世纪初，董海山

---

① 董海山：参加讲座和会议的记录，1988 年，资料存于采集工程数据库。

② Alf Prytz: In Memory of Our Great Friend Professor DONG Hai-shan。《含能材料》，2012（5）：513。

的对外交流活动主要集中在俄罗斯。自 1961 年留苏回国后，他又重新建立起与这片广袤土地的联系，他与这片土地的渊源一直没有割断。根据记载，董海山在九十年代的部分访俄记录如下：①

> 1991 年 8 月 26 日—1991 年 9 月 12 日，去苏联、瑞典考察高能炸药测试技术。

> 1992 年 3 月 12 日—1992 年 3 月 27 日，去俄罗斯进行人才引进和购买器材。

> 1992 年 8 月 31 日—1992 年 10 月 6 日，去俄罗斯考察引进新农药、新产品技术，参加全苏燃烧与爆炸学术会议。

> 1993 年 11 月 4 日—1993 年 11 月 25 日，去俄罗斯协商引进炸药生产线，签订初步设计合同。

> 1994 年 9 月 22 日—1994 年 10 月 21 日，去俄罗斯协商炸药生产线成套设备的购置。

> 1994 年 12 月 19 日—1994 年 12 月 29 日，去俄罗斯进行农药生产设备引进洽谈，讨论农药技术，签订返销协议。

> 1995 年 6 月 8 日—1995 年 7 月 3 日，与兵器工业总公司考察团一起，去俄罗斯考察超细金刚石粉末技术，同时考察钝感炸药及相关技术的引进。

> 1998 年 5 月 11 日—1998 年 6 月 1 日，去俄罗斯考察炸药部件无损检测技术。

在整个九十年代，董海山去俄罗斯访问次数有十多次，有的年份一年往返数次。九十年代密集访问俄罗斯的主要背景是新型钝感炸药生产线的技术引进、新型农药技术的引进和一些技术合作项目。由于他的留苏背景、技术专长和语言优势，在开展对俄合作方面，他是主要的谋划者和实施者。1992 年，董海山已经到了退休年龄，但三所的对俄合作才刚刚开始，

---

① 因公出国（境）人员备案表。存于中国工程物理研究院人事教育部档案室，董海山档案，D6—01。

无论是新型钝感炸药的生产线建设，还是正准备上马的新型农药项目和其他技术合作项目，都需要一位技术上和语言上都非常精通的"高参"坐镇，这样的高参，非董海山莫属！花甲之年的董海山还将继续在中俄之间奔波。

　　董海山同志在相关技术领域具有较高造诣，自该项目立项时，一直担任技术负责人，指导并参加了大量调研、筹备及研究工作，并在我所与俄方的技术合作、设备引进等事项的协商和洽谈中担任联系人。董海山同志在整个项目中具有的不可替代的作用。[①]

在多次出访俄罗斯的同时，董海山也邀请了多位俄罗斯学者访华并在三所进行讲学。1992 年 5 月，俄罗斯自然科学院叶戈洛夫院士、切尔洛格夫斯克化学物理研究所所占巴杜林教授、燃烧部主任马耐利院士、俄科学院莫斯科化学物理所沙尔科教授应邀来九院访问讲学。当年年底，俄罗斯自然科学院副院长维·瑟皮鲁莫夫院士、叶戈洛夫院士、马耐利院士、普鲁德尼柯夫教授和沙尔科教授访问九院、洽谈科技合作，并授予董海山为俄罗斯自然科学院外籍院士称号。1994 年，董海山邀请了圣彼得堡工学院的 Vlassov D. A. 教授来三所就云爆弹设计进行讲学和合作研究。1997 年，应董海山邀请，俄罗斯原子能部实验物理研究院的 Fomicheva 和 Vlasov U. A. 访问了三所[②]。

进入 2000 年后，对俄交流与合作的项目基本完成。2002 年，九院与俄罗斯原子能部实验物理研究院在绵阳举行了首届含能材料与爆轰研讨会。2004 年，在董海山的筹划下，"中俄含能材料新进展研讨会"在绵阳举行，参加的俄方研究机构包括俄罗斯原子能部技术物理研究院所属各研究

　　[①] 化工材料研究所关于委派董海山同志出国考察的函。存于中国工程物理研究院人事教育部档案室，董海山档案，D6-01。

　　[②] 由于董海山在中俄火炸药届的崇高威望，国内一些单位在对俄交流时，也多次聘请他作为技术顾问和翻译。他曾协助兵器工业集团考察了俄罗斯的超细金刚石粉末技术，协助北京理工大学访问团赴俄罗斯参加纳米金刚石微粉末提纯技术学习，帮助西安二〇四所从俄罗斯购买了急需的压机等。

图 10-2　董海山荣获俄罗斯自然科学院外籍院士的证书
（图片由中物院三所提供）

所、俄罗斯科学院化学物理问题研究所，九院的相关研究所、四川大学等中方研究机构参加了此次会议。这是中俄高能炸药同行之间开展的最有影响的一次学术研讨会，是董海山数十年倾心推动中俄学术交流与合作而结成的最具标志意义的果实。

2004 年，董海山访问了德国 TDW 公司和法国的 SNPE 公司，会见了老朋友德国火炸药专家 Paul Wanninger 等人，同时会见了法国含能材料咨询公司的代表，并于 2005 年邀请二位访华。这次访问洽谈，董海山实地掌握了法国在降感黑索金炸药方面的技术动态和应用情况，推动了三所在高品质炸药晶体方面的研究工作。

图 10-3　中俄含能材料新进展研讨会留影（2004 年。前排右七为董海山。图片由中物院三所提供）

2008 年，董海山已七十六岁高龄，这年 4 月，他到捷克参加了帕尔杜比采大学 Zeman 教授主持的含能材料新趋势会议，会后他转道德国，会见了老朋友 Held 博士和 Wanninger 博士。"文化大革命"结束后的 1982 年，董海山出国参加国际学术交流的第一站是德国，2008 年，他人生中最后一次出国交流，也是在德国。

2009 年 9 月，应董海山的再次邀请，Held 博士和 Wanninger 博士同时来华，在绵阳的富乐山进行了为期一周的学术讲座。此前 Held 博士和 Wanninger 博士曾多次访华，但这一次的讲座，无论从规模和影响上，都代表了三位老者近三十年学术交往和友谊的顶峰。讲座前，董海山与二人有多次信函[1]、邮件交流，他亲自策划了二人的行程、讲座内容和日程安排。为期一个星期的讲座，来自九院各研究所、南京理工大学、航天四十六所、兵器二〇四所等国内从事含能材料领域研究的科研人员和学

图 10-4　在绵阳富乐山的学术讲座中与德国朋友的合影（2009 年 9 月。右一为 Wanninger博士，右二为董海山，右三为 Held 博士，右四为吕欣。图片由中物院三所提供）

---

[1]　给 Dr. Held 的信函。资料存于采集工程数据库。

生一百多人聆听了这次讲座。两位国际知名专家也是倾尽毕生所学，在"炸药的感度""生存能力与起爆性能""聚能与发射装药""破片起爆与聚能起爆准则""顿感弹药标准""爆轰诊断测试技术""炸药与推进剂材料""炸药的制造工艺""配方测性能测试"和"回收处理工艺"等方面做了系统的讲述，这次讲座为国内含能材料届提供了难得的集中学习交流机会，讲座引起了与会专家学者热烈反响。

策划这一次学术交流与讲座时，董海山已经七十七岁，体力和精力都不复从前，他的听力也下降得厉害。在整个讲座期间，他没有再像以前那样亲自担任翻译和讲解，而是邀请了三所的青年博士李明和魏忠分别担任 Held 博士和 Wanninger 博士的翻译。历时一周的讲座中，他很少发言，只是静静地坐在会场里面聆听。每天讲座结束后，他都来到酒店和两位老朋友叙旧、长谈。这是三位老朋友的最后一次聚会，也是最长的一次聚会。绵阳的讲座结束后，Wanninger 博士取道北京返回德国，而 Held 博士则和董海山一起飞赴云南昆明，参加了在昆明举办的 2009 年国际推进剂、炸药、烟火剂秋季研讨会，董海山担任了此次国际研讨会的主席。研讨会结束后，Held 博士返回了德国，此后，他们再未见面。2011 年 2 月 8 日，即董海山去世后一个星期，M. Held 博士在德国的家中去世。①

董海山去世后，他的瑞典老朋友，波弗斯公司的燃烧学专家 Pyrtz 教授发来纪念文章，深情回忆了与董海山交往的美好时光。②

　　　　1987 年 10 月，我在北京参加推进剂、炸药、烟火剂国际研讨会，

---

　　① 董海山院士和 Held 博士的交往跨越三十年，彼此结下了深厚的友谊。通过董海山院士的引介，Held 博士多次来中国进行学术交流。2000 年，原中物院副总张寿齐研究员和董海山一起，组织力量将 Held 博士的重要技术文献译介到中国，前后组织编撰了编译了三卷 Held 博士的技术资料，为我国的相关技术领域发展起到了很好的推动作用。Held 博士受董海山院士的邀请，生前一直担任《含能材料》的国际编委。Held 博士去世后，为了纪念他为中德学术交流所做的贡献以及与董海山院士结下的深厚友谊，《含能材料》在 2011 年第 1 期上，紧随董海山院士之后，刊发了致敬 Held 博士的悼词。

　　② Alf Prytz, In Memory of Our Great Friend Professor DONG Hai-shan.《含能材料》，2012（5）：513。原文为英文，部分节选。中文由著者翻译。

我在会上作了"瑞典炸药准用的感度测试方法",一位非常和蔼的先生帮助我准备幻灯片,我们随后成为好朋友。一年后,他和他的同事访问了我供职的公司,这位先生就是董海山教授。

1988年,董海山教授和四位同事访问了波弗斯公司。我在卡尔斯贡火车站迎接了董海山。董海山很惊讶我能马上认出他,不过说老实话,火车上只有他们几位中国面孔,要认出他们没有大问题。

2006年仲夏,董海山教授和李金山博士再次访问了卡尔斯贡(Karlskoga),这也正恰逢瑞典的传统节日夏至。在瑞典,这是仅次于圣诞节的最重要节日,我们一起共进了一次特殊的仲夏夜晚宴,随后我们去了节日庆祝的舞会现场。董海山告诉我,他青年时期非常喜欢跳舞,所以他很喜欢这个舞会。

对于我和我的妻子来说,能和董海山这样一位伟大的科学家交往很多年,能和他在中国和瑞典一起度过美好的时光,我们感到很荣幸和快乐。董海山教授一直对我们展现出他的伟大的真诚,因为他,我们深深地喜欢上了中国。

董海山教授永远留在我的心中和记忆中。

创办《含能材料》

"文化大革命"结束后,随着科研和生产逐步走向正轨,曾经一度停止的学术交流活动逐渐开展起来,科研人员对外部科研动态和科研信息的渴求日益增长。从1977年开始,九院三所为适应科研发展和学术交流的需要,陆续创办了几种内部学术刊物,包括《化工动态》《化工译文》《学术报告》和《资料报导》等。董海山此时已有更多机会走出深山,参加一些国内外学术交流活动。1979年,董海山担任了中国兵工学会火炸药专业委员会委员，1980年被聘为《火炸药》①和《爆炸与冲击》②杂志编委会委员，1981年又被聘为《兵工学报》组织编撰的《火工品》《火炸药》分册的编辑组成员。

在对外学术交流活动中，董海山意识到三所科技人员在对外学术交流条件方面的局限，而学术刊物是进行学术交流的重要载体之一。此时三所尽管已经创办了几本内部刊物，但其局限性也是非常明显的。几个内部刊物的刊载内容尽管有所区分，但同时举办三个刊物也分散了研究所的力量。1981年三所决定合并整合几个内部刊物，创办新所刊《炸药通讯》并聘请董海山为新刊的主编。1981年，《炸药通讯》经四川省绵阳市文化局审批通过，获得国内刊物准印证，在九院内部发行。1982年5月，《炸药通讯》第一期正式刊印，董海山专门审定了《炸药通讯》的发刊词。

首次创办发行的《炸药通讯》以季刊的形式出版，其征稿形式非常多样，有研究报告、译文、综述和讲座等。作为内部刊物，《炸药通讯》为促进九院和三所内部的学术交流、活跃学术交流气氛起到了积极的推动作用，自创刊后，受到三所科技人员的热情关注，成为三所科技人员进行学术交流的平台和园地，刊物也经过一些渠道传播到国内火炸药领域的学者当中。《炸药通讯》还得到了刚刚分配到三所的1982届、1983届大学生的青睐，他们当中许多人在董海山指导下，其第一篇学术论文就发表在《炸药通讯》上。

《炸药通讯》作为内部刊物，从1982年创刊，一直持续到1992年，共发行四十期。这十年间，《炸药通讯》积累了丰富的办刊经验，而三所一批

---

① 中文核心期刊，创刊于1978年，由中国兵工学会、中国兵器工业第二〇四研究所（又名西安近代化学研究所，前身为兵器西安三所，董海山于1962年至1965年期间在此参加一四二会战）主办，后更名为《火炸药学报》。主要刊载火箭推进剂、枪炮发射药、炸药、传爆药、烟火剂等含能材料的合成技术、装药技术、加工工艺、理化性能分析与测试、爆炸技术、安全技术等方面的学术论文、研究报告以及相关的基础理论、工程应用成果。

② 中文核心期刊，创刊于1981年，由中国力学学会和中国工程物理研究院流体物理研究所主办，主要刊载爆炸、爆轰、燃烧、冲击波、冲击动力学、高速碰撞、动高压技术、激光与电磁驱动的高能量密度动力学、材料动态力学性能、爆炸驱动与爆炸加工、工程爆破、抗爆结构与设计、爆炸力学计算方法和实验测试技术、爆炸器材、爆炸安全技术等方面的论文、研究简报以及科技动态等。

优秀的青年科技人员也陆续成长起来，外部大环境也更加开放，进一步扩大与国内外学术同行的交流，更广泛地传播中国火炸药领域的学术研究成果的需求也更加强烈，因此，此时创办一份公开发行的学术期刊的时机已经成熟。

1992 年 6 月，为了纪念"一四二任务"三十周年，九院三所在四川省绵阳市科学城（此时的九院已经迁址到四川省绵阳市市区，整个区域称为"科学城"）举行了纪念一四二任务三十周年暨学术研讨会，纪念大会云集了当年和董海山一起参加一四二任务的专家和领导。朱光亚和陈能宽也参加了此次纪念大会。大会期间，董海山向朱光亚、陈能宽等汇报了创办公开学术刊物的想法，得到了九院领导的大力支持。会后，三所正式筹备在《炸药通讯》的基础上创立新刊物，将《炸药通讯》更名为《含能材料》①，目标是全国公开发行。据《含能材料》前任副主编李海文研究员回忆：②

> 时任三所所长朱祖良研究员嘱咐董海山筹办《含能材料》，由我具体来承办办刊事宜。但是刊号申请并不顺利，一直到 1992 年年底，刊号申请也没有进展。1993 年 3 月，一次偶然的机会，一所赵国桥同志和四川省科学技术委员会的贺子强同志告诉我，国家科委新闻出版署在四川省峨眉山召开科技期刊出版工作会议，国家科委新闻出版领导宋培元同志要来参加会议，提醒我们可以向他汇报申请刊号的事情。我受朱祖良所长和董海山主任（时任三所科技委主任）的委托，和高学芳同志一起准备参加这次会议，行前，董海山主任再三叮嘱我，一定要把"刊号"办下来。

---

① 关于刊物的名称，因为当时在火炸药领域已经有了兵器工业部第二〇四所主办的《火炸药》杂志，因此取名为国际上通行的"含能材料"的提法。关于含能材料在我国的最早提法，可以追溯董海山院士一份 1980 年的手稿（SG-002-005，存于采集工程数据库），该份手稿记载：1980 年 8 月 26 日，董海山参加了二一四所第二届学术报告会，在会上，北京工学院丁儆教授作了参加第七届国际烟火会议的观感，提到美国把火炸药、烟火剂等统称为含能材料（energetic materials）。受此影响并考虑到国内已经有公开刊物《火炸药学报》，董海山院士将新刊命名为《含能材料》。

② 李海文：《含能材料》创刊：回顾董海山，2015 年。资料存于采集工程数据库。

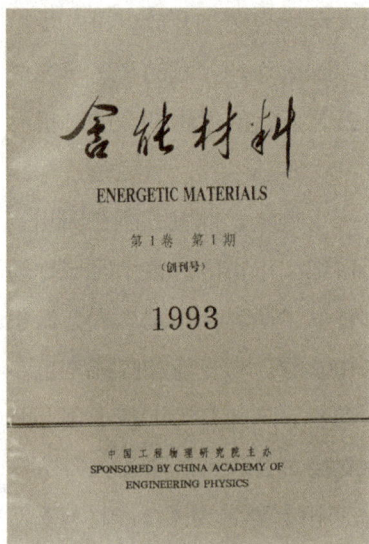

图 10-5 《含能材料》创刊号封面
（图片由中物院三所提供）

李海文到了成都，利用晚上休息时间，与贺子强同志一起拜访了宋培元同志，他将九院和三所申办《含能材料》刊号一事的理由、三所主办内部刊物《炸药通讯》的经验、三所在火炸药领域的优势、以董海山为代表的炸药专家在国内的影响力等情况向宋培元同志作了详细汇报。会议结束的当天晚上，李海文又拜访了宋培元同志。回到三所后，李海文将情况给朱祖良和董海山作了汇报，并马上着手申报材料的准备。创刊的申报材料由董海山亲自审定，有些内容由他亲自撰写。经过多方努力，1995年下半年，国家科委新闻出版署下发了文件，正式批准了《含能材料》刊号。

1993 年 3 月，《含能材料》正式创刊，初期以季刊发行，董海山再次审定了《含能材料》发刊词。由于创刊时还没有获得正式刊号，因此刊物还是作为内部出版物，但是已经按照正式公开刊物的模式运作了。[1]

《含能材料》经过较长时间的酝酿与筹备后现在终于问世了。

它的前身《炸药通讯》十多年来已发行了四十多期，以短小的文章及时地报道了国内外有关炸药配方研制、装药工艺、炸药性能测试等方面的动态，向国内外同行提供了一定数量的信息，但它的稿源局限于中国工程物理研究院化工材料研究所，发行面也不够广。

……

《含能材料》将保持《炸药通讯》文章短小、报道及时的特点，但它将接受来自中国工程物理研究院化工材料研究所以外的稿件。为

---

① 含能材料发刊词.《含能材料》，1993（创刊号）：1.

了保证本刊质量，特邀请全国若干大专院校和有关研究所的专家和学者参加它的编委会。

《含能材料》以短小文章为主，在本刊登过摘要的文章还可以在其他刊物上发表全文。《火炸药》《爆炸与冲击》等期刊的主编或编委已经应邀参加本刊编委会的工作。《含能材料》将与这些杂志相辅相成，携手并进，为繁荣我国的科技园地做出自己的一份贡献。

值此《含能材料》创刊号发行之际，编辑部谨向广大读者致意，祝大家在各自的工作岗位上不断取得新的成就！

《含能材料》的创刊得到了老一辈科学家的鼎力支持，朱光亚、王淦昌、陈能宽、黄耀增、丁儆、任益民为创刊号题写了贺词，陈能宽题写了刊名。根据董海山的提议名单，《含能材料》组建了第一届编委会，董海山众望所归地担任了《含能材料》第一任主编。《含能材料》第一届编辑委员会：[①]

名誉主编：任益民　朱祖良
主　　编：董海山
副 主 编：花平环（常务副主编）　李常青
委　　员：陈启珍　丁叔瀛　胡荣祖　浣 石　劳允亮　李怀祥
　　　　　李上文　罗顺火　吕春绪　欧育湘　潘功配　松全才
　　　　　肖登达　谢高第　徐 康　于天义　赵国桥　周怀德
　　　　　朱春华
编　　辑：李海文　李波涛　王艳秀

董海山亲自为《含能材料》的创刊号约稿。在 1993 年的创刊号上刊载了徐康、朱春华、吴雄、胡荣祖等专家的文章。创刊号还刊载了西安近代化学研究所的青年学者张同来、三所青年科技人员陈学林的文章。值得一

---

① 《含能材料》，1993（创刊号）：2。

提的是，董海山还约请俄罗斯圣彼得堡工学院 Vlassov D. A. 教授发表了文章。在董海山的影响和倡导下，《含能材料》一直保持了国际化的特色。

董海山连任《含能材料》的第二届编委会主编，一直到 1999 年卸任，此后他一直担任名誉主编，直到 2011 年去世。董海山对《含能材料》期刊发展倾注了心血。他拟定了办刊宗旨、征稿范围，亲自向国内外专家学者约稿，审阅重要的论文、解答编辑过程中的学术技术问题。此后，《含能材料》不断发展，先后成为中国科技核心期刊、中文核心期刊、被国际知名数据 EI、CA、JST 等收录，成为我国火炸药领域最具国际影响力的学术期刊。

著 述 传 承

董海山的第一本学术著作，也是最有学术价值、史料价值和传奇色彩的，当属他留苏归国后撰写的《新型高能炸药合成化学》一书。遗憾的是，这样一本在中国火炸药界传颂良久、"一四二任务"主要技术参考资料并深刻影响了新中国高能炸药合成研究的著作，却无法觅得踪影。

八十年代初，九院的科技交流活动逐渐活跃。为了进一步扩大对外科技交流，总结和传承知识、发展一些富有特色的学科，九院决定出版一系列科技专著，即《中国工程物理研究院科技丛书》，选题主要是面向九院在核武器研制历程中发展起来的基础性学科领域和专业。这套丛书的第一号图书就是董海山与周芬芬编著的《高能炸药及相关物性能》。

一本数据全面和翔实的手册，对于

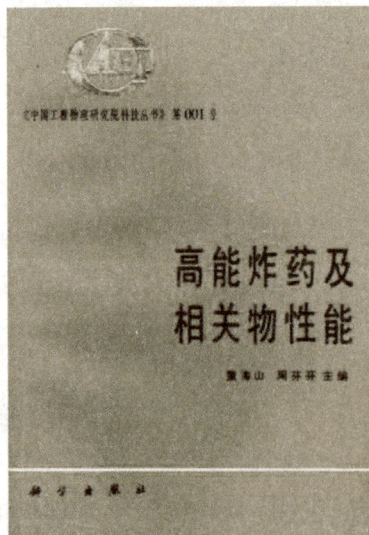

图 10-6 《高能炸药及相关物性能》封面（图片由中物院三所提供）

从事火炸药基础研究和应用的科研技术人员非常重要。"文化大革命"刚结束后，我国火炸药科研领域参考的性能数据手册主要是来自国外，包括西安二〇四研究所（原西安三所）在 1977 年翻译的德国火炸药专家鲁道夫·迈耶（Rudolf Meyer）编著的《炸药手册》、美国洛斯·阿拉莫斯国家实验室出版的《炸药性能数据》（Terry R. Gibbs、Alphouse Popolato 合编）和美国劳伦斯·利弗莫尔实验室出版的《炸药手册》（B. M. Dobratz 编）。

　　1972 年，西安二〇四研究所在国内最早编辑出版了《火炸药手册》，主要收录了二〇四所和其他研究机构在早期研究中积累的数据，"一四二任务"的部分成果和数据也被收录进这本手册里，这是我国自己编撰的最早的炸药性能数据手册。1981 年，二〇四所在 1972 版本的基础上重新编辑出版了《火炸药手册》，到 1987 年，该手册共出版了四个分册。《火炸药手册》在当时被兵器工业部定为涉密资料，只在很小的范围内参考使用。

　　"一四二任务"后，九院三所也逐渐建立起独立研制高能炸药的能力。由于核武器对高能炸药的特殊需求，三所在国内率先建立了一些富有特色的炸药试验方法，测试和积累了大量火炸药及相关材料的性能数据，这是一笔非常宝贵的知识财富，这些测试数据对我国高能炸药界的同行们有重要的参考价值，随着九院更加开放，编撰一本可以公开发行的炸药性能手册已很有必要。因此，当二十世纪八十年代后期，九院决定组织出版科技丛书时，炸药性能手册即被列为预定出版《中国工程物理研究院科技丛书》的第一号。董海山将这本手册命名为《高能炸药及相关物性能》并于 1989 年交由科学出版社出版。因手册中大部分炸药均是为满足核武器设计需要而研制和运用的，所以"高能"是其特色。这本手册由董海山策划，三所十几位科研工作者参与了数据收集和整理工作。书中的许多性能测试方法与数据是国内第一次发表，比如解析法测爆压、平面飞片试验、圆筒试验、板痕试验、苏珊试验、药片撞击感度、微热量热法测炸药安定性、激光脉冲法测热扩散率和比热以及炸药的力学性能等。手册一经公开出版后，即得到国内同行的欢迎。陈能宽院士对这本手册给予高度赞誉，并欣然为该书作序。由于这本书很受欢迎，董海山又在 1989 版的基础上增补了更多的实验数据，于 2005 年出版了第二版。

在出版《高能炸药及相关物性能》一书前，董海山也主持编写和翻译了几本重要的技术文献。1987 年，董海山主持翻译了美国能源部的《炸药安全手册》[①]，这时一本关于美国能源部在高能炸药安全管理方面的书籍，对于我国高能炸药研制生产中的安全设施建设、安全防护和安全管理都有很好的借鉴意义。为了给炸药安全管理和安全评价工作者提供通俗易懂的基础理论知识，董海山编写了《炸药安全技术基础》一书，这本书较为系统地介绍了炸药的燃烧、爆炸等基础理论知识，着重归纳总结了炸药热起爆、摩擦起爆、撞击起爆的机理和防护知识，这本书的部分内容被编入李德晃主编的《炸药作业事故的控制》一书的第二和第三章。1994 年，为了配合钝感高能炸药的研制，董海山组织翻译了美国相关文献，结集为《钝感炸药译文集》[②]一书。令人遗憾的时，由于历史原因，董海山的这几本著作均没有公开出版。

2002 年，董海山和西安二〇四所的胡荣祖研究员合作编著了《含能材料热谱集》一书，作为《中国工程物理研究院科技丛书》第三十六号，由国防工业出版社出版。这本书收集了三百八十六幅含能材料热谱图和近万条数据，按照单质炸药、混合炸药、火工药剂、发射药等进行分类。书中收录了"一四二任务"期间研制的部分单质炸药和混合炸药的热性能数据，"是国际化学热力学和含能材料热性能数据库中的宝贵财富，是三个单位科技人员辛勤劳动的结晶，它对于含能材料热安定性、相容性的表征和评估、含能材料配方的快速筛选、燃烧初始规律的定量描述、热力学参数和热平衡方程的计算以及有效使用寿命的估算都有一定的实用意义"。[③]

---

① 董海山：炸药安全手册。资料存于采集工程数据库。

② 董海山、花平环、李常青等：《钝感炸药译文集》。资料存于采集工程数据库。

③ 董海山、胡荣祖、姚朴、张孝仪：《含能材料热谱集》。资料存于采集工程数据库。引自张明南和李福平为《含能材料热谱集》所作序言，序言中提到的三个单位是中国工程物理研究院化工材料研究所（九院三所），兵器工业二〇四研究所（原西安三所）和陕西应用物理与化学研究所。

育 人 恩 师

从回国参加一四二任务攻关起，在几十年的科研工作生涯中，董海山一直非常热心指导年轻科技人员和青年学生。1964 年，"一四二会战"的地点西安三所，迎来了北京工学院的几位实习生，他们将在西安三所进行毕业设计，其中一位学生叫邹品环。董海山指导他进行了十号（奥克托今炸药）炸药的研究工作，十号炸药的生产工艺研究，该论文在答辩时，得到了评委好评，获得了满分，这项工作为我国后来生产王牌炸药奥克托今奠定了重要基础。邹品环毕业后分配到九所工作，成长为火炸药专家。这期间他和李海文一起指导了实习生俞仁昌进行含能粘结剂和含能增塑剂的研究工作，毕业答辩也获得了满分。许多参加一四二任务的新大学生，在学校也没有接触火炸药，他们在一四二任务期间都得到董海山的倾心指导，许多人将董海山当作从事炸药研究的启蒙老师。①

"文化大革命"结束后不久，国家恢复高考，自 1981 年、1982 年起，长期中断的应届大学毕业生分配才重新启动。核武器研究院和三所长期坐落在川北深山，工作条件和生活条件比较艰苦，在整个八十年代分配到研究所的大学生人数很少。1981 年，董海山任三所的副所长，主管科研工作，他非常关注新入大学生的情况。在董海山 1984 年的一份手稿中，他详细记录下了 82 届、83 届和 84 届分配到三所的应届大学毕业生的名字、毕业学校和专业。在这些年轻大学生中，他亲自指导了其中几位的研究工作并取得了重要的成果。比较有代表性的包括：指导了 1982 届毕业生黄辉进行热固炸药研究，指导了 83 届毕业生杨克斌进行 NTO 的合成研究，指导84 届毕业生蒋道建进行碳酸铵法合成 TATB 的工艺研究。②

---

① 李海文：我与董海山同志一起工作和相处的回忆，2015 年。资料存于采集工程数据库。在手稿中，李海文手书指导的学生为"余永昌"，经考证，指导的学生名字应为"俞仁昌"。

② 蒋道建：在董老身边的日子。见《董海山院士诞辰八十周年纪念文集》，内部资料，2012 年。

1984 届毕业生、和董海山一起进行 TATB 合成研究的蒋道建研究员回忆：

　　董院士提出：必须重视培养年轻人，新课题需由年轻同志承担，老同志做好帮扶工作。当院同意立项后，我担任了 TATB 合成研究课题负责人。说实话，接受任务后我对如何按要求编写研究方案、如何组织课题组并开展研究工作等一片茫然，不知从何下手。董院士不厌其烦，每周总有几天骑着他那辆老旧的自行车到我们实验室，指导我查文献、编写研究方案、组织原材料计划、落实试验仪器设备、研究实施路线。

　　1985 年，董海山被评为核工业部劳动模范，1986 年又先后被授予"全国优秀科技工作者称号"和"五一劳动奖章"，他曾经在核工业系统做过个人先进事迹的巡回报告，他的事迹通过中央和地方媒体进行了广泛报道。在八十年代初，他在全国火炸药界已经具有了相当高的知名度。对于身边的年轻科技人员，董海山关怀备至、悉心指导，对于国内其他研究机构从事火炸药工作的青年科技工作者，董海山也是毫无保留，倾囊相授。航天科技集团八院的杜磊研究员回忆：[1]

　　1989 年，他到襄樊四十二所参加航天推进剂技术发展战略研讨会，给我们提出了很重要的建议意见。大约在 1992 年，他邀请我到当时尚未出沟的九〇三所作学术交流，他亲自到成都去接我。他引导我参观一些特定的安全性试验装置，对我们当时搞 1.1 级高能推进剂的安全性测试极有帮助。

　　① 杜磊：我的良师益友。见《董海山院士诞辰八十周年纪念文集》。杜磊曾在 1982 年德国 ICT 国际年会上结识了董海山。

兵器工业第二一三研究所的盛涤纶研究员回忆：[①]

　　当时（1992年）我所在爆炸逻辑网络技术上刚刚起步，处于原理探索阶段，BTF炸药是首选的网络传爆炸药。我所需要合成技术及样品。但是BTF合成步骤多，遇到的技术难度大，国内只有九院三所合成，考虑再三，试探着向国内唯一炸药合成院士求助、请教。他能有时间或肯帮助我们吗？结果，院士很快回信了。院士与我的老师们是同辈的专家。我是小字辈！院士这么认真地回信，还诚恳地介绍我来取经，多么平易近人！

1996年4月29日，国务院学位委员会批准九院三所新增"兵器安全技术"硕士学位授权点，1997年1月，"兵器安全技术"调整为二级学科"武器系统与运用工程"，列于一级学科"兵器科学与技术"之内，至此，三所拥有了第一个硕士学位授予点并开始招收硕士研究生。董海山为硕士点的申报、培养方案、招生指南、课程设置等提出了很好的建议。

　　那么这个申报你首先得整理完整材料，包括你学科发展的情况。另外你还得跟那些委员沟通，因为这个批准的口一般有两个方面，一个是省里头这个口，一个是国务院学位办。那么咱们一般走国务院学位办这个口。国务院学位办有关火炸药方面的专家分布在南理工、北理工以及一些炸药厂等单位。因为这个最后的审批需要这些专家投票，那么你要取得成功，首先就要人家了解你，所以跟外头的专家有个了解、有个沟通，这个应该是很关键的一个环节。董先生他在火炸药界认识的人很多，所以他起的作用是很明显的。[②]

董海山为了给九院核武器事业的进步多培养优秀人才，付出了巨大的

---

① 盛涤纶：学识越高越平易近人——记受人尊敬的董院士一件小事。写给李明的私人通信，2017年。

② 罗顺火访谈录，绵阳，2016年3月17日。资料存于采集工程数据库。

努力。在三所的硕士点成立之前，他主要通过指导新入所大学生来培养和锻炼人才，而研究生的培养和指导又不同于对入所大学生的指导，不仅要完成一定的研究工作任务，更重要的是要培养学生的科研能力，更注重研究工作的系统性和学术性。1997年秋季，董海山正式招收了他的第一个硕士生，此时，他已经六十五岁了。自1997年开始一直到2000年的四年间，他每年都招收一名研究生。① 在为研究生选题时，他既注重课题方向的潜在应用价值，也很注重选题的学术性，以达到训练学生独立的研究和分析能力。

在第八章已经记述，董海山以其极具战略性的眼光在九院推动了高能钝感炸药TATB的合成与运用。到上世纪九十年代后期，三所的TATB合成与工程化运用已经基本成熟，但是这当中仍然有一些基础性的技术问题有待解决。适逢初次招收研究生，他先后为两位学生确定了有关TATB的论文选题方向。他为第一位研究生宋华杰确定的方向是TATB与粘结剂之间的界面作用问题。我们在"古都会战"和"草原烈火"的章节中介绍了，炸药在实际运用中是以混合的形式出现的，如同多味配置与调和的中药一样，炸药领域俗称"配方"。配方中选用的各种添加剂与单体炸药之间相互作用——即界面作用，将很大程度上决定炸药的综合性能。董海山在青海二二一厂二生部工作期间，就是从界面结合强度分析、通过更换和调控粘结剂，一举解决了1105配方的开裂问题。随着新炸药配方不断出现、新的粘结剂体系不断增多，界面问题依然是配方设计和运用中的关键基础问题之一。九十年代后期，随着新的表征方法和理论的出现，为深入认识混合炸药的界面作用机理、建立新的界面作用表征与评估方法提供了机会。在这篇论文中，董海山指导宋华杰系统研究了TATB与几类氟聚物粘结剂的界面作用机理，并尝试运用一些新的表征方法。这篇学位论文②后来成了研究混合炸药界面问题的一篇重要参考文献。

---

① 这四位研究生分别是1997级的宋华杰、1998级的王军、1999级的黄亨建和2000级的周红萍。

② 宋华杰：TATB/氟聚物复合材料的界面作用和力学性能研究。中国工程物理研究院北京研究生部，学位论文，2000年。

1988 年，董海山指导蒋道建等人攻克了碳酸铵法合成 TATB 的技术难题并完成了百克级放大工艺，随后三所在上世纪九十年建成了 TATB 生产线并制定了 TATB 的产品规范。此时获得的 TATB 主要是微米级的颗粒，但随着对 TATB 性质的深入认识，发现更细粒径的 TATB 颗粒有更好的起爆特性，这样尽管 TATB 非常钝感而主要用于主炸药，但更细粒径的 TATB 则有望用于新型雷管的始发装药中，从而大幅度提高雷管的安全性。当时的国外文献称亚微米级别的 TATB 一般只能用粗颗粒的 TATB 原料经过物理方法获得，很难通过化学合成的方法获得亚微米的 TATB。董海山指导学生王军[①]，在合成中加入特性活性剂的方法，首次制备出了亚微米的 TATB 颗粒，为亚微米和纳米 TATB 的制备开辟的新的技术途径。

由黑索金（RDX）和 TNT 混合而成的梯黑炸药是与老一辈炸药人最有"感情"和渊源的炸药之一。我国第一颗原子弹和第一颗氢弹爆炸试验的主炸药均使用了梯黑炸药。在第五章已经介绍，梯黑炸药有较多的技术缺陷，因此在后来的核武器用主炸药中就逐步被淘汰了，但是梯黑炸药价格低廉、装药工艺简单，在常规兵器装药中仍大有用处。对梯黑炸药的技术缺陷加以改进，对我国常规兵器行业具有非常重要的意义和价值。董海山指导研究生黄亨建开展了黑索金钝化和梯黑炸药改性研究[②]，这项研究对 RDX 的钝化机理、添加剂与 RDX 的相互作用机制、晶体缺陷对炸药性能的影响等进行了系统研究，提出了梯黑炸药的深钝感技术，为熔铸梯黑炸药的改性提供了新的技术途径。这个研究也为董海山后来提出宏大系统的熔铸炸药改性研究课题奠定了基础。

在第八章我们记述了，董海山在 1988 年指导青年技术员田野开展了苯并三氧化呋咱（BTF）合成工作，该项工作在新型雷管始发装药上取得了非常好的应用成果。这类化合物兼具高密度和较高稳定性的特点，董海

---

① 王军：合成制备亚微米 TATB 的技术研究。中国工程物理研究院北京研究生部，学位论文，2001 年。

② 黄亨建：RDX 的钝化和 B 炸药的改性研究。中国工程物理研究院北京研究生部，学位论文，2002 年。

第十章　碧海青山　　**199**

山对氧化呋咱类炸药格外看重。董海山指导研究生周红萍[1]开展了氨基硝基苯并氧化呋咱的合成研究工作，此后，三所的研究生夏云霞[2]也开展了此类化合物的合成研究工作。由于三所很长一段时间没有博士点，董海山生前没有独立招收过博士生，但鉴于他在含能材料领域的深厚造诣，高校的老师非常愿意与他合作培养博士生，他以共同导师的名义，先后指导过五位博士生。[3]

在培养研究生的过程中他始终是耐心的、诲人不倦地与研究生讨论如何开题、如何完成学位。同时，他在教研室开授"炸药理论"课程，这是他亲自提议开设的基础课程，开课时他已经六十五岁了。在指导学生的过程中，他既严格要求学生，又非常尊重学生的兴趣和选择。既鼓励学生创新，也强调选题方向要尽可能解决科研生产中面临的实际问题。晚年他最希望的事情之一就是能够多多地培养青年人，他常说的一句话就是，"我的时间不多了，要抓紧一切时间"。

董海山不仅悉心指导学生的论文工作，还非常关心学生的生活和事业发展。他的博士生张学梅回忆到：

> 读博士期间，每每谈起工作，老师是严肃、认真的；每每谈起生活，老师是亲切、充满关怀的。他常对我说的一句话就是科研中国不能按部就班，一定要争取做原始性的探索创新。[4]

他的学生黄亨建说：

> 董老对学生要求很严，在我去北京上基础课之前，董老就要求我

---

① 周红萍：氨基硝基苯并氧化呋咱的合成及性能研究。中国工程物理研究院北京研究生部，学位论文，2003 年。

② 夏云霞：4–氨基苯并二氧化呋咱的合成研究，中国工程物理研究院北京研究生部，学位论文，2004 年。

③ 这几位联合培养的博士生分别是姬广富、李金山、高大元、宋华杰和张学梅。

④ 张学梅：老师，您永远活在我的心中。见：《董海山院士诞辰八十周年纪念文集》。内部资料，2012 年。

在上课期间着手调研毕业论文的文献资料。于是在北京上基础的一年跑遍了国家图书馆、位于航天桥的国防科技信息中心、位于车道沟的兵器工业情报所和九所的图书馆。我们几个学生一致感觉读董老的研究生很累，因为董老要求学生不是简简单单地完成毕业论文，而是要确实解决科研生产中的实际问题。[①]

碧 海 青 山

2003 年，中国工程院院士评选，在能源与矿业学部答辩现场，董海山做答辩陈述：[②]

> 自己和同事们一起取得的科研成果的水平，尽管都有显著的科技进步，许多在国内是领先的，但都没有重大的原始性创新，而且搞出来的时间比国外晚了十年以上。
>
> 我自己也合成出几十个文献无记载的新爆炸化合物，都没有实用价值，在阐明以硝仿为酸组分的曼尼希反应机理及革新二号炸药合成工艺方面，应当说做了原始性创新，但由于该炸药相容性等缺点被淘汰，使该项创新失去了重要性。

在面对评委们做最关键的陈述时，董海山说了上面一席话。他谦虚而又客观地评价了自己一生的贡献，没有吹嘘自己的成就。他实事求是的作风感染了在座的所有院士评委。

2003 年 12 月，董海山当选为中国工程院院士，这是对他为新中国火炸药科技事业发展作出杰出贡献的充分肯定。

---

① 黄亨建：董老的几件小事。见：《董海山院士诞辰八十周年纪念文集》。
② 干勇：《20 世纪中国知名科学家学术成就概览——化工、冶金与材料工程卷》，董海山卷。科学出版社，2015 年，第 392—400 页。

当选院士后，董海山继续在研究所工作。尽管年事已高，但是他一直在思考和探索高能炸药的未来之路、思考我国火炸药科技的传承、创新和发展的方向。在晚年，他对于新型高能量密度材料、高能钝感炸药的设计、传统熔铸炸药的改性等领域都做了更深入的思考。2010 年，他因病住院，秘书去病房探望他时，发现他还趴在病床上，用铅笔写着课题任务书。

2011 年 2 月 2 日夜，董海山在家中突发脑梗，送四川省科学城医院抢救无效，次日凌晨在医院辞世，离开这天，恰是农历新年正月初一。

他在瑟瑟的滦河畔降临，他在涪江的春水边离开。

他的长子护送他回到滦县。

如今的横山上已是片片林海，碧绿青葱，从此他可以和心爱的人永远长伴在一起。

结　语

2011 年 2 月 3 日凌晨，董海山院士因病去世。他去世的消息惊动了党和国家领导人，震动了整个含能材料学界。时任中共中央总书记、国家主席、中央军委主席胡锦涛同志来电悼念并表达对家属的慰问，中央政治局常委、国务院总理温家宝同志，中央政治局常委、国家副主席习近平同志，中央政治局常委、国务院副总理李克强同志来电慰问，并向董海山敬献了花圈。中央政治局委员、中共中央组织部部长李源潮同志、中国工程院院长周济同志、四川省委书记刘奇葆同志、省长蒋巨峰同志发来唁电并敬献了花圈。北京理工大学，西安二〇四所，中国兵器科学研究院，中国兵工学会，二炮装备研究院，航天四十二所，航天八院，南京理工大学，国防科技大学，哈尔滨工业大学，北京化工大学，华南理工大学，中北大学，西南科技大学，留苏同学会，中国工程物理研究院，陆、海、空和二炮驻中物院军代室，绵阳市，中物院化工材料研究所的领导、同事、同学、好友和董院士的亲属三百多人参加了他的追悼告别仪式。

从出生于河北滦县农家，到在四川绵阳科学城溘然长逝，董海山走过了不平凡的一生，为新中国的高能炸药科技事业作出了杰出贡献。他的一生既艰辛曲折，又波澜壮阔：少小离家求学，因为国家免费资助而选择了火炸药专业；在公派留苏期间掌握了先进的炸药合成理论；归国后参加了原子弹和氢弹用高能炸药研制，三十出头便成为全国高能炸药协作攻关的领军人物；"文化大革命"后重获新生，年过半百后仍不断求索，组织领导并亲自参与研制了新一代核武器用的低感高能炸药和高能钝感炸药，直到生命最后，也未曾停止奋斗和奉献。董海山在新中国的核武器和火炸药科技发展历程中立下了不朽丰碑。观其一生的学术成长经历，我们会发现，董海山既有老一辈核武器科技事业科学家群体的共同特质，又有从事火炸药领域工作的专业特征和鲜明的个人特点。

学术基础是做好科研的前提

董海山知识宽广，博闻强记，是炸药领域的百科全书式的学者。许多接触过董海山的专家学者都对他渊博的知识、惊人的记忆力，表示出由衷的赞叹和佩服。

随便说出一个炸药分子式，董院士都能说出几种可能的合成路线……在董老的言传身教中，我深感他的知识面特别渊博，对于炸药的性能数据、基本公式记忆特别准确。[1]

炸药方面就不管是单质炸药还是混合炸药方面，各个性能、物理性能、热性能、力学性能等等这些性能，他都熟记在心，他的知识面特别宽。[2]

董海山惊人的记忆力和宽广的知识，源自他刻苦的学习和丰富的科研实践。在苏联留学时，他采取强记的方式，背诵了大量炸药合成知识和炸药性能数据，这样一种有意识的记忆行动所记下的知识量远远超过按部就班式的留学学习，这些强记的知识不久后又经历了"一四二会战"科研实践的反复淬炼——去伪存真、去粗存精。此时，他刚刚三十出头，可谓风华正茂、壮志凌云，在他人生的黄金年华已经构建出扎实的火炸药知识内

---

[1] 孙杰：恩师常驻我心。见：《董海山诞辰八十周年纪念文集》，2012年。资料存于采集工程数据库。

[2] 田野访谈，2016年7月19日，绵阳。资料存于采集工程数据库。

核和"核心数据库"。此后，在整个一生的科研工作中，他又不断学习、勤于记录。在我们收集的他留下的手稿和工作笔记中，发现了他在各个时期记录的大量炸药性能数据，有些是反复地多次记录。董海山勤于阅读文献，他精通俄语和英语，借助字典可以查阅德文文献，他阅读了海量外文文献、重视国际交流，不断收集、整理众多炸药信息和炸药性能数据，不断丰富青年时期构建的核心数据库。董海山虽是炸药合成专业出身，但在科研实践中，他又大量学习了核武器基础理论、爆轰物理、爆炸力学等专业理论。为了研究炸药的能量准则问题，他亲自到爆轰测试岗位进行操作，掌握了爆轰测试原理和爆炸力学测试技术。在他留下的手稿中，可以看到他摘抄记录爆轰理论、爆炸力学和氢弹设计理论等方面的知识要点。他在解决第一个塑料粘结炸药压制产生的裂纹问题时，曾给出了简捷清晰的力学解释。从董海山的经历来看，要想做好学术，一定要有好的基础，青少年时期是打好基础的关键时期。在这个阶段，大量的记忆能够帮助构建基本的知识库，反复的去伪存真和巩固记忆是知识库增强的必要条件，除此之外，还需要有开放的眼界，不断涉猎各方面的知识做补充和完善，最重要的就是学以致用，以应用不断巩固知识。董海山一生取得的成就大半归功于他早期打下的坚实学术基础。

科研必须在"用"字上狠下功夫

在科研工作中，董海山注重实践、注重以用为本。火炸药是一门实践性很强的学科，书本上和脑子里的化学分子式不会自然而然地变成产物，文献上的合成路线不会轻松容易地重复，理论预估的性能数据很难替代实测的结果，残酷的试验结果常常将研究计划打回原点，高危险的作业又时刻威胁炸药人的安全，这就是从事火炸药科研技术工作的严峻现实。作为一四二任务的课题负责人，他深刻地认识到在当时复杂的国际环境形势下，研制高能炸药不仅是要新型新颖的学术成果，关键还是要能尽快运用到武器装备中去。因此在一四二任务攻关期间，他作为课题负责人，分秒必争、百分百投入到实验室工作中去。在实验室中实现科研目标是他一贯的科研作风。"文化大革命"后在担任研究室领导职务后，他仍到实验岗位亲自操作，掌握性能测试技术，即便在晚年指导学生，他也不是简单的口头指导，仍经常下到实验室去指导学生进行实验。

认识世界的目的是为了改造世界，科研工作也是这样，搞科研就是为了能把它用上，对中物院的科研工作来讲就是装备部队，所以也必须在"用"字上狠下功夫。

> 我们也应当这样，在工作中发现新的现象以后，一定要联想它的应用，想办法应用它。如果有新发现而不在用字上下功夫，就不可能有所发明，有所创造。因而也就不可能有所前进，这样就还停留在原来的水平上。[1]

格物致知，董海山同样非常注重理论工作，即便在一四二任务非常艰巨、时间非常紧迫的情况下，他也认识到理论工作的重要性。在一四二任务期间，他在曼尼希反应机理、分子结构与安定性的关系等方面做了深入的理论研究。一四二任务结束后，他重返协作单位进行调研，认识到因为基础理论研究的薄弱，造成提出的炸药指标不科学。他专门对炸药能量准则进行了深入研究，晚年他曾致力于研究分子结构与爆轰性能的关系，他对计算化学在含能材料的运用表现出浓厚的兴趣并鼓励年轻同事和学生积极探索。

对于探索性的工作，理论研究就更为重要，因为这是探索未知的，是解决从无到有的，到底合成什么样的化合物能满足指标，应当怎样设计化合物，这就有个方向问题，这就要有指针，这个指针就是理论。不应该把实践和理论研究截然分开，而应结合在一起的。

做科研需要有情怀

"我最怕的是不给我任务，不让我工作。只要让我为国家工作，对我来说就是最大的满足。"董海山生前说过的一句话，不管顺境逆境，不管

---

[1]　董海山：关于如何做好科研工作的一些经验和体会，1965 年。资料存于采集工程数据库。

外界如何对待他，他始终对党和国家怀揣热爱，始终怀揣科学报国的信念情怀，对从事的核武器科技事业矢志不渝。

董海山大学选择的是在北京工业学院设立的新中国第一个火炸药专业，1956 年他公派到苏联列宁格勒化工学院继续攻读炸药专业的研究生，他有机会学习和掌握苏联在高能炸药领域的前沿技术和信息。在学习过程中，中苏关系恶化，他敏锐地预感到自己平时接触和记录的资料将会受到限制，他采取了一个非常的举动——对技术资料进行强记，回国据此编写了技术回忆录，成为新中国首次高能炸药协作攻关的重要参考文献。这个举动不仅为我国高能炸药快速赶上国际前沿赢得了宝贵时间，还深刻地影响了董海山的学术成长。为了尽快研制出氢弹武器所需高能炸药，在西安参加"一四二会战"期间，董海山将自己的精力全部投入到攻关工作中，分秒必争，百分百投入。在青海二二一厂第二生产部工作期间，他顶着受迫害的压力和炸药作业的高风险，完成了二号炸药的配方研究，使得我国的氢弹试验中真正使用上了新型高能炸药，而他自己和家庭也付出了惨痛代价。"文化大革命"中，他的妻子被迫害致死，自己在运动中受尽磨难、几近命丧。运动结束后、面临去留九院的抉择时，他毅然选择留在九院，继续从事核武器科技事业。"文化大革命"结束时，百废待兴，曾经紧跟国际科技前沿的高能炸药研制又被拉下一大截，炸药研究面临着人才匮乏、队伍不稳、技术停滞的困难局面，此时董海山已近五十，他又重振伟力，在事关新一代核武器用高能炸药的重大技术方向上做出了正确判断并倾力推动，领导并研制成功了新型低感高能炸药和高能钝感炸药，为我国新一代核武器的发展作出了卓越贡献。评上工程院院士后，他仍未停止工作，继续在高能炸药的发展方向、钝感高能炸药的理论设计等领域进行探索。他基于我国火炸药发展的国情，亲自撰写了熔铸炸药改性的研究建议并申报课题和组织研究，直到生命最后一刻，此一课题竟成他未完成的绝响。

董院士去世后，人们对他的追思和回忆中，留下最多的是对他高尚品格的敬佩。在对他的同学、同事和学生的访谈中，得到最多的除对他学识和成就的崇敬外，大家对他高尚品格更是表现出由衷的敬佩。王泽山院士称他"既是我同行老友，也是我做学问、做人的榜样"。黄友之教授赞赏他"初衷不改报国家"。他的老领导、三所前任书记吴永文称他"为人忠厚，比较朴实，和他相处感觉很亲切、正直"。周智明教授称赞他"求真重实践，仁爱严于己"。他的众多学生们，既感受到老师在治学方面的严格严谨，也无不感慨于他对待大家的宽厚与仁爱。

董海山院士一生命运坎坷，又自强不息，他为新中国的核武器事业和高能炸药研制贡献了一生。他取得了辉煌的学术生就，也留下了许多动人的佳话和故事，我们希望也坚信，他的故事还将继续传颂。

我们无法复制董海山所在的年代，无法复制他的经历，但是从他身上，我们寻找到了一个普通科技工作者成长为一名院士的许多法宝，那就是一种爱国的情怀，一份深厚的科研功底，一个开放的眼界，一种学以致用的思维，一种实事求是、朴实无华的个性！

董海山留给我们的学术和精神宝藏将影响我们至深！

附录一　董海山年表

1932 年

10 月 18 日，出生于河北省滦县偏凉汀南后街老站村。父董世兰，母鲜瑞贤，务农，兼做小生意。长子，出生时长姐董秀珍三岁。

1939 年

9 月，就读河北省滦县偏凉汀小学。大弟董海泉出生。

1945 年

9 月，就读河北省滦县初级中学，二弟董海青出生。

1948 年

9 月，就读北平市立第八中学。

1949 年

1 月，解放军包围了北平，出于对时局的担忧，和同学相约回家，步行回到滦县。

3 月，转学至河北省高级中学。

11 月 7 日，加入中国新民主主义青年团，介绍人李梦醒。

1950 年

加入中苏友好协会，担任文娱干事。抗美援朝战争爆发，两次报名参军参干，未被录用。

1951 年

9 月，考入北京工业学院化工系化一甲专业 6511 班学习，学号511205。

三弟董海天出生。

1953 年

8 月 15—30 日，到大连化学厂认识性实习。

1954 年

6 月 18 日—7 月 18 日，到国营四七五厂生产实习。

1955 年

5 月 16 日—7 月 20 日，到国营三七五厂施工实习。

与同班同学李子君建立恋爱关系。

小妹董海英出生。

1956 年

1 月 7 日—3 月 6 日，到国营三七五厂毕业实习。

7 月毕业，毕业论文："设计年产二万一千吨的塑性代拿迈制造车间并以硝化工房为重点"。

9 月，进入北京俄语学院留苏预备部 75 班学习。

11 月，第一届全国人民代表大会常务委员会第五次会议通过决议，设立中华人民共和国第三机械工业部（三机部），具体组织领导我国核工业建设和发展工作。

报考留苏研究生，专业平均分数 82.3。

1957 年

9 月，与李子君结婚。

11 月，赴苏联列宁格勒苏维埃化工学院研究生部学习，同行的还有傅依备、袁钢等。大专业为炸药化学与工艺学，专业为脂肪族多硝基化合物的合成，即新的高威力军用炸药、固体火箭火药活性黏合剂及氧化剂的合成。主要从事新炸药合成方面的工作，为涉密专业。

在炸药教研室学习期间，分外珍惜学习机会，经常从早上 9 点工作到晚上 9 点。课余喜欢和同学们到森林中徒步露营。

1958 年

在苏联列宁格勒苏维埃化工学院研究生部学习。

2 月，第一届全国人大第五次会议决定将第三机械工业部（三机部）改名为第二机械工业部（二机部）。

7 月 13 日，北京第九研究所（简称九所，为中国工程物理研究院前身）成立。

1959 年

在苏联列宁格勒苏维埃化工学院研究生部学习。

6 月，国家决定用八年时间搞出"争气弹"。

1960 年

在苏联列宁格勒苏维埃化工学院研究生部学习。

闻知中苏关系恶化，预感接触到的学习资料不可能带走，开始抓紧时间加速记忆和背诵相关资料。

1961 年

5 月，以优异的成绩通过副博士论文答辩，取得学位。副博士论文题目：1，1，1，3- 四硝基烷、并列多硝基烷及硝基硝酸酯的研究。论文阐述了研究并列多硝基烷、硝基硝酸酯的合成方法及其化学反应，合成出了一系列新的多硝基化合物；研究了炸药性能（安定度、感度及比重等）与其分子结构的关系。

6 月回国，被禁止携带任何资料和纸质物品。回国前夕在中国驻莫斯科大使馆凭记忆书写出大部分留苏所学内容。

6—8 月，在北京外语学院学习。

9 月，分配到二机部九所工作。

到九所报到后受到朱光亚接见，汇报了苏联高能炸药方面的研制情况和在核武器中可能的应用。根据朱光亚的指示，将在苏联留学期间接触到的信息凭记忆编写出回忆录"新型高能炸药合成化学"。资料编写完成后得到朱光亚、王淦昌、陈能宽的重视，并向国防科委递交了专题报告，请求在我国立即开展新型高能炸药研究。

为做准备工作，与同学松全才等一批人广泛查阅文献，未获取任何新炸药研究的有用资源。由于九所只在长城脚下有个十七号工地，工作条件仅有几间平房、一些帐篷及简陋的制作熔铸炸药试件的设施，可以打炮，但缺乏研制新炸药的条件，未能如愿马上开展新炸药研制工作。

1962 年

中央批复，决定开展全国高能炸药协作攻关，由兵器工业部西安三所（二〇四所）、兰州化学物理所、二机部九所协作，以西安二〇四所为基地开展攻关。

4 月，被派到西安二〇四所参加全国高能炸药研究攻关，即一四二任务。一四二任务在我国炸药研究史上具有开拓性意义。

4 月，一四二任务举行第一次学术会议，作"在三硝基甲烷基础上新型炸药的发展概况"报告，参加人包括二机部九所朱光亚、王淦昌、陈能宽，大连化物所所长张大煜，兰州化物所所长申松昌，上海有机化学所副所长黄跃曾，西安二〇四所所长高霭亭等。与会领导专家高度评价报告内容，并确定了研究方向和组织机构。

在一四二任务中担任题目负责人，亲自做实验、写报告，指导刚毕业的大学生。座右铭是"再快也不嫌快"，提出要以最快的速度，追赶世界炸药研究先进水平。

11 月 17 日，长子董志伟出生。

年底，九所第一批人员和设备向二二一基地转移。

1963 年

指导参与研制成功一至九号共九个新炸药，在反应机理和工艺等方面有所创新，进行了各种性能鉴定，并对其中两种进行了放大试验。此工作结束了我国不能自行研制、生产高能炸药的历史，钱三强对此作出高度评价。其中高能炸药重（三硝基乙基—N—硝基）乙二胺（二号炸药）被认为是所有新炸药中的佼佼者，并创造了一条简化合成线路，产率比苏联高20%。二号炸药的合成于 1985 年获得国家发明四等奖。

2 月，第二生产部成立，钱晋任主任。

1964 年

1 月，申请开题对奥克托今进行合成和性能研究。通过半年的研究完成了实验室工作，后在二〇四所进行了中试，之后转交给兵器部八〇五厂生产。此项工作于 1978 年获全国科学大会奖。

2 月，九局、九所合并成立第九研究设计院（简称九院）。

10 月 16 日，我国第一颗原子弹爆炸成功。

李子君从北京工业学院调到北京九所，并到西安参加了一四二任务。

1965 年

在一四二任务后期，重点开展塑料粘结炸药研究，获得一个配方。鉴于发展核武器的迫切需要，为确保成功，核工业部安排三个科研组同时开展塑料粘结炸药的研究，一个组是中科院兰化所与上海有机所合作，第二个是北京工业学院丁儆教授的科研组，第三个是董海山和兵器二〇四所合作的科研组。经过半年多的研究工作，每个科研组都研制出了一个配方。

8 月，二二一基地建成。

9 月，动工建设九〇二基地。

1966 年

3 月，结束一四二任务，返回青海二二一厂九院三所。

3 月 30 日，时任中共中央总书记邓小平视察二二一厂，大大鼓舞了二二一基地，大家决心赶在法国之前爆炸氢弹。

发现兰化所提供的某炸药成型性能差。集成几家合作单位的工作经验和成果，研制成功了改性某炸药，解决了成型性能和环境适应性不好的问题。该炸药成为我国第一代塑料粘结炸药，此项工作于 1978 年获全国科学大会奖。

10 月，去西安三所、兰化所调研高能炸药研究现状。

11 月初，去北京向朱光亚作了汇报。

12 月 28 日，氢弹原理装置试验获得成功。

1967 年

开展塑料粘结某高能炸药的改性研究。研制成功了某某配方，该配方具有能量高、易成型等优点。又用三个月时间摸索研制出某某药柱，进行了压药及药柱性能测试。这是我国第一个用于核武器的塑料粘结炸药柱。

三硝基乙基缩甲醛（四号炸药）的研究工作获 1978 年全国科学大会奖。

6 月 17 日，第一颗氢弹爆炸成功。

11 月 1 日，次子董志宏出生。

"文化大革命"席卷全国，年底，妻子李子君受到批判。

1968 年

受"文化大革命"影响，科研工作基本停滞，成为"控制使用对象"，只能查文献，尝试提出一些设想，进行一些力所能及的探索性试验。

1969 年

6 月，顶住压力，承担二号塑料粘结炸药研制，仅用三个月时间完成了研制任务，保障了某型号的第一次试验如期进行，完成为新中国成立二十周年献礼的任务。该炸药曾多次用于试验。

10 月，军委办事组指派赵启民、赵登程（简称二赵）进入二二一，基地 80% 以上的车间科室干部，90% 以上的高、中级技术人员受到审查和迫害。

1970 年

3 月，因留苏经历被打为"苏修特务"，关押到私设监狱，其间遭到残酷迫害和严刑拷打，戴了一年的手铐，健康状况严重恶化。

12 月 27 日，妻子李子君被迫害致死。

1971 年

被列入准备枪毙者名单。

9 月 13 日，二赵垮台。

年底被释放。

1972 年

因受迫害导致身体虚弱，健康状况极差，赴北京治疗病休。其间从事文献调研工作。

1973 年

3 月 10 日，中央在京召开九院"批林整风"会议，对二赵进行清算，形成"北京会议纪要"。得到平反，恢复名誉。

1974 年

与九院三所医院护士夏梅珍结婚。

1 月 1 日，九院一分为二，院迁往四川，基地为二二一厂。

1975 年

5 月，从青海二二一基地转移到四川，在九院三所三〇一室担任课题负责人。

认为科研工作的各个环节中最重要的是选题及确定技术路线，决定把工作重点转移到这方面。

引进一二三树脂，提出与五机部二〇四所（原西安三所）合作研究提高环境适应性和贮存寿命等性能。带队到五机部二〇四所学习，在二〇四所原有工作的基础上对某炸药的性能和成型工艺进行了详细的研究。

作为领导小组副组长，参与领导某炸药起爆元件的研制。

1976 年

组织领导泡沫炸药的研制，经雷开学、李文才同志的努力获得成功，为爆轰试验提供了低爆压新材料。

1977 年

组织领导研制耐热炸药和低感度炸药，调研并开始柔爆索的研制，提出尽快建立圆筒、西桑、滑道试验等炸药性能测试新方法。

提出建议研究 TATB、硝基胍、六硝基芪等炸药在武器中的应用。

被评为九〇三所和院先进科技工作者。

10 月 15 日，长女董志芳出生。

1978 年

3 月 18—31 日，全国科学大会在北京隆重召开。"改性某炸药""奥克托今（HMX）高能单质炸药""奥克托今粘结炸药""四号高能单质炸药"获全国科学大会奖。

9 月，担任三〇一室副主任。

11 月，任助理研究员。

为提高核武器的安全性并适当解决炸药能量和感度的矛盾，亲自负责硝基胍及其性能的探索研究，研制出第一个硝基胍的塑料粘结炸药配方，并评价其性能特点，为后来的"木头炸药"研制提供了必要的技术储备和实验依据。

进行高低爆速组合元件预研，调研导爆索、光起爆、探索制备高密度炸药晶体专题。

了解到美国核武器用炸药研究动态，编写了"流态炸药起爆装置"设想方案，提出探索提高武器安全性和机动性的新途径。

被评为三所年度先进工作者、院"工业学大庆"先进工作者。

1979 年

提出研制挤注炸药和含能垫层材料的设想，得到陈能宽的热情支持。含能垫层材料于 2005 年获国防专利。

担任中国兵工学会火炸药专业委员会委员、九院学术委员会委员、三所学术委员会委员。

1980 年

被五机部二一四所聘为学术委员会委员；被聘为中国力学学会爆炸与冲击杂志编委会委员，火炸药杂志编委会委员。

12 月，任副研究员。

1981 年

组织进行某炸药、网络炸药的预研，为型号研制打下基础。

发现美国核武器研制把提高核武器的安全性放在了优先地位，其突出代表就是三氨基三硝基苯（TATB），决定把重点转移到 TATB 的研究上来。

3 月，任九院三所副所长。

被聘为兵工学报火工品、火炸药分册编辑组成员。

1982 年

组织领导某炸药的配方、造粒工艺、压制成型和正常化处理工艺及性能的研究，研制成功的某炸药以 HMX–TATB 基炸药，其爆轰能量只比 PB–HMX 降低 5%，而安全性能得到很大提高，相当于 TNT/RDX。

5 月，到西德参加第十三届 ICT 火炸药年会，结识了德国 Manfred Held 教授、捷克 Zeman Svatopluk 教授、瑞典 Alf Prytz 教授等一批国际著名炸药专家，并与他们建立起了友谊，终身保持了联系和交流。

5 月，国务院机构改革，第二机械工业部（二机部）改名为核工业部。

主持创办所刊《炸药通讯》，组建起"Follow me"学习班，布置翻译美国 LASL 炸药手册。

1983 年

"839"重点工程启动，张爱萍将军亲自选址，九院准备从山沟内搬迁到四川绵阳。负责领导化工材料研究所（三所）新址的工艺设计工作。

组织指导网络炸药、木头炸药的研制和某炸药定型研究。

1984 年

提出并负责新传爆药的研制，研制成功的传爆药具有和钝化太安相同的冲击波感度和高可靠性，而其起爆能力、安全性、热安定性明显优于钝化太安，其机械强度比钝化太安高五倍，可在车床上进行机械加工。

6 月 30 日，向党组织递交入党申请书。

8 月，所领导班子改组，卸任副所长，调任三所科技委主任。

为促进体制改革，贯彻保军转民方针，主动与华东工程学院化工系联系，探讨协作。

1985 年

在南京与华东工程学院合作成立了联合应用化学研究所，确定共同开发民品的课题。

1 月，亲自带领实验小组研制出"黑色炸药"，制作了切割器，仅用三天时间试验成功爆炸切割螺旋桨技术，完成在江阴长江拆船厂爆炸切割螺旋桨，第四天赶赴南通，做土方爆破试验。

参加在象山打捞沉船"世航二号"的工作。

研究对比 TATB 与石墨的各种性能，认为 TATB 可作为 HMX 的含能钝感剂，研制成功某炸药。

"重（三硝基乙基 –N– 硝基）乙二胺的合成新工艺"获国家发明四等奖，排名第一。

11 月，被评为核工业部劳模。

11 月 5 日，《中国青年报》以"功在秘密历程——记为中国核工业做出贡献的董海山"为题进行了报道。

1986 年

研究 TATB 的合成方法和生产工艺，发明了以碳酸铵为氨化剂生产 TATB 的工艺，研究成功了钝感炸药配方。

3 月 3 日，正式加入中国共产党，介绍人刘明德、周怀德。

5 月，被全国总工会授予"全国五一劳动奖章"和"全国优秀科技工作者"称号。

9 月，被评为四川省国防科技工业优秀党员。

1987 年

负责不同颗粒尺寸的 TATB 炸药的合成方法及工艺研究，研究成功碳酸铵法合成 TATB 新工艺，领导设计数公斤级的生产线。

9 月，任研究员。

1988 年

指导参与 ONTA 炸药的合成。建立起 TATB 生产线，指导以 HTPB 为粘结剂的弹性挤注炸药。

9 月 7 日—10 月 1 日，到西德、法国、瑞典考察高能炸药技术发展并参加国际学术会议。

7 月，被评为四川省优秀共产党员。

12 月，被评为院年度优秀共产党员。

当选全国第十一次工会代表大会代表。

1989 年

组织 TATB 生产线进行安装和批量生产。研究成功亚微米级 TATB 的制备方法。

研究农药中间体的合成。

11 月，与周芬芬合作出版专著《高能炸药及相关物性能》，第一作者。陈能宽作序，并赞"实事求是的精神是本书的一个特点"。该书列出单质炸药、混合炸药、炸药胶粘剂、涂层及其他相关物近九十种，给出实测性能数据约五千个，其中绝大多数从未公开。

12 月，被评为院年度优秀共产党员、四川省国防工业系统优秀共产党员。

1990 年

6 月 25 日—7 月 1 日，到西德参加第二十一届 ICT 国际年会。

6 月 29 日，被评为四川省自然科学界精神文明标兵。

9 月，到苏联参加米海尔逊国际会议。

1991 年

撰写"氧化硝基三唑合成研究"，"对新型钝感高能炸药的探索"，为高能炸药的研究指明方向。

7 月，被评为所年度优秀共产党员。

8 月 23 日—9 月 12 日，到苏联、瑞典、德国、法国进行炸药爆轰与粘结剂的合成工艺和技术考察。

受聘北京理工大学化工与材料学院兼职教授。

1992 年

作为技术负责人，担任高能钝感炸药研制攻关队队长，指导研制成功了钝感某炸药，并领导了性能研究和成型工艺研究。

4 月，访问俄罗斯科学院化学物理研究所，与对方谈判引进新型除草剂合成方法，联合筹办除草剂生产企业"利尔公司"。

8 月 31 日—10 月 5 日，到俄罗斯考察引进新农药及新产品技术，参加全苏燃烧与爆炸学术会议。

受聘为俄罗斯自然科学院外籍院士。

11 月，批准延长退休。

1993 年

对俄某工程正式启动，三所申请某炸药引进项目获批准，担任该工程主要负责人。

1 月，提出云爆弹研制设想，指导三所三○二、三○八研究室技术人员实现了液体燃料的爆轰。

3 月，主持创办《含能材料》杂志并担任主编。

4—5 月，到俄罗斯进行专项引进考察，拟从俄罗斯引进 TATB 生产线，并签订初步设计合同。

"网络炸药及装药技术研究"获国防科工委科技进步一等奖，排名第八。

1994 年

担任钝感某炸药技术负责人，领导完成配方研究，完成造粒工艺和成型工艺研究。

5—6 月，邀请圣彼得堡工学院 VLASSOV D. A. 教授及助手 BUSHNEVA N. G. 到三所工作一个月，对从俄罗斯引进的真空镀膜机和高速照相机进行调试，并传授了薄层炸药的制造技术。

9—10 月，到俄罗斯进行 TATB 与 BTF 炸药生产线成套设备的购置谈判，签订了五十六万两千美元的引进合同，并引进了俄罗斯真空镀膜法制造薄层炸药的技术。

指导科技人员合成出了云爆燃料组分异丙醇硝酸酯。

倡导并组织"钝感炸药译文集"的出版工作。

12月，再次赴俄罗斯，进行利尔公司除草剂技术设备的考察和订货工作，与俄方讨论农药技术，签订返销协议。

1995 年

为解决某导弹对战斗部装药的要求，提出使用低模量高固相含量的浇注固化炸药。指导学生黄辉对这种炸药的配方、性能和装药工艺进行研究，研制出以 HMX 为主炸药，以 HTPB 为粘结剂并含多种助剂的某配方，其苏珊试验等感度皆低于 TNT，冲击起爆压力阈值高于 TNT。

4月，赴俄罗斯，进行超细金刚石粉技术考察，签订价值四十七万三千美元的引进合同。与俄罗斯科学院化学物理研究所谈判成立了"莫斯科利尔公司"。

11月，赴俄罗斯进行钝感炸药及其相关器件制造技术项目的考察并签订价值七十万美元的引进合同。

"浇注固化炸药研究"获国防科工委科技进步二等奖，排名第二。

1996 年

与俄方签订的 TATB 和 BTF 两条生产线的技术设计合同基本完成，第一批工艺设备到货。4月，赴俄罗斯签订生产线非标设备及自控仪表的订货合同。

4月，主持召开《含能材料》编委会。编委会后，杂志来稿论文数量和水平有所提高。

5月，与北京理工大学组团，赴俄罗斯参加纳米级金刚石微粉提纯技术的实习。

6月，突发脑出血，经抢救后脱离危险。病愈出院后坚持工作。

10月，邀请俄罗斯科学院化学物理研究所 Manelis 教授到三所讲授"含能材料贮存寿命的研究方法"，Manelis 提出的炸药试件受力情况下的老化试验方法被三所采用。

11 月，接待对俄专项引进合作方俄罗斯特殊工艺设计局 Franchenko 来所，交代 TATB、BTF 两条生产线的问题，并完成设计合同的全部工作。

1997 年

3 月，接待来访的俄罗斯脉冲公司 Filippof，对引进的膏状燃料生产设备进行安装调试，并教授三所技术人员操作方法和工艺。

4 月，接待俄罗斯老卢沙化工机械厂代表来所，对引进的化工设备进行验收，并对高温反应釜进行安装调试。

与俄罗斯原子能部实验物理研究院炸药化学与工艺部主任 Fomicheva 建立了联系，进行了交流。

继续指导云爆弹的研究，建议用塑料大棚研究燃料配方，获得良好效果，威力达到四倍 TNT 当量。

9 月，因年龄和身体原因，卸任三所科技委主任职务。培养硕士生宋华杰。

帮助兵器部西安二〇四所从乌克兰购买了两台兵器部急需从俄引进的装填炮的分部压机，每台比俄罗斯报价便宜三百万美元。

指导编写院内基金"TATB 的化学性质"申请书，获得批准。编写院外基金立项报告"有机炸药分子及晶体结构和性能的理论研究"，目的是提高三所炸药数值模拟能力的理论水平，培养博士生。

在首届中物院化学化工学术交流会上作"炸药的特征、特性、发展特点和对策"的学术报告。

编写国防科技报告"起爆传爆序列的研究论证""钝感炸药的研制"。

与南京理工大学肖鹤鸣教授一起培养博士生李金山。

1998 年

5—6 月，赴俄罗斯进行炸药部件无损检测技术的考察。

9 月，邀请俄罗斯原子能部实验物理研究院炸药化学与工艺部主任 Fomicheva 和俄罗斯圣彼得堡工学院 Flassov 博士到三所讲学，签订了科研合作协议。培养硕士生王军。

撰写院外基金项目"高能钝感炸药的理论研究"开题报告，拟为三所培养博士生一名，获取一个重要的计算炸药晶体性质的 AAPM 程序。

年底，1996 年作为院内专家申请的院外基金"芳香族硝基炸药的理论研究"结题，获得一等奖，为三所获得材料科学流行的两个量子化学程序。

某炸药的研制获国防科工委科技进步一等奖，排名第一。某炸药合成工艺和性能研究获国防科工委科技进步二等奖，排名第二。

1999 年

3—4 月，赴俄罗斯原子能部实验物理研究院商谈引进炸药部件密度均匀性无损检测设备。

5—6 月，在三〇一研究室做实验，研究亚微米 TATB 制备中的除酸新方法及避免结块的冷冻干燥法。

参加九院组织的"中国核武器发展之路"报告团赴北京、上海等地报告十余场，作题为"中国氢弹的突破和小型化研究"的报告。

卸任《含能材料》主编，担任名誉主编。

9 月，培养硕士研究生黄亨建。

2000 年

5 月，受聘西北大学兼职教授。

6 月，受聘南京理工大学顾问教授。培养的硕士研究生宋华杰通过毕业答辩。

撰写重点基金"炸药组分的结晶特性与制造工艺的关系及对性能的影响"项目申请书获批准，获得五十三万五千元科研经费。

9 月，培养硕士研究生周红萍。

作为院内专家，提出联合基金项目"TATB 复合双组分炸药界面分子结合能及力学性能模拟计算"获批准。

完成九院下达撰写调研报告"钝感炸药的研究与进展"的任务。

某 TATB 的工艺获军队进步二等奖，排名第一。某炸药的研制获军队进步二等奖，排名第二。某炸药性能测试研究获军队进步二等奖，排名第四。

2001 年

6 月，培养的硕士研究生王军通过毕业答辩。

8—9 月，赴瑞典、德国进行捏合设备技术考察。

与三所李德晃合作出版专著《炸药作业的事故控制》，第二作者，撰写第二章"炸药的特征及做功能力"、第三章"炸药对外界刺激的反应"。

10 月，与西安二〇四所胡荣祖、二一三所姚朴、三所张孝仪等合作出版《含能材料热谱集》，第一作者。

11 月 14 日，参与组织筹办的"中俄爆轰物理与含能材料研讨会"在绵阳科学城召开，俄罗斯实验物理研究院爆炸物理研究所所长米哈伊洛夫教授率团参加。在会上作"中物院炸药发展概况"报告并担任翻译。

开始为研究生和所内大学生教授炸药理论课程。

2002 年

6 月，享受政府特殊津贴。培养的硕士研究生黄亨建通过毕业答辩。

9 月，邀请莱茵金属公司 Paul Wanninger 到三所，交流炸药配方和装药工艺。

9 月，邀请俄罗斯实验物理研究院 Fomicheva L. V. 等到三所按合同对 γ 射线无损检测密度装置进行安装和对我方技术人员进行培训。

10 月，邀请德国 TDW 公司 Manfred Held 夫妇到三所，就先进常规战斗部设计问题进行学术交流活动。

10 月，邀请俄罗斯圣彼得堡工学院炸药专家 Tselinski 和 Golod 教授到三所交流。

撰写院重大基金项目"高能钝感炸药的分子设计及合成研究"申请书获批准。指导三所黄奕刚完成，2005 年结题评为优秀。

"武器试验用新炸药的研制"获国家科技进步二等奖，排名第一。

与南京理工大学肖鹤鸣联合培养博士生姬广富。

2003 年

1 月，退休，返聘为科技顾问。

4 月，赴俄罗斯进行 γ 射线无损检测密度装置预验收及相关技术与设备考察。

5—6 月，赴德国、法国进行常规战斗部装药技术及设备考察。

10 月，赴桂林参加 IASPEP 会议，担任大会执行主席。

12 月，当选中国工程院院士。恢复正式职工身份。

何舟担任第一任院士学术秘书。

2004 年

1 月，负责审校的美国"LLNL 炸药及模拟材料性能手册"的中译本出版。

8—9 月，访问德国 TDW 公司、Josef Meissner Gmbh & Co 公司和法国 SNPE 公司，了解上述公司在常规战斗部、火炸药等相关领域的科研生产进展情况，商谈合作。

10 月 20 日，出席在四川绵阳召开的中俄含能材料新进展研讨会。

11 月 16 日，出席在厦门召开的全国含能材料发展与应用学术研讨会，作特邀报告《高能量密度材料的发展和对策》，指明了我国高能炸药未来的发展方向。该报告在《含能材料》杂志增刊和《中国科学技术前沿》2005 年第 1 期上发表。

受聘西南科技大学兼职教授，担任中国兵工学会理事。

2005 年

2 月，出版专著《炸药及相关物性能》。该书在 1989 年出版的《高能炸药及相关物性能》的基础上进行了增补和修订，与第一版相比，所涉及的炸药品种增加了六十个，实测性能数据从五千个增加到一万多个。

3 月，邀请俄罗斯圣彼得堡国立技术大学（原圣彼得堡工学院）Golod

Efim Litmanovich、Ilyushin Mikhail Alexandervich、Melnikova Svetlana Federovna 三位教授到三所，交流内容涉及炸药合成和激光起爆炸药的研制方面。俄专家的报告题目为《以嗪为基的含能化合物》《往嗪分子中引入硝基》《呋咱类含能衍生物的合成》《激光起爆使用的含能金属络合物炸药》等。主持交流并担任翻译。

9 月，访问俄罗斯化学物理问题研究所。

10 月，邀请德国莱茵金属公司专家 Paul Wanninger 和法国含能材料资讯公司的 Sandie Favier 女士到三所交流常规武器用弹药的装药及性能，钝感 RDX 的性能和应用，炸药粘结剂性能和应用等。主持了交流，担任翻译。

10 月，由曾俊玮担任第二任学术秘书。

10 月，到四川省华西医院接受白内障摘除手术。

12 月，邀请俄罗斯科学院化学物理研究所 Frolov Yury 到三所进行学术交流，主持交流并担任翻译。

"某垫层材料及制备方法"获专利授权。

受聘为北京理工大学双聘教授。

2006 年

6 月，赴俄罗斯、瑞典进行钝感炸药合成及性能研究考察。

组织编写钝感高能炸药设计理论国家安全重大基础研究项目综合论证报告及课题申请书，后获批准。

负责并组织实施，指导预研课题"新型分子间炸药"的研究。

为三所青年科协作学术报告，并赴北京理工大学作专题报告三次、到南京理工大学作学术报告一次。报告题目"中国核武器发展历程""高能炸药的研究与发展""关于炸药能量的评价和判据"。

起草中物院发展基金重点项目申请书"熔铸炸药连续相升级换代的探索研究"。

3 月，邀请瑞典 Bofors 公司 Alf Prytz 夫妇和 Bengt Widlund 到三所，交流钝感弹药（IM）的设计、IM 试验的数值模拟及温压炸药的配方。主持交流。

6 月，应邀访问英国皇后大学、德国 TDW 公司。

10 月，邀请俄罗斯圣彼得堡国立技术大学 Ostrovsky Vladimir 和 Ilyushin Mikhail 到三所交流 DNTF 炸药及其他几种新炸药的合成方法。主持交流并担任翻译。

将中物院发展基金重点项目申请书"熔铸炸药连续相升级换代的探索研究"题目修改为"高能钝感炸药的探索合成及含能共熔物的研究"并获得资助。

4 月，赴捷克参加第十一届含能材料新趋势年会，访问 Pardubice 大学、含能材料学院和炸药公司工业化学研究所，并参观德国 TDW 公司。

指导撰写钝感高能炸药设计理论国家安全重大基础研究项目课题 I 的项目申请书及开题报告并获专家委员会通过，担任课题负责人。与北京理工大学化工与环境学院周智明合作撰写该项目"低感高能炸药分子设计及合成研究"子专题申请书及开题报告，获得通过。

与北京理工大学化工与环境学院联合提出申请国防重大基础研究项目某炸药设计的基础研究。

"一种改性熔某炸药的制备方法"获专利授权，排名第二。

9 月，邀请德国专家 M. Held 博士和 Paul Wanninger 在绵阳做为期一周的学术讲座。因年事已高，不再担任讲座翻译，请魏忠博士和李明博士担任翻译。

10 月，赴昆明参加 IASPEP 会议，担任大会执行主席。

11 月，访问中北大学，作学术报告"中国核武器发展历程"，访问该校国防重点学科实验室，受聘为该校兼职教授。

2010 年

发表论文：一种可替代 TNT 用于熔铸炸药的共熔物［P］、3- 氨基 –2，4，6-3- 硝基 – 苯甲醚的合成方法［P］、3- 氨基 –2，4，6-3- 硝基 – 苯甲醚的合成方法［P］，排名第三；一种用作熔铸炸药的新型高能低感共熔物［P］，排名第一。

12 月，因身体不适，在四川省科学城医院住院治疗，后转到四川省华西医院。

2011 年

2 月 3 日，因突发大面积脑梗死，在四川省科学城医院去世。

附录二　董海山主要论著目录

一、专著

[1] 董海山. 新型高能炸药合成化学（未公开出版）. 北京九所，1961.

[2] 董海山，周芬芬，李海文，曾国春，李常青等译. 炸药安全手册（未公开出版）. 中国工程物理研究院化工材料研究所，1987.

[3] 董海山，周芬芬. 高能炸药及相关物性能. 科学出版社，1989.

[4] 董海山，花平环，李常青等译. 钝感炸药译文集（未公开出版）. 中国工程物理研究院化工材料研究所，1994.

[5] 董海山. 炸药安全技术基础（未公开出版）. 中国工程物理研究院化工材料研究所，1999.

[6] 董海山，胡荣祖，姚朴，张孝仪. 含能材料热谱集. 国防工业出版社，2002.

二、论文

[1] 董海山，田野，陈启珍. 塑料粘结硝基胍炸药的性能. 爆炸与冲击，1981，1：77-83.

［2］董海山. 高级炸药的性能及工艺. 爆炸与冲击, 1982, 3: 86-95.

［3］董海山. 提高炸药安全性和生存能力的途径. 火炸药学报, 1983, 1: 17-22.

［4］李金山, 肖鹤鸣, 贡雪东, 董海山. 2-叠氮-1, 3, 5-三硝基苯热解反应的机理及其热力学和动力学理论研究. 爆炸与冲击, 1999, 19 (1): 39-43.

［5］李金山, 肖鹤鸣, 董海山. 均三叠氮基三硝基苯热解反应的理论研究. 化学物理学报, 1999, 12 (5): 597-602.

［6］李金山, 肖鹤鸣, 董海山. 苯并氧化呋咱稳定性和异构化的 DFT 和 abinitio 研究. 化学物理学报, 2000, 13 (1): 55-60.

［7］肖鹤鸣, 李金山, 董海山. 高能体系分子间相互作用研究——含 NNO_2 和 NH_2 混合物. 化学学报, 2000, 58 (3): 297-302.

［8］李金山, 肖鹤鸣, 董海山. PBX 量子化学研究——TATB 与甲烷、聚乙烯分子间的相互作用. 爆炸与冲击, 2000, 20 (3): 221-227.

［9］宋华杰, 董海山, 郝莹. 计算固体表面能的 Young-Good-Girifalco-Fowkes 方程的理论基础. 粘接, 2000, 21 (5): 1-5.

［10］宋华杰, 董海山, 郝莹. TATB、HMX 与氟聚合物的表面能研究. 含能材料, 2000, 8 (3): 104-107.

［11］孙杰, 董海山, 郑培森. F2314 粘结 HMX 的研究. 含能材料, 2000, 8 (4): 155-157.

［12］宋华杰, 郝莹, 董海山. 氟聚物的玻璃化温度与 DMA 测量频率关系的研究. 火炸药学报, 2001, (3): 56-57.

［13］董海山. 评介《四唑化学的现代理论》. 含能材料, 2002, 10 (2): 95-96.

［14］宋华杰, 郝莹, 董海山. 氟聚物与 TATB 界面作用的 XPS 评价. 南京理工大学学报, 2002, 26 (3): 303-307.

［15］黄辉, 董海山. 一类对撞击不敏感的新型炸药. 含能材料, 2002, 10 (2): 74-77.

［16］董海山, 钝感炸药的性能和发展. 2002 全国火炸药技术及钝感弹药

学术研讨会论文集，2002：15-24.

[17] 胡荣祖，董海山，高胜利. 从《含能材料热谱集》中的 DSC 谱采集数据和计算动力学参数的几个问题. 含能材料，2002，10（4）：165-167.

[18] 高大元，吕春绪，董海山. 工业炸药的爆轰性能研究. 火炸药学报，2003，26（1）：26-29.

[19] 黄亨建，董海山，张明. 添加剂与 RDX 的界面作用及对撞击感度的影响研究. 爆炸与冲击，2003，23（2）：169-172.

[20] 陈波，董海山，董宝中. 同步辐射 SAXS 技术在 TATB 含能材料微孔结构研究中的初步应用. 原子与分子物理学报，2003，20（2）：191-196.

[21] 李波涛，董海山，张锦云. TATB 主要副产物的热性质. 含能材料，2003，11（2）：85-87.

[22] 黄亨建，董海山，舒远杰. HMX 中晶体缺陷的获得及其对热感度和热安定性的影响. 含能材料，2003，11（3）：123-127.

[23] 王军，董海山. 均三氯三硝基苯的纯化. 含能材料，2003，11（3）：160-163.

[24] 舒远杰，刘世俊，董海山. Effect of Processing and Aging on Particle Size of Explosives. Chinese Journal of Chemistry，2003，21：1133-1137.

[25] 李金山，黄奕刚，董海山. 多硝基吡啶的密度泛函理论研究. 含能材料，2003，11（4）：177-181.

[26] 高大元，徐容，董海山. TATB 及其杂质的热分解动力学研究. 爆破器材，2003，32（5）：5-10.

[27] 周红萍，董海山，郝莹. 苯并氧化呋咱类化合物的研究进展. 含能材料，2003，11（4）：236-240.

[28] 高大元，徐容，董海山. TATB 及其杂质的绝热分解研究. 爆炸与冲击，2004，24（1）：69-74.

[29] 周红萍，董海山，郝莹. 3，5- 二氨基 -2，4- 二硝基氯苯的合成研

究. 含能材料，2004，12（2）：107-109.

[30] 张朝阳，舒远杰，王新锋，黄奕刚，董海山. 呋咱及其自由基结构和性质的理论研究. 含能材料，2004，12（4）：222-226.

[31] 宋华杰，肖鹤鸣，董海山. 从渐近修正 Kohn-Sham 轨道计算电子相关化的分子间作用能项. 中国科学 B 辑. 化学，2004，34（5）：419-431.

[32] 周红萍，董海山，郝莹. 氨基硝基苯并二氧化呋咱结构的密度泛函理论研究. 爆炸与冲击，2004，24（5）：396-400.

[33] 董海山. 高能量密度材料的发展及对策. 含能材料，2004，全国含能材料发展与应用学术研讨会（上）：1-12.

[34] 张朝阳，舒远杰，董海山. 几种烷烃和烯烃氨基硝基取代物分子内氨基对 C-NO$_2$ 键影响的理论研究. 火炸药学报，2005，28（1）：54-57.

[35] 黄亨建，董海山，张明. 高聚物改性 B 炸药研究. 含能材料，2005，13（1）：7-10.

[36] 郭炜，吴文辉，卓萍，张勇，董海山. 反相气相色谱法表征氟橡胶与黑索金酸／碱性质. 含能材料，2005，13（1）：26-29.

[37] 高大元，徐容，董海山. TATB、TCTNB 和 TCDNB 的爆轰性能. 火炸药学报，2005，28（2）：68-71.

[38] 张光全，董海山. 生物质闪速热裂解制备生物质油. 能源研究与利用，2005，5：48-52.

[39] 张朝阳，舒远杰，黄奕刚，董海山. 二硝基多呋咱类气态标准生成热的计算. 含能材料，2005，13（3）：162-166.

[40] 李洪珍，黄明，黄奕刚，董海山. 3，3′- 二氨基 -4，4′- 偶氮呋咱及其氧化偶氮呋咱的研究进展. 含能材料，2005，13（3）：192-196.

[41] 夏庆中，陈波，曾贵玉，罗顺火，董海. 三氨基三硝基苯材料微孔结构的小角 X 射线散射实验研究. 物理学报，2005，54（7）：3273-3277.

［42］宋华杰，肖鹤鸣，董海山. 硝酰胺二聚体静电能和交换能的理论计算. 化学学报，2005，63（2）：169-174.

［43］王军，董海山，黄奕刚. 3，4-二氨基呋咱基氧化呋咱的合成及其晶体结构. 合成化学，2006，14（1）：18-22.

［44］王军，董海山，黄奕刚. 3-氨基-4-氨基肟基呋咱500克级合成. 含能材料，2006，14（1）：27-28.

［45］王军，董海山，黄奕刚. 3，4-二氨基呋咱基氧化呋咱的制备及晶体结构研究. 化学学报，2006，64（2）：158-162.

［46］高大元，何碧，何松伟，董海山. Arrhenius 方法的局限性讨论. 含能材料，2006，14（2）：132-135.

［47］王军，董海山，黄奕刚. 3-氨基-4-氨基肟基呋咱的合成及其晶体结构. 合成化学，2006，14（3）：234-239.

［48］高晓敏，董海山. 核同质异能素178Hf2m 的开发研究进展. 四川兵工学报，2006，27（3）：13-16.

［49］赵建民，李加荣，魏筱洁，李文婷，董海山. 三硝基吡啶及其 N-氧化物的合成. 火炸药学报，2006，29（3）：73-76.

［50］董海山. 钝感弹药的由来及重要意义. 含能材料，2006，14（5）：321-322.

［51］王军，董海山，黄奕刚. 3，4-二（硝基呋咱基）氧化呋咱的晶体结构研究（英文）. 含能材料，2006，14（5）：375-376.

［52］王军，董海山，黄奕刚. 3，4-二氨基呋咱基氧化呋咱异构体的合成与表征. 合成化学，2006，14（2）：131-134.

［53］李加荣，赵建民，魏筱洁，赵晓帆，董海山. 硝基甲苯的 VNS 氨化反应. 火炸药学报，2006，29（6）：30-32.

［54］王军，董海山，黄奕刚. 3，6-双（3′-氨基呋咱-4-基）-1，4-二氧杂-2，5-二氮杂环己-2，5-二烯的合成及晶体结构. 化学研究与应用，2006，18（12）：1398-1402.

［55］王军，董海山，黄奕刚. 3-氨基-4-酰胺肟基呋咱的晶体结构（英文）. 含能材料，2006，14（6）：441-445.

[56] 王军，董海山，黄奕刚. 3，6-二-（3′-氨基呋咱-4-基）-1，4-二氮杂-2，5-二氧杂环己-2，5-二烯的晶体结构. 含能材料，2006，14（6）：446-448.

[57] 松全才，胡荣祖，赵凤起，高红旭，董海山. 非线性等转化率的微、积分法及其在含能材料物理化学研究中的应用——Ⅱ. TNMA、BTNEDA 和 TNETB 的热分解. 含能材料，2007，15（3）：193-195.

[58] 宋华杰，肖鹤鸣，董海山. TATB 二聚体分子间作用力及其气相几何构型研究. 化学学报，2007，65（12）：1101-1109.

[59] 夏云霞，王平，孙杰，董海山. 4-氨基-1，2，4-三唑苦味酸盐的合成与性能. 精细化工，2008，25（5）：445-448.

[60] 张光全，董海山. MeNQ 的合成进展及其在熔铸炸药中的应用. 含能材料，2008，16（3）：353-355.

[61] 张学梅，董海山，周智明. A New Synthetic Route to 1，3-Diamino-5-methylamino-2，4，6-trinitrobenzene. 含能材料，2009，17（5）：523-526.

[62] 胡荣祖，松全才，董海山. 以温度为函数的硝仿系炸药的爆发分解反应动力学参数. 火炸药学报，2009，32（6）：62-65.

[63] 张学梅，董海山，夏云霞. 3-氨基-2，4，6-三硝基苯甲醚的合成及性能. 含能材料，2010，18（2）：135-138.

[64] 刘建，李金山，赵晓平，何铁宁，董海山. RDX 晶体结构与固相生成焓的理论研究. 原子与分子物理学报，2010，27（3）：539-544.

[65] 张学梅，董海山，周智明. 苦味酸氨化产物的合成及其性能研究. 兵工学报，2010，31（10）：1341-1345.

[66] 张光全，董海山. 2，4-二硝基苯甲醚为基熔铸炸药的研究进展. 含能材料，2010，18（5）：604-609.

[67] 王军，董海山，张晓玉. Synthesis，Thermal Stability and Sensitivity of 2，4-Dinitroimidazole. 含能材料，2010，18（6）：728-729.

[68] 何佳，金波，彭汝芳，楚士晋，董海山. 1，1-二（2，4，6-三甲

酰胺基）-2，2- 二硝基乙烯的合成，有机化学，2011，31（10）：1643-1647.

[69] 金波，彭汝芳，沈娟，谭碧生，楚士晋，董海山. 聚乙烯醇缩苯甲醛的合成与热稳定性研究. 功能材料，2011，42（7）：1269-1272.

[70] 肖玲娜，金波，彭汝芳，史文秀，楚士晋，董海山. 相转移催化法合成4- 溴 -4，4- 二硝基丁酸甲酯. 含能材料，2012，20（1）：22-25.

[71] 王军，董海山，李金山. 硝基二唑炸药爆炸参数的经验计算 I. 含能材料，2012，20（5）：541-544.

[72] 张学梅，董海山，孙杰. TNAZ /ANTA 最低共熔物的制备与性能. 含能材料，2012，20（5）：555-559.

[73] 刘强强，金波，彭汝芳，舒远杰，楚士晋，董海山. 丙烯酸 -2，4，6- 三硝基苯乙酯的合成及热分解. 含能材料，2012，20（5）：579-582.

参考文献

著作与论文

［1］滦县志. 河北人民出版社［M］. 1993.

［2］干勇. 20世纪中国知名科学家学术成就概览——化工、冶金与材料工程卷·董海山卷［M］. 科学出版社，2015：392-400.

［3］李觉. 当代中国的核工业［M］. 中国社会科学出版社，1987.

［4］经福谦，陈俊祥，华欣生. 揭开核武器的神秘面纱［M］. 清华大学出版社，暨南大学出版社，2002.

［5］冯玉祥. 我的生活［M］. 解放军文艺出版社，2010.

［6］单刚，王英辉. 岁月如歌［M］. 中央编译出版社，2001.

［7］罗伯特·容克. 比一千个太阳还亮［M］. 钟毅，何玮，译. 原子能出版社，1991.

［8］冯家昇. 火炸药的发明与西传［M］. 华东人民出版社，1954.

［9］吕春绪，刘组亮，倪欧琪. 工业炸药［M］. 兵器工业出版社，1994.

［10］T M Klapŏtke，Wallter de Gruyter. Chemistry of High-Energy Materials［M］. Gmbh & Co. KG，Berlin/New York，2011.

［11］周发岐. 炸药合成化学［M］. 国防工业出版社，1984.

［12］欧育湘. 炸药学［M］. 北京理工大学出版社，2014.

［13］吴明静，凌晏，逄锦桥. 许身为国最难忘：陈能宽［M］. 中国科学技术出版社，上海交通大学出版社，2015.

［14］吕旗，谭淑红，钤记. 张兴钤传［M］. 中国科学技术出版社，上海交通大学出版社，2015.

［15］朱春华，胡荣祖. 追忆董海山院士［J］.《含能材料》，20（5），2012.

［16］董海山，周芬芬. 高能炸药及相关物性能. 科学出版社，1989.

［17］董海山，胡荣祖，姚朴，张孝仪. 含能材料热谱集. 国防工业出版社，2002.

［18］黄亨建，董海山，张明等. 添加剂与 RDX 的界面作用及对撞击感度的影响研究［J］. 爆炸与冲击，2003，23（2）：169-172.

［19］黄亨建，董海山，张明，习彦. 高聚物改性 B 炸药研究（Ⅱ）. 含能材料，2005，13（1）：7-9.

［20］董海山，高级炸药的性能及工艺. 爆炸与冲击，1982（3）：86-95.

新闻报道

［21］李常青. 新炸药研究的开拓者——记核工业部九院三所炸药专家董海山. 内部宣传报告，1985.

［22］李伟中. 功在秘密历程——记为中国核工业做出贡献的董海山. 中国青年报，1985-11-05.

［23］郑峻岭. 发光的星体. 青年向导，1989.

档案资料

［24］阮庆云，主编. 化工材料研究所发展史（1958—1998）［C］. 化工材料研究所，2001.

［25］吕欣，黄辉，李波涛，主编. 董海山院士诞辰八十周年纪念文集［C］. 化工材料研究所，2012.

［26］纪念一四二任务三十周年及学术报告会议文集［C］. 化工材料研究所，1992.

[27] 董海山档案. 存于中物院人事教育部档案室.

[28] 李常青档案. 存于中物院化工材料研究所档案室.

[29] 董海山. 二号的精制. 第五机械工业部第三研究所技术总结报告，1964，ZZD-74. 化工材料研究所复制并存于化工材料研究所档案室.

[30] 董海山. 二号、十号高能炸药的合成. 九院三所，1977，KZF-7-14. 化工材料研究所档案室.

[31] 董海山. 炸药的玛瑙化压法. 1963，KCY-1. 现存于化工材料研究所档案室.

[32] 董海山，周芬芬，李海文，曾国春，李常青，等译. 炸药安全手册.

[33] 工程物理研究院化工材料研究所. 1987.

[34] 董海山，花平环，李常青，等译. 钝感炸药译文集. 中国工程物理研究院化工材料研究所，1994.

[35] 化工材料研究所. 炸药通讯，1982（1）.

[36] 董海山. 炸药安全技术基础. 中国工程物理研究院化工材料研究所，1999.

[37] 董海山. 科研外协委托任务书. 中物院化工材料研究所科技档案，1975.

[38] 董海山，李怀祥，等. 调研报告. 中物院化工材料研究所科技档案，1975.

[39] 金翠英，曾昭雄. 科研出差任务书. 中物院化工材料研究所科技档案，1977.

[40] 董海山. 提高炸药安全性和生存能力的途径［J］. 火炸药，1983，01：17-23.

[41] 董海山. 含能结构材料的研制开题报告. 化工材料研究所科技档案室，1988.

[42] 黄辉，董海山，等. 含能垫层材料与制备方法. 国防发明专利，2005，01100989.6.

[43] 李怀祥. 科研总结报告. 藏于三所档案室，KSB-11-8.

[44] 曾昭雄. 科研总结报告. 藏于三所档案室，KSB-44.

[45] 董海山. 关于炸药能量的评价和判据. 国防科学技术报告. 存于九院三所档案室，GF-04，1999.

[46] 徐维强，曾昭雄. 低感高能炸药低感一号 A 型配方研究. 中物院化工材料研究所内部资料.

[47] 徐维强，曾昭雄. 低感高能炸药低感一号 A 型配方研究. 中物院化工材料研

究所内部资料.

[48] 陈生玉，王少龙，陈增凯，等. 美国核武器安全管理与可靠性. 313–321.

信件、手稿

[49] 董海山. 关于如何做好科研工作的一些经验和体会，1965. 存于采集工程数据库.

[50] 董海山. 关于炸药合成方法的学习笔记，1961. 存于采集工程数据库.

[51] 董海山. 致李海文关于身体情况及盼望重返工作岗位的信，1973. 存于采集工程数据库.

[52] 董海山. 致盛涤伦关于苯并三氧化呋咱的技术问题的信，1992. 存于采集工程数据库.

[53] 董海山. 致 M. Held 博士、P Wanninger 博士和 Ursula Wanninger 女士关于邀请他们来绵阳进行学术交流的信，2009. 存于采集工程数据库.

后　记

　　2017 年 11 月 11 日，采集小组将整理好的相关实物资料正式移交给馆藏基地，在移交的那一刻，小组成员的心情是既欣慰又惆怅。就在采集小组准备离开绵阳、动身去北京移交资料前的头几个晚上，三所的主要领导均亲临采集小组办公室，他们的到来，既是对采集小组的慰问，也表达了一种埋藏于心中、依依不舍的感怀——这些伴随董院士一生各个阶段的珍贵资料，从此将离开九院、离开三所，永久地置放于馆藏基地。想到将来会有更多的人透过这些资料认识董院士、了解董院士，那也真是一件令三所人欣慰的事儿。

　　回想项目立项之初，我们实难想象最终我们采集到了将近八百件实物资料，除了部分资料因为保密原因无法上交，实际上交到馆藏基地的资料也接近七百件，这真是一件令小组成员都觉得了不起的成绩。当然，这些成绩与许许多多、方方面面的支持是分不开的。

　　我们要感谢董院士的家人的理解和支持，帮助我们找到一些董院士非常珍贵的照片和资料。

　　感谢董院士故乡的亲人、当地政府以及学校的支持。

　　感谢课题承担单位——中物院三所的党政领导、热心同事和退休老同志对此项工作的高度重视和大力支持。

感谢为我们提供帮助的董院士的大学同学、西安近代化学研究所（原西安三所）的领导和老同志以及相关军工单位。

感谢董院士生前的秘书何舟和曾俊玮，他们精心收集和保存了大量的手稿、照片、证书等珍贵实物资料。

感谢三所老档案人谢怀英同志，她的退休生活是从董院士采集工作开始的。她用非常专业的态度、知识和付出为实物资料整理和数字化工作作出了重要贡献，她还从三所保存的档案资料中提取出一些非常重要的资料，充实到项目数据库中。

本项目的主要分工：组长由三所原党委书记蒋道建同志和三所党委副书记、纪委书记吴丽同志担任；原政治部主任宋悦华同志和原所办主任何舟同志担任总协调。三所宣传部张赟负责董海山院士采集办公室的运作、日常事务统筹安排。曾俊玮负责董海山院士年表的编写工作。谢怀英和赵爽负责实物资料的收集、整理、数字化、分类和编目工作。高晓敏负责资料长编的编制工作。张赟、李翠影、曾俊玮负责主要的访谈工作，黄亨建、黄明和李明参与了部分访谈工作。李明负责写作组的工作并承担了主要访谈提纲的拟定。中物院新闻中心的艾志瑛、米进、刘锦宸等负责采访与视频数字化工作。罗华平负责了采集资料核对工作。

在采集工作中，三所《含能材料》编辑部的高毅参加了部分资料整理与录入工作，于彦、林蓉、张桂弘参与了部分资料的扫描、复印和录入工作。三所团委组织了卢欢唱、郝世龙、丁玲、孙秀娟、杨博博、唐世龙、黄校、陈亮、张津、刘慧慧、强晓莲、胡雪姣、李诗纯、王胜男、宋清官、夏乔乔、刘瑜嘉、谢尧尧等青年科技人员（因篇幅有限，人名无法一一列出），进行了访谈录音的整理和其他资料整理工作。三所保密处、知识与信息管理中心、中物院新闻中心为项目的顺利开展提供了大量而专业的支持。

在采集过程中，我们得到了中国科协、四川省科协、中物院科协、军委装备发展部档案部门、中核集团档案馆、北京理工大学档案馆、中物院档案馆、北京九所档案室、西安近代化学研究所情报部、中国第二历史档案馆、兰化所档案部门、泸州二五五厂档案室等单位的大力支持。中物院的陈能宽小组、傅依备小组、经福谦小组、张兴铃小组为我们提供大量有价值的意见和建议。

在本书的撰写过程中，写作组研读了董院士的人事档案、相关科技档案、中物院三所发展史、地方志、档案、手稿、新闻报道、论著、访谈记录、信件和照片等资料，由李明负责形成了本书的整体框架。本书是集体创作的成果：第一章和第四章由曾俊玮撰写，第二章和第三章由张赟撰写，第五章、第六章和第十章由李明撰写，第七章由黄亨建撰写，第八章由黄亨建、黄明和李明共同撰写，第九章由李翠影撰写。其他部分（导言、结语、参考文献、部分重要采集成果目录、后记等）由李明完成。

三所副所长李敬明研究员、魏智勇副总工程师、董海山的生前好友兼项目科技顾问李海文同志全文阅读了报告并提出了宝贵的修改意见。

采集工作历时近两年，对采集小组全体成员来说，收获的不仅仅是几百件的实物、几千分钟的音容笑貌，采集的过程更是一个缅怀、致敬的过程。

斯人已去，追忆常在。

送别只是一刻，怀念却是永远。

最后，向令人尊敬的董院士致敬，也向所有关心和支持董海山院士学术成长资料采集工作的朋友们致敬。

我们期望后来者能从我们采集的资料中挖掘出更加精彩的历史。

老科学家学术成长资料采集工程丛书
已出版（110种）

《卷舒开合任天真：何泽慧传》　　《此生情怀寄树草：张宏达传》

《从红壤到黄土：朱显谟传》　　　《梦里麦田是金黄：庄巧生传》

《山水人生：陈梦熊传》　　　　　《大音希声：应崇福传》

《做一辈子研究生：林为干传》　　《寻找地层深处的光：田在艺传》

《剑指苍穹：陈士橹传》　　　　　《举重若重：徐光宪传》

《情系山河：张光斗传》　　　　　《魂牵心系原子梦：钱三强传》

《金霉素·牛棚·生物固氮：沈善炯传》　《往事皆烟：朱尊权传》

《胸怀大气：陶诗言传》　　　　　《智者乐水：林秉南传》

《本然化成：谢毓元传》　　　　　《远望情怀：许学彦传》

《一个共产党员的数学人生：谷超豪传》　《没有盲区的天空：王越传》

《含章可贞：秦含章传》　　　　　《行有则　知无涯：罗沛霖传》

《精业济群：彭司勋传》　　　　　《为了孩子的明天：张金哲传》

《肝胆相照：吴孟超传》　　　　　《梦想成真：张树政传》

《新青胜蓝惟所盼：陆婉珍传》　　《情系梁菽：卢良恕传》

《核动力道路上的垦荒牛：彭士禄传》　《笺草释木六十年：王文采传》

《探赜索隐　止于至善：蔡启瑞传》　《妙手生花：张涤生传》

《碧空丹心：李敏华传》　　　　　《硅芯筑梦：王守武传》

《仁术宏愿：盛志勇传》　　　　　《云卷云舒：黄士松传》

《踏遍青山矿业新：裴荣富传》　　《让核技术接地气：陈子元传》

《求索军事医学之路：程天民传》　《论文写在大地上：徐锦堂传》

《一心向学：陈清如传》　　　　　《铃记：张兴钤传》

《许身为国最难忘：陈能宽》　　　《寻找沃土：赵其国传》

《钢锁苍龙 霸贯九州：方秦汉传》

《一丝一世界：郁铭芳传》

《宏才大略：严东生传》

《我的气象生涯：陈学溶百岁自述》

《赤子丹心 中华之光：王大珩传》

《根深方叶茂：唐有祺传》

《大爱化作田间行：余松烈传》

《格致桃李伴公卿：沈克琦传》

《躬行出真知：王守觉传》

《草原之子：李博传》

《虚怀若谷：黄维垣传》

《乐在图书山水间：常印佛传》

《碧水丹心：刘建康传》

《我的教育人生：申泮文百岁自述》

《阡陌舞者：曾德超传》

《妙手握奇珠：张丽珠传》

《追求卓越：郭慕孙传》

《走向奥维耶多：谢学锦传》

《绚丽多彩的光谱人生：黄本立传》

《宏才大略 科学人生：严东生传》

《航空报国 杏坛追梦：范绪箕传》

《聚变情怀终不改：李正武传》

《真善合美：蒋锡夔传》

《治水殆与禹同功：文伏波传》

《用生命谱写蓝色梦想：张炳炎传》

《远古生命的守望者：李星学传》

《探究河口 巡研海岸：陈吉余传》

《胰岛素探秘者：张友尚传》

《一个人与一个系科：于同隐传》

《究脑穷源探细胞：陈宜张传》

《星剑光芒射斗牛：赵伊君传》

《蓝天事业的垦荒人：屠基达传》

《善度事理的世纪师者：袁文伯传》

《"齿"生无悔：王翰章传》

《慢病毒疫苗的开拓者：沈荣显传》

《殚思求火种 深情寄木铎：黄祖洽传》

《合成之美：戴立信传》

《誓言无声铸重器：黄旭华传》

《水运人生：刘济舟传》

《在断了A弦的琴上奏出多复变
    最强音：陆启铿传》

《弄潮儿向涛头立：张乾二传》

《化作春泥：吴浩青传》

《低温王国拓荒人：洪朝生传》

《苍穹大业赤子心：梁思礼传》

《仁者医心：陈灏珠传》

《神乎其经：池志强传》

《种质资源总是情：董玉琛传》

《当油气遇见光明：翟光明传》

《微纳世界中国芯：李志坚传》

《至纯至强之光：高伯龙传》

《材料人生：涂铭旌传》

《一爆惊世建荣功：王方定传》
《轮轨丹心：沈志云传》
《继承与创新：五二三任务与青蒿素研发》

《淡泊致远　求真务实：郑维敏传》
《情系化学　返璞归真：徐晓白传》
《经纬乾坤：叶叔华传》
《山石磊落自成岩：王德滋传》
《但求深精新：陆熙炎传》
《聚焦星空：潘君骅传》

《寻梦衣被天下：梅自强传》
《海潮逐浪镜水周回：童秉纲口述
　　人生》

《采数学之美为吾美：周毓麟传》
《神经药理学王国的"夸父"：
　　金国章传》
《情系生物膜：杨福愉传》
《敬事而信：熊远著传》